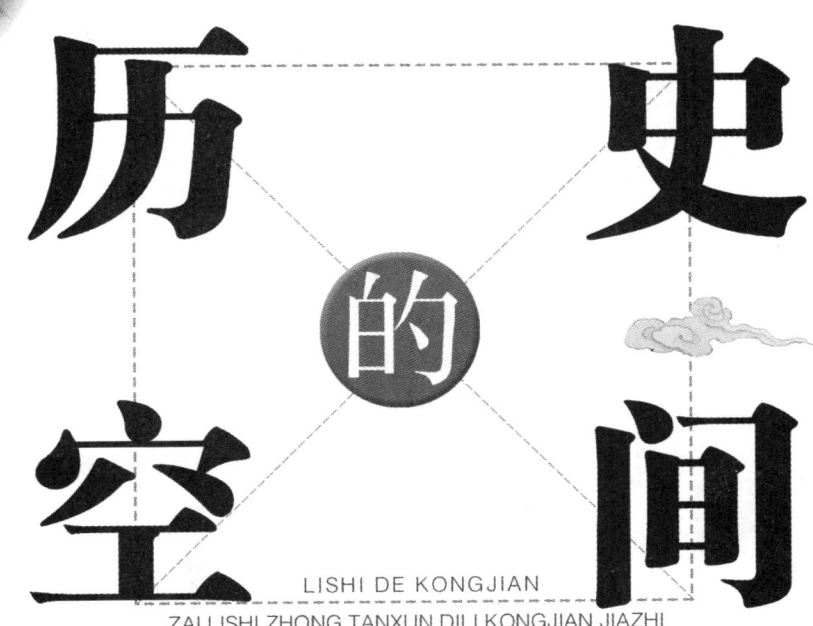

历史的空间

LISHI DE KONGJIAN

ZAI LISHI ZHONG TANXUN DILI KONGJIAN JIAZHI

在历史中探寻地理空间价值

李晓军 —— 著

U0781841

广东高等教育出版社
Guangdong Higher Education Press
· 广州 ·

图书在版编目（CIP）数据

历史的空间：在历史中探寻地理空间价值/李晓军著. —广州：广东高等教育出版社，2019.6

ISBN 978 – 7 – 5361 – 6485 – 7

Ⅰ.①历…　Ⅱ.①李…　Ⅲ.①中学地理课－教学研究－高中　Ⅳ.①G633.552

中国版本图书馆 CIP 数据核字（2018）第 097466 号

出版发行：广东高等教育出版社
地　　址：广州市天河区林和西横路/510500
电　　话：(020) 87551597
网　　址：www. gdgjs. com. cn
印　　刷：广东信源彩色印务有限公司
开　　本：787 mm × 1 092 mm　　1/16
印　　张：15
字　　数：277 千
版　　次：2019 年 6 月第 1 版
印　　次：2019 年 6 月第 1 次印刷
定　　价：45.00 元

如发现印装质量问题，请与承印厂联系调换。

（版权所有·翻印必究）

序　言

施美彬

很高兴为李晓军老师的《历史的空间——在历史中探寻地理空间价值》一书作序。

我是在 2014 年建设广东特色基础教育课程教材体系研究项目——中学地理课程教材改革与发展研究中与晓军老师相识的。在项目研究过程中，他渊博的学识、认真负责的态度、进取钻研的精神及对地理教育的专业追求深深地打动了我，也激励着我努力前行。自那以来，我俩成为好友，经常一起就课题研究、教材编写、高考命题等展开研究。本书是晓军老师的广东省"十二五"教育规划课题"基于历史事件的高中区域地理教学研究——在历史中探寻地理空间价值"的研究成果，力图以史地结合为突破口，探寻课程资源整合的有效途径，提高学生的学习兴趣、学习效率和综合素养，为学生提供一本相对通俗的历史地理学方面的读本。作为一名地理教师，晓军老师深知知识积累的重要性，学生懂得的知识越多，思想就越活跃，思维就越敏捷，发现问题就越快。博学的学生在思考问题时常常能做到举一反三、触类旁通。晓军老师将他在课堂教学中的思考和所做的历史地理研究融入本书，这展现了晓军老师对地理教育的情怀。同时本书极具特色，我很乐意同大家分享我对他的《历史的空间——在历史中探寻地理空间价值》的感想。

一是教师要明确教育的根本任务。

在 2018 年 9 月 10 日全国教育大会上，习近平总书记强调，党的十八大以来，我们要围绕培养什么人、怎样培养人、为谁培养人这一根本问题，坚持立德树人，推进教育改革，全面提升人民的思想道德素质和科学文化素质。要在坚定理想信念上下功夫，教育引导学生树立共产主义远大理想和中国特色社会主义共同理想，增强学生的中国特色社会主义道路自信、理论自信、制度自信、文化自信，立志肩负起民族复兴的时代重任。

李晓军老师知识渊博、视野开阔，全书以"斗转星移""开疆拓土""沧海桑田""千古足音"和"空间力量"五章将中华文明上下五千年灿烂的历史文化，从地理的视角深入浅出地进行解读分析，激发学生的民族自豪感，如书中大量引用《诗经·大雅·绵》《史记·八月·历书》《尔雅·释天》《淮南子·天文训》《资治通鉴》等经典名著内容阐释。又如在第一章"1. 宇宙人生都是客"中，对"宇宙"一词的解释讲到：时空的含义，最早出自《庄子》一书。《庄子·内篇·齐物论》曰："旁日月，挟宇宙，为其吻合。"这时的"宇"代指一切空间，"宙"代指一切时间。《尸子》："上下四方曰宇，往古来今曰宙。"《文子·自然》也说："往古来今谓之宙，四方上下谓之宇。"这时候我国古代的诗人和科学家都对宇宙有了新的认识。《吕氏春秋·纪·孟春纪》："神覆乎宇宙。"如《楚辞·九章·涉江》："霰雪纷其无垠兮，云霏霏而承宇。"张衡《东京赋》："泽浸昆虫，威振八宇。"《庄子·杂篇·让王》："余立于宇宙之中……日出而作，日入而息，逍遥于天地之间"等等，都大大地强化了对学生进行中华优秀传统文化的教育熏陶。

二是课堂教学要指向核心素养的培育。

2017 年 5 月，中央全面深化改革领导小组第三十五次会议审议通过的《关于深化教育体制机制改革的意见》指出，深化教育体制机制改革，要全面贯彻党的教育方针，坚持社会主义办学方向，全面落实立德树人根本任务，构建以社会主义核心价值观为引领的"大、中、小、幼"一体化德育体系，注重培养学生终身学习发展、创新性思维、适应时代要求的关键能力，统筹推进育人方式、办学模式、管理体制、保障机制改革，使各级各类教育更加符合教育规律，更加符合人才成长规律，更能促进人的全面发展，着力培养德智体美全面发展的社会主义事业建设者和接班人。在深化教育改革背景下如何培育学生核心素养，推动中学地理教育教学改革，是每一位地理教师面临的重大挑战。晓军老师从历史地理学的视角出发，注重培养学生分析问题的时空尺度观念。如第二章"沧海桑田"中讲到的上海陆地的形成就是流水堆积作用的典型例子。根据上海古海岸线的资料推断，在一万年前，上海陆地还没有出现，现在的太湖在当时也不过是长江入海口的一个海湾。6000 多年前，上海市域内只有西部的青浦、松江、金山三地基本成陆，这些陆域都属于古太湖淤浅后形成的湖沼（特别是青浦、松江一带）与湖滨平原。海岸线大致在外冈—方泰—马桥—邬桥—胡桥—漕泾一线。上海的东部是近 6000 年以来长江口的泥沙淤积形成的，之前还是一片汪洋，最多也不过是滩涂湿地。到了春秋时期，海岸线向东大约推移到嘉定—莘庄—南桥一线，嘉定、闵行、奉贤三地的西部大部或局部陆地已形成。到魏晋时期，海岸线推移至宝山—周浦—浙江省王盘山一带。上海市区成陆大约在 10 世纪前叶才全部形成，而长兴岛迟至 17 世纪才形成，横沙岛更是在距今 100 多年后才露出水面。书中讲到的这些地理事物和现象的变迁，充分体现了利用地理时空思维和视角，对提升学生的核心素养有很好的帮助。

三是注重教师自身专业发展。

工欲善其事，必先利其器。提高教师专业化水平，是全面提高教育教学质量，深入实施素质教育的根本保障。随着素质教育改革的深入，我们感到，单纯的教研已不能满足教师专业化发展的需求，要培养高素质、专业化的教师队伍，必须注重"研"与"修"相结合的专业发展，以丰富教师的知识水平。近年来，晓军老师在家人和学校的大力支持下，克服各种困难，经常参加相关学术交流活动或学习，注重学习思考与积累收获，以提高其专业化水平和专业发展，值得钦佩。华东师范大学终身教授钟启泉先生有一句话说得好："教育改革的核心在于课程改革，课程改革的核心在于课堂改革，课堂改革的核心在于教师的专业发展。"因而，课程改革能否落实深化并突破，关键是能否找准提升教师专业发展这个切入点，全面提升教师的专业化水平。晓军老师对地理专业发展的追求值得我们学习。新时代的地理教育，要在培养学生增长知识与见识上下功夫，教育引导学生珍惜学习时光，丰富学识，沿着求真理、悟道理、明事理的方向前进；要在培养奋斗精神上下功夫，教育引导学生树立高远志向，具有勇于担当与奋斗的精神、乐观向上的人生态度，做到刚健有为、自强不息。期待着本书的出版，期待它带着我们去深度感受我们这个充满故事的国家，体验我们悠久的历史文化，品味其中的精彩内容。

中国历史地理一直是中国历史研究的一个重要组成部分，它的研究成果始终是地理学科发展不可或缺的内容。尤其对我们中学地理老师来说，认识和了解历史地理知识对拓宽我们的知识面，丰富教学资源，提高课堂教学水平很有帮助。我和晓军老师都深爱地理学科和地理教育，都是新课程改革的倡导者和践行者，愿有更多的老师与我们一起投入到深化教育改革中去探索，让地理教育明天更美好！

2018 年 10 月于广州

目　录

第一章　斗转星移

第二章　开疆拓土

第五章　空间力量

第一章

斗转星移

1. 宇宙人生都是客

　　说起宇宙，我们会立即想到无边无际、无始无终、包罗万象、奥妙无穷等词语。如今的宇宙，是由数千亿个星系组成的，人们相对熟悉的太阳系，其所占的空间直径约 120 亿千米。相对于广阔无边的宇宙来说，太阳系只不过是沧海一粟。太阳系所处的银河系，直径约 10 万光年，也不过是宇宙的数千亿分之一罢了。在银河系里，大大小小的恒星有一千多亿颗。银河系还不算大，今天已经发现 10 亿多个和银河系同样庞大的恒星系统，我们叫它河外星系。现在，天文学家使用最先进的天文望远镜，能观测到距离我们大约 200 亿光年的天体。我们把能观测到的所有天体统称为总星系，但它不是宇宙的全部，在宇宙中也不过占了一个微不足道的角落……宇宙可谓大矣！

　　然而，在汉语古老的词汇中，"宇宙"最初并不是用来描绘无边无际的空间。相反，它非常现实、亲切和温馨——"宇宙"原来是指我们居住的房子。要理解宇宙，先得从"宇""宙"两字的本义谈起。

　　（1）"宇"字。

　　我们先看看"宇"字，金文的"宇"字是一座房屋里面一个"干"字，实际上就是一座房屋的形状和结构。《说文解字》中关于"宇"的解释是"屋边也"，陆德明的"屋四垂为宇"中的"宇"是指房子的四边，《诗经·豳风·七月》的"七月在野，八月在宇，九月在户，十月蟋蟀入我床下"中的"宇"意为"屋四垂为宇"。这里的"宇"正像《一切经音义》中说的"宇，屋檐也"一样，都是指房屋的屋檐、廊檐。此外，《仪礼·士丧礼》的"置于宇西阶上"、《资治通鉴》的"权起更衣，肃追于宇下"等中的"宇"，

3

也都是这个意思。

除了指"屋边、屋檐"外，实际使用中宇的含义在逐渐扩大。比如，《诗经·大雅·绵》的"聿来胥宇"、《楚辞·招魂》的"高堂邃宇"、苏轼《水调歌头》的"惟恐琼楼玉宇，高处不胜寒"，这些"宇"就不是屋檐而是整个房屋了。到了屈原《楚辞·离骚》的"尔何怀乎故宇"、贾谊《过秦论》的"振长策而御宇内"，"宇"的寓意又比房屋大多了，是指国家或天下。《墨子·经·上》的"久，弥异时也。宇，弥异所也"，以及《墨子·经说·上》的"久：古今旦莫（暮）。宇：东西家南北"，至此，"宇"表达的已是一个很大而多变的空间范畴。

（2）"宙"字。

甲骨文的"宙"字，是一座房屋里面加一个"由"字，就是一座带窗户的房子。《说文解字》中关于"宙"的解释是"舟舆所极覆也"，指舟船框架的两端，车舆的顶盖。《淮南子·览冥训》的"而燕雀佼之，以为不能与之争于宇宙之间"，这里的宇宙和现在意义上的宇宙意思完全不同。按高诱注的"宇，屋檐也。宙，栋梁也"，这里的"宙"都是它的本义，即"栋梁"的意思。到了《南齐书·志》卷十一的"功烛上宙，德耀中天"、王勃《七夕赋》的"霜凝碧宙，水莹丹霄"，"宙"就是指天空了。

"宇宙"一词连用，并赋予时空的含义，最早出自《庄子·内篇·齐物论》一书，曰："旁日月，挟宇宙，为其吻合。"这时的"宇"代指一切空间，"宙"代指一切时间。《尸子》的"上下四方曰宇，往古来今曰宙"、《文子·自然》的"往古来今谓之宙，四方上下谓之宇"，这时候我国古代的诗人和科学家都对宇宙有了新的认识。如《吕氏春秋·纪·孟春纪》的"神覆乎宇宙"、《楚辞·九章·涉江》的"霰雪纷其无垠兮，云霏霏而承宇"、张衡《东京赋》的"泽浸昆虫，威振八宇"、《庄子·杂篇·让王》的"余立于宇宙之中……日出而作，日入而息，逍遥于天地之间"等，以上的"宇"已不是指某一个具体的方位、处所，而是指所有的空间；"宙"已经表示没有开始、没有终末的无限时间。可见在我国古代文人的心目中，宇宙已经无限大矣。

我们现在所说的宇宙，之所以彻底找不到房屋的影子，与汉字语义演化有关。一个汉字含义通常有本义、比喻义和引申义，拿宇宙来说，宇由最初的意思是"屋边、屋檐"，最终引申为"凡边谓之宇"，"宇者，言其边"。宙则由"舟舆所极覆"引申到"往来、反复"，"覆者，反也，与复同，往来也。舟舆所极覆者，谓舟车自此至彼而复还，此如循环然"。因此，《庄子·杂篇·庚桑楚》："有实而无乎处者，宇也，有长而无本剽者，宙也。"

从宇宙的含义由来，我们不仅看到古人对宇宙的认识过程，更领略到古人的宇宙观和认识大自然的智慧。宇宙是时间和空间的综合体，宇宙空间有多大，时间是什么时候开始的，这些问题一直困扰着人们。我们的先祖们早已在思考这两个问题，"往古来今谓之宙，四方上下谓之宇"，当我们看到古人对宇宙的诠释时，不得不为他们高超的思辨能力而惊叹。"宇宙人生都是客"，人生苦短，时光易逝，每一个人都只不过是宇宙中的一名过客。"茫茫宇宙人无数，几个男儿是丈夫"，面对浩瀚的宇宙，茫茫的人群中的你我，无不显得是如此渺小！

宇宙起源是极其复杂的问题：何物创生宇宙，又是何物创生该物？受科技和生产力水平的制约，古人对宇宙的探索是相当有限的，大多带有神话传说的色彩。但这并不能阻挡他们的思考，并且这种思考与解开周围的自然现象之谜有一定的联系。

古时的宇宙观与他们居住的自然环境密切相关，比如古巴比伦人认为天空犹如纺锤形的棚子，像拱桥一样搭在上面。棚子里面是一片黑暗，东西各有一个洞，太阳和月亮从洞里进出，所以有了日夜交替。古巴比伦的人们之所以将天空想象成是搭在上面像拱桥一样的棚子，这应该与他们所处的地形有关——四周多高山绝壁，中间地势较低平。

古埃及人认为地球是被植物覆盖躺卧着的女神盖布的身姿，天神努特则弯曲着身体被大气之神支撑，太阳神和月神各自乘坐两艘小船每天横穿过尼罗河消失在死亡的黑暗中。埃及人地处沙漠地带，他们的生存离不开尼罗河，人口大多沿尼罗河两岸分布。因此在古埃及人眼中，大地像是躺卧的女神的身姿，天空像是弯曲的身体——反正都是像尼罗河一样狭长的。

古印度人更有趣，他们认为世界是由三头巨象支撑着，三头巨象乘坐在毗湿奴之神化身的巨大龟背上，而那些大龟坐在化身为水的眼镜蛇上，与眼镜蛇长长的尾端连接的地方则为天境。在古印度人眼里，宇宙就是个动物世界，因为他们所看到的是热带森林里成群的大象、龟、眼镜蛇等动物。

大爆炸宇宙论是现代宇宙起源学说当中最有影响的，它是 1927 年由比利时数学家勒梅特提出的。勒梅特认为最初宇宙的物质集中在一个超原子的"宇宙蛋"里，"宇宙蛋"在一次无与伦比的大爆炸中分裂成无数碎片，形成了今天的宇宙。我国古代有关于"盘古开天辟地"的神话：很久很久以前，宇宙是混沌一团，一个沉睡了一万八千年的巨人盘古突然醒来，在黑暗中摸到一把斧子，盘古抡起这斧子用力一劈，"啪"的一声巨响，这混沌世界顿时炸裂开来，较轻的一半上升为蓝天，沉重的一半下降成为大地。盘古担心天地会重新合拢，于是他站起身来手托蓝天脚踏大地，用高大的身躯久久地支撑着，直到后来天地稳定成型。由于盘古支撑太久，最终他的身躯再也不能动弹，永远地变成了擎天的三山五岳，他的血液变成了奔腾不息的江河，他的骨头、牙齿都变成了这个世界的万物……像不像宇宙大爆炸？

2. 倚锄时复看天文

　　"一闪一闪亮晶晶，满天星星不知名"，这是改写的儿歌歌词，反映出当代人的无奈。我们常用"上知天文，下知地理"来形容一个人博学，但如今知天文晓地理的人却越来越少。普通人是这样，知识分子也不例外。有这样一个故事，2005 年 7 月，我国台湾地区新党主席郁慕明来大陆访问，国内一知名大学校长在接待时，文绉绉地引用了"七月流火"一词，本意是想向客人表达"七月这么个大热天，像下火似的，大老远地过来，辛苦了"的意思。当时舆论大哗，堂堂一著名大学校长（据说还兼任国学院院长）竟然不知道"七月流火"是什么意思。

　　"七月流火"语出诗经中的《诗经·豳风·七月》："七月流火，九月授衣。一之日觱发，二之日栗烈。无衣无褐，何以卒岁？"大意是：七月大火星下沉了，天气开始转凉，九月要换上寒衣了。到了十月、十一月，天更加冷了，老百姓无衣无褐，如何过日子？

　　这里读者可能有疑问，七月怎么就变凉了呢，不正是赤日炎炎的时候吗？这涉及古代的历法。我们知道一年可分为十二个月，但正月，即岁首从什么时候算起，不同的朝代做法是不一样的。朱熹《诗集传》："七月，斗建申之月，夏之七月也……一之日，谓斗建子，一阳之月；二之日，谓斗建丑，二阳之月也……"原来，《诗经·豳风·七月》中的"七月"用的是夏历（夏朝历法），相当于现在农历的七月。"一之日"和"二之日"是周历（周朝历法）的说法，相当于现在农历的十月和十一月。还有一个就是"流火"。这里的"火"不是生火做饭的火，而是指大火星，心宿二，即现在所说的天蝎座

7

α 星。"流"是下沉、西落的意思，合起来就是大火星向西落下。

古人对天文的关注是我们无法想象的，古人与天地自然的关系，远比我们现在密切。斗转星移、阴晴圆缺、风霜雨雪，都影响着他们的生产和生活，因此古人对身边的河川山脉、天文历象等自然现象是十分关注的。据《周礼》记载，当时有专门的官员来掌管天地万物，如：大司徒，"辨山林、川泽、丘陵、坟衍、原隰之名物"；山师，"掌山林之名，辨其物与其利害"；天官，"辨天之日月、星辰、风雨、阴晦"；等等。当时的天官，相当于现在的天文台和气象站的工作人员。有时甚至设专门官员来观察某一颗星，如距今四千多年前的颛顼时期，就设立了火正之官，专门负责观察"七月流火"中的大火星。

不仅国家有专职的官员和部门，天文历象也是读书人的必修课。古代许多启蒙教材的开篇内容就是天文方面的知识，比如《千字文》开篇就说："天地玄黄，宇宙洪荒。日月盈昃，辰宿列张。寒来暑往，秋收冬藏。闰余成岁，律吕调阳……"《幼学琼林》也是以天文知识开端："混沌初开，乾坤始奠。气之轻清上浮者为天，气之重浊下凝者为地。日月五星，谓之七政；天地与人，谓之三才。日为众阳之宗，月乃太阴之象……"这些读物不仅文采斐然，也是古代天文初级入门教材。其他启蒙书如《龙文鞭影》虽是教小朋友对仗的，里面也有不少的天文知识。从中可以看出古人对小孩子在人文素养方面的要求很高，如今不要说小学生，就是大学生，在这方面恐怕也难以与古时启蒙儿童相比。

也许有些人认为，古时知晓天文那是文化人的事情，普通百姓是不知道这些东西的，那就大错特错。天官是专司释天之职，但并不等于普通百姓就不知天。《尚书·尧典》记载，尧时命官"敬授民时"。按现在的话说，官员不仅要制定好政策，还要做好宣传，让百姓领会，教会他们懂得天时。官府重视，并且有义务让百姓知晓，这点很重要，对生产有利，对政局也有利。因为百姓的耕稼兴作，都要依赖于天时，百姓收成不好，时局就不稳定。

另外，百姓虽不是学者，但他们实践经验丰富，天天与日月星辰打交道，而且当时也很需要这些东西。"十载唯耕谷口云，倚锄时复看天文"，那不是农民在欣赏风景，而是在观察星辰风雨之变。在古时，天文不过是老百姓谈论的日常话题，正如清朝顾炎武在《日知录》中所说："三代以上，人人皆知天文，'七月流火'，农夫之辞也；'三星在户'，妇人之语也；'月离于毕'，戍卒之作也；'龙尾伏辰'，儿童之谣也。"可叹的是，原先的"妇人之语"和"儿童之谣"现代人未必能弄明白。

正因如此，如今看似艰涩难懂的天文知识，古时的人们常常是信手拈来。以《诗经》为例，《诗经》分为《风》《雅》《颂》三部分，其中《风》指的是民风，相当于各地的民歌民谣。从《诗经·风》中，我们能看出当时普通百姓的天文素养有多高。《诗经·邶风·日月》："日居月诸，照临下土。乃如之人兮，逝不古处。胡能有定？宁不我顾？"意为：你这个没良心的，日月出没还有恒时，你却一去了无影踪，什么时候才有个正形？为何还不来看我？诗歌用日、月起兴，责备他人无常，一走了之，不来看她，很有艺术吧？

这是讲男女之事的，也有讲大事情的，比如《诗经·鄘风·定之方中》："定之方中，作于楚宫。揆之以日，作于楚室。树之榛栗，椅桐梓漆，爰伐琴瑟。""定"是北方的一个星宿名，古人认为，当这颗星昏而正中时，正好是夏正的十月，此时适合营造宫室，因此将此星叫作营室星。这段话的意思大致是讲人们如何依照天象和日影来选择建造宫室的时间，足见观察天文对当时人们的生产生活是何等的重要。

在《雅》《颂》中，用天文起兴的就更高了。例如《诗经·小雅·十月之交》："十月之交，朔月辛卯，日有食之，亦孔之丑。彼月而微，此日而微。今此下民，亦孔之哀。"这话难懂吧？先看朱熹在《诗集传》的解释："交，日月交会，谓晦朔之间也。历法，周天三百六十五度四分度之一。左旋于地，一昼一夜，则其行一周而又过一度。日月皆右行于天，一昼一夜，则日行一度，月行十三度十九分度之七。故日一岁而一周天，月二十九日有奇而一周天，又逐及于日而与之会。一岁凡十二会。方会，则月光都尽而晦。已会，则月光复苏而为朔。朔而晦前各十五日。日月相对，则月光正满而为望。晦朔而日月之合，东西同度，南北同道，则月掩日而日为之食。望而日月之对，同度同道，则月亢日而为月之食。是皆有常度矣。然王者修德行政，用贤去奸，能使阳盛足以胜阴，阴衰不能侵阳，则日月之行，虽或当食，而月常避日……"解释了一大通，明白的人恐怕不多。根据本人的学习及教学经验，有关日、地、月三者的运行规律，朔望月的形成，以及日食、月食等知识，不要说在中学课堂上，就是在大学专业学习中，能搞懂七八成就已经很不错了。诗句的大意是：十月初一，本来就看不到月亮，又逢日食，阴上加阴。就像当今小人当道、政治昏暗，我们小老百姓的日子也是"王小二过年，一年不如一年"啊，这是拐弯抹角地骂朝廷。我们可能会说，骂人用得着这么费劲吗？问题是我们现在想这么费劲地骂人也不够那水平啊。

3．岁星一别又回天

如果有人问你今年是哪一年，你可能会觉得奇怪，今年不是 2019 年吗？如果他再问你为什么是 2019 年，而不是 2020 或其他什么的，你会觉得这人脑子出了问题。但细细一想这还真是个问题，凭什么就是 2019 而不是其他？这里面涉及一个关于如何纪年的问题。众所周知，目前我们采用的是公元纪年法，它以耶稣诞生之年作为纪年的开始。具体方法是从耶稣出生之年算起，这一年以前的年份叫公元前某年，以后的年份叫公元某年。2019 年意味着耶稣出生到现在已经有两千零一十九年了。

我国是 1949 年中华人民共和国成立时开始用公元纪年法的，那么在这之前是如何纪年的？年又是什么？《说文解字》："年，熟谷也。"年与农业有关，"年"字最早的写法是一个人背负成熟的禾的形象，表示庄稼成熟，古时候所谓的"年成"指的就是这个。《谷梁传·桓公三年》："五谷皆熟为有年也。"谷物的成熟周期意味着寒暑往来，季节更替的周期。因此，"年"也就渐渐地成为一个时间单位，即现在所说的地球绕太阳一周的时长。

在中国历史上，纪年的方法很多，除了现在采用的公元纪年法之外，还有岁星纪年法、太岁纪年法、年号纪年法、国号纪年法等。

下面介绍与本文内容有关的岁星纪年法和太岁纪年法。

（1）岁星纪年法。

《说文解字》："岁，木星也。"岁星就是太阳系八大行星中的木星。根据岁星在天体中运行的规律来纪年的方法，叫"岁星纪年法"。古人认识到，木星约 12 年绕太阳一周（实际上是 11.8622 年），其轨道与黄道相近。木星周而复始地在天空中运行，所谓"岁星一别又回天"。木星每年要行经一个特定的星空区域，古人把黄道附近一周天按由西向东的方向平均划分为十二等分，每个等分叫一个"星次"，一共十二个"星次"，并给十二"星次"命名，分别叫星纪、玄枵、娵訾、降娄、大梁、实沈、鹑首、鹑火、鹑尾、寿星、大火、析木。岁星纪年法的表示方法是：岁星由西向东运行，每年行经一个"星次"，如岁星在某一年运行至星纪区域，这一年就记为"岁在星纪"，翌年岁星又运行至玄枵区域，该年就记为"岁在玄枵"，依次类推，每十二年循环一次。《国语·周语》有"武王伐纣，岁在鹑火"，这里的"岁在鹑火"用的就是岁星纪年。

在时间的长度上，年和岁是大致相等的，因此年、岁现在基本可以通用，比如问你"多大年龄"和"多大岁数"意思是一样。但在本质上，年和岁两者还是有一定的区别。

（2）太岁纪年法。

与岁星纪年法密切相关的是太岁纪年法。在认识太岁纪年法之前，有必要先了解一下十二辰。"辰"本意指日、月的交会点。"十二辰"则为夏历一年十二个月的月朔时太阳所在的位置。《左传·昭公七年》："日月之汇是谓辰。"这样一来，"辰"也是将周天分为十二等分。所不同的是，辰的命名顺序是自东向西，依次为子、丑、寅、卯、辰、巳、午、未、申、酉、戌、亥。所谓的"太岁纪年法"，就是假想出一个岁星，将其取名为"太岁"，并设想它与真岁星背道而驰——由东向西，以太岁运行到十二辰的不同位置来纪年。如某年太岁运行到寅这个位置，就称这一年为"太岁在寅"，次年则为"太岁在卯"，依次类推，十二年为一周期。太岁有几种称谓，在《汉书·天文志》中叫太岁，在《史记·天官书》中叫岁阴，在《淮南子·天文训》中叫太阴。

由于都是将周天分为十二等分，十二星次和十二辰也存在着一定的对应关系，只不过是顺序不同而已。如根据《汉书·天文志》记载的战国时天象记录，某年岁星在星纪，太岁便运行到析木，这一年就是"太岁在寅"，第二年岁星运行到玄枵，太岁便运行到大火，这一年就是"太岁在卯"。两者的关系可用图 1 - 1 表示。

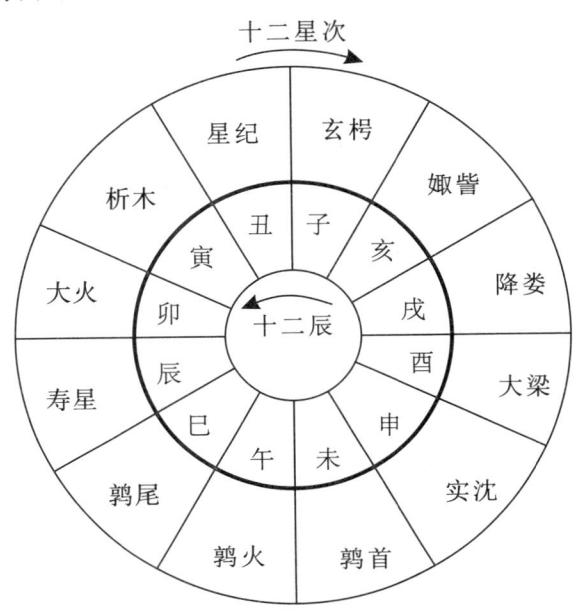

图 1 - 1　十二星次与十二辰关系图

不少人认为岁星纪年就是太岁纪年，甚至认为木星就是太岁，这显然是错误的。我们可能会有疑惑：有了岁星纪年，为何还要虚拟一个太岁出来，将问题复杂化？原因可能有两个，一个是为了方便，另一个是为了消除误差。因为木星，也就是岁星是由西向东运行的，与人们生活中熟悉的十二时辰恰好相反，因而岁星纪年在生活中使用起来很不方便，引入太岁，则显得方便多了；至于消除误差，前面讲过，岁星运动的恒星周期实际上并不恰好为 12年，而是 11.8622 年，即岁星不用十二年便可沿十二星次走完一周天。时间一长，便会发生"超次"现象。例如，鲁襄公二十八年本应该是"星纪"年，而该年岁星的实际位置已经达到"玄枵"星次，所以《左传·襄公二十八年》有"岁在星纪而淫于玄枵"的记载。

此外，古人还为"太岁在寅""太岁在卯"等十二个年份取了专门名称，如摄提格、单阏等。大概在西汉年间，历法家又取了阏逢、旃蒙等十个名称，分别对应十天干，叫作岁阳，并依次和上述十二个太岁年名相配，方法同六十甲子相同，组成六十个年名。这套别名，《史记·历书》、《尔雅·释天》和《淮南子·天文篇》中的记载略有不同，大致对应如表1-1所示：

表1-1　太岁纪年法简表

天干	《史记·历书》的别名	《尔雅·释天》的别名	地支		《淮南子·天文篇》的别名
甲	焉逢	阏逢	子	玄枵	困敦
乙	端蒙	旃蒙	丑	星纪	赤奋若
丙	游兆	柔兆	寅	析木	摄提格
丁	强梧	强圉	卯	大火	单阏
戊	徒维	著雍	辰	寿星	执徐
己	祝犁	屠维	巳	鹑尾	大荒骆/大荒落
庚	商横	上章	午	鹑火	敦牂
辛	昭阳	重光	未	鹑首	叶洽/协洽
壬	横艾	玄黓	申	实沈	涒滩
癸	尚章	昭阳	酉	大梁	作鄂/作噩
			戌	降娄	阉茂/掩茂
			亥	娵訾	大渊献

如此一来，年的描述就更加复杂了，若某年是壬辰年，便可称为玄黓执徐；第二年是癸巳年，则称为昭阳大荒落。古人作诗题字经常这样用，在今天看来常使人一头雾水；还有就是这些名称也很怪异，看上去多像是记音字，尽管在古书中的记载有差异，但发音却很接近，比如"游兆"和"柔兆"，"大荒骆"和"大荒落"，等等。因此有学者认为这些名称可能是外来语，例如郭沫若在《甲骨文字研究·释干支》中认为，这些名称来自两河流域，其

发音源于巴比伦文明的苏美尔语或阿卡德语中星座的发音。对此也有人提出异议，例如吴宇虹在《巴比伦天文学的黄道十二宫和中华天文学的十二辰之各自起源》一文中指出，苏美尔语早在公元前1800年起就已消亡，而两河流域将周天分成十二个区应该是公元前1200年之后的事情，中华十二辰使用干支记日的甲骨文写于公元前1500至公元前1100年期间……也有人提出这些名称可能是古代神的名字。反正众说纷纭，莫衷一是。

关于太岁得多说两句。太岁虽是假想的天体，却被后人演变成一种神祇信仰。古曰："太岁当头坐，无灾也有祸。"民间认为一个人的年庚，若与值年太岁相同，称为"犯太岁"；若与值年太岁对冲者，则叫"冲太岁"；等等。另外，住宅的方位、姓名也会犯太岁等。可见，在民间，岁星在人们心目中的地位是很高的。民间还传说太岁运行到哪，相应的方位下会出现一块肉状物，这是太岁星的化身。《周易》云："岁星神在天成象，在地成形，天地各一，是曰两仪。"在此处动土，会惊动太岁，所以俗语有"不能在太岁头上动土"一说。这种说法当然也是毫无依据的，生长于地下的所谓太岁又称"肉灵芝"，是由黏菌、细菌和真菌三类菌构成的一种稀有的聚合体，《山海经》称之为"视肉""聚肉""太岁""封"，据说是古代帝王养生佳肴。李时珍在《本草纲目》中记载："肉芝状如肉，附于大石，头尾皆有，乃生物也……久食轻身不老，延年神仙。"《神农本草经》记载："肉灵芝，无毒，补中，益精气，增智慧，治胸中结，久服轻身不老。"吃都能吃，还不能动土？当然，关于太岁的作用和药效，在医学和生物界也是有争议的。

4. 花甲明年重数起

岁星纪年和太岁纪年因关系密切，有时被合称为星岁纪年。星岁纪年出现的时间大约在战国时期，到东汉时期改用《四分历》，基本上就被废止了。在这段时间里，还有其他的一些纪年方法，其中最有代表性的就是王公即位年次纪年法。

王公即位年次纪年法是以王公在位年数来纪年，以元、二、三年序数计算，直到该王公出位为止。因为当时诸侯国多，同一年不同的诸侯国会出现不同叫法，例如公元前 770 年是周平王元年、秦襄公八年等。这种纪年法不像星岁法那么烦琐，在后来的文章中大量使用，如《左传·殽之战》的"三十三年春，秦师过周北门"，这里的"三十三年"指的是鲁僖公三十三年；又如《廉颇蔺相如列传》的"赵惠文王十六年，廉颇为赵将"；等等，这些都是用王公即位年次来纪年的。

后来出现了王公即位年次纪年法的变种，即年号纪年法。年号是我国古代帝王用来纪年的一种名号，先秦至汉初是没有年号的，中国历史上第一个创立年号的是汉武帝刘彻。刘彻创立的第一个年号是元封，这是他即位 30 年的夏天封泰山后，下诏将第二年定为元封元年，后来又追加前面的五个年号，即建元、元光、元朔、元狩、元鼎。从此以后，新皇帝即位，都会确定自己的年号，而且历代帝王凡遇到"天降祥瑞"或内讧外忧等大事、要事，大多都要更改一下年号。一个皇帝所用年号少则一个，多则十几个，如汉武帝有十一个，唐高宗有十四个，到明清时期，一个皇帝基本就用一个年号。这种纪年方法和王公即位年次纪年法相似，新皇帝上台，叫××元年，第二年叫

××二年，更换了年号则重新开始。如《岳阳楼记》中的"庆历四年春"、《游褒禅山记》中的"至和元年七月某日"、《〈指南录〉后序》中的"德祐二年"等，用的都是年号纪年法。

年号纪年不仅是我国古代的一种常用纪年法，而且还影响到朝鲜、日本等国。在中国历史上的一些藩属国，通常会沿用天朝年号，如朝鲜、琉球为中国藩属时，亦用中国帝王年号，是一种对天朝效忠的表现。日本更不用说，在历史上很长一段时间向中国学习。据说日本最初使用年号是在公元645年的孝德天皇时期，有时一个天皇也会使用多个年号，有时也会中断。明治天皇以后改年号为"一世一元"，也就是换一个天皇就得换一次年号，并且日本天皇的年号大多取自中国古代的典籍，如第一个年号"大化"来源于《尚书·大诰》的"肆予大化诱我友邦君"。近现代的如"明治"语出《易经·说卦传》的"圣人南面而听天下，向明而治，盖取诸此也"，"昭和"出自《尚书·尧典》的"九族既睦，平章百姓，百姓昭明，协和万邦"，等等。

我国自古至今一直沿用的纪年法当属干支纪年法。干支纪年传说出自黄帝时代，一般认为是萌芽于西汉初，始行于王莽，东汉以后开始流行。有人认为西汉以前就用了干支纪年，可能是将太岁纪年中使用了干支符号当作是干支纪年的开始。前面提到的太岁纪年法中，使用干支符号是用来表示"十二辰"，但这与干支纪年还是有本质上的区别。

干支是天干和地支的总称，甲、乙、丙、丁、戊、己、庚、辛、壬、癸等十个符号叫天干；子、丑、寅、卯、辰、巳、午、未、申、酉、戌、亥等十二个符号叫地支。把干支顺序相配正好六十年为一周期，称为一个甲子或一个花甲子。"花甲之年""年过花甲"中的"花甲"就是六十岁的意思。如宋朝诗人杨公远在他六十岁的时候，所做的诗词中多次提到花甲二字，如"明年花甲又从头""花甲明年重数起"。干支纪年法在古文中经常出现，如《五人墓碑记》中的"予犹记周公之被逮，在丁卯三月之望"，《〈黄花岗七十二烈士事略〉序》中的"死事之惨，以辛亥三月二十九日围攻两广督署之役为最"，等等，这里的"丁卯""辛亥"用的就是干支纪年。近代还常用干支纪年来表示重大历史事件，如"甲午战争""戊戌变法""庚子赔款""辛丑条约""辛亥革命"等。

我国民间还流行一种与干支密切相关的纪年方法，这种方法是将十二生肖（又叫十二属相）的名称作为年名和地支对应，十二年一个周期。对应方法见表1-2：

表1-2　地支生肖对应表

地支	子	丑	寅	卯	辰	巳	午	未	申	酉	戌	亥
生肖	鼠	牛	虎	兔	龙	蛇	马	羊	猴	鸡	狗	猪

如果知道干支，就可以推算出生肖。比如2018年出生的孩子属什么？2018年的干支是戊戌，"戌"对应的生肖是狗，那这个小孩的生肖属狗，同时，2018年也叫狗年。这种纪年方法因此也叫作生肖纪年法，据说起源于少数民族地区，至今西藏还是用这种方法纪年。藏历是用阴阳五行和十二生肖搭配，具体做法是五行用两次，相当于十天干分别和生肖搭配。

我国近代从辛亥革命的次年（1912年）起采用公元纪年，但同时采用中华民国纪年，如我国台湾地区目前还采用这种方法。我国目前采用的是公元纪年法，是1949年9月全国政协第一届全体会议协商确立的，这也是世界大多数国家使用的纪年方法。

公元纪年法不仅与世界大多数国家通用，而且实际使用起来很方便。但在生活中还是会遇到干支纪年的情况，最常见的是某些字画的落款中常常会用干支来表示年份，如"癸巳年某某书"。这"癸巳年"到底是何年？这里面涉及一个如何将公元纪年与干支纪年转换的问题。转换的方法很多，介绍一个相对简单的，就是尾数余数对应法。由于六十甲子是由十天干和十二地支依次搭配而成，十天干和十二地支都是按顺序循环使用。所以在干支纪年中，每十年出现一次的同一天干，必然和使用十进制的公元年份某一固定的尾数（个位数）相对应（见表1-3）；而十二进位的地支与十进位的公元之间也可以找到一种余数的对应关系，即无论是公元前还是公元后的任意年份，如果在除以12后所得余数相同，其分别对应的地支也就

18

应该相同（见表 1-4）。

表 1-3　十天干与公元纪年个位数对照表

公元后	4	5	6	7	8	9	0	1	2	3
天干	甲	乙	丙	丁	戊	己	庚	辛	壬	癸
公元前	7	6	5	4	3	2	1	0	9	8

表 1-4　十二地支与公元纪年余数对应表

公元后	4	5	6	7	8	9	10	11	0	1	2	3
地支	子	丑	寅	卯	辰	巳	午	未	申	酉	戌	亥
公元前	9	8	7	6	5	4	3	2	1	0	11	10

为什么会这样对应，道理其实很简单，因为公元元年是辛酉年。具体操作步骤是先将公元年份的尾数（个位数）直接从表 1-3 中找到对应的天干，再将该公元年份除以 12 所得余数从表 1-4 中找到对应的地支，便可将公元年换算成干支年了。例如 2018 年，其尾数 8 在表 1-3 中对应的天干是戊，2018 除以 12 余数是 2，对应的地支是戌，因此，2018 年是戊戌年。至于如何将干支年转换为公元年，大家细细去琢磨吧。当然，现代信息发达，除非专业需要，平时我们可以通过很多途径查询得到。

早些年有人在网络上倡议我国改用"黄帝纪年"，目的是"唤醒国人，恢复和保留自己的传统文化"。这个有点意思，公元纪年法说到底还是"舶来品"，而且带有西方宗教的色彩。中国历史悠久，学习历史时经常会遇到"公元前""公元后"的情况，似乎有点将历史割裂开来。如果采用"黄帝纪年"，我国的历史脉络就显得更加清晰。当然，用"黄帝纪年"还有很多问题需要解决，比如，起点是用黄帝出生的年份还是即位的年份？这些年份是否确切？如何与目前世界通用的公元纪年很好地匹配？等等，这些都有待我们去讨论。本人是支持用"黄帝纪年"的。

5. 月在青天几圆缺

年是地球绕太阳运行一周的时间，这个周期天文学上称为一个太阳年。以年计时，显然有点长，因此一年里面又分为十二个月。古代是通过月相变化来确定"月"的时间长短的，即月亮盈亏一次的时长叫"月"。我们知道，以太阳年为单位的历法是阳历，以朔望月为单位的历法是阴历。不少人认为我国的农历是阴历，其实这是不对的，中国古代的历法不是纯阴历，而是阴阳合历。古代在编制历法时，既要看太阳，还要看月亮，挺复杂的。

古人是如何设置月份的？要搞清楚这个问题，首先必须了解月相。月相是现代天文学术语，是对地球上看到的月球被太阳照亮部分的称呼，即月亮位相的变化。月球是地球的卫星，它自身是不会发光的，我们夜晚之所以能看到月亮，是因为月球将太阳光反射到地球上的缘故。月球又是不透明的，所以太阳只能照亮月球的一半。处在地球上的人是否能看到被照亮的月球的全部呢？不一定。因为地球也绕太阳运行，日、地、月三者的位置在不断变化，所以我们能从不同的角度看到月球被太阳直接照射的部分，这就是月相产生的原因。比如当地球在太阳和月球中间时，月球被照亮的那一半就全部朝向地球，我们就看到一个满月；当月球在地球和太阳中间时，月球被照亮的那一半就全部背向地球，就看不到月亮。其他时候呢，当然既不是看不到，也不是全看到，而是在由无到全部，再由全部到无之间变化。古人感叹"人有悲欢离合，月有阴晴圆缺"，这里的"圆缺"就是指月相变化。

"月在青天几圆缺""花有重开月再圆"，月相变化是很有规律的。有首儿歌是这样唱的："初一新月不可见，只缘身陷日地中。初七初八上弦月，半轮圆月面朝西。满月出在十五六，地球一肩挑日月。二十二三下弦月，月面朝东下半夜。"月相变化依次为：新月（农历初一）→峨眉月→上弦月（初七、初八）→凸月→满月（十五、十六）→凸月→下弦月（二十二、二十三）→残月→新月。这里的"新月""凸月"是现代人对月相的称呼，古人对月相的称呼比今人要文雅得多，将每月的第一天叫朔，小月的十五、大月的十六为望，因此月相的周期又叫朔望月。此外将大月初二、小月初三叫朏，望之后这一天叫既望，每月最后一天叫晦，等等。我们观察到的月亮不仅在形状变化上有规律，在朝向和出现的时间上也很有规律。这一点在儿歌中也有体现。例如上弦月只能在上半夜看到月亮，月亮的亮面是朝西的，悬挂在西边的天空；下弦月出现在下半夜，其亮面朝东，悬挂在东边的天空。所谓"上上西西，下下东东"，正是对上弦月和下弦月的月相规律的高度概括。

　　月相便于观察，它的变化又很有规律性，所以被人们用于计时也是很自然的事情了。月相的变化周期是 29 至 30 天之间（精确数值是 29.53 天），因此农历设大月为 30 天，小月 29 天，一年 12 个月合起来一共 354 天。地球绕太阳一周的实际时间是 365.2422 日，比阴历 12 个月的总和还多出 11 天多。古人也早已认识到这个问题，《尚书·尧典》说："期三百六十五日有六旬有六日。"期就是年的意思。两者不吻合怎么办？这就是置闰的问题。《尚书·尧典》："以闰月定四时，成岁。"孔子说："一岁有余十二日，未盈三岁足得一月，则置闰焉。"一年相差 11 天多，三年就闰一个月，还不够，五年还要再闰，即五年闰两次。《易·系辞上》："五岁再闰，故再扐而后挂。"《后汉书·张纯传》："礼说三年一闰，天气小备；五年再闰，天气大备。"五年闰两次又多了些，后来规定十九年闰七个月，这事就解决了。十九年七闰，与今天测得的数值基本符合，十九个回归年总长 6939.6018 日，二百三十五个朔望月总长 6939.6879 日，二者只相差 2 小时 4 分 16.3 秒了。

　　古人是十分重视置闰的。《左传·文公六年》说："闰月不告朔，非礼也。闰以正时，时以作事，事以厚生，生民之道，于是乎在矣。不告闰朔，弃时政也，何以为民？"闰月的安插问题，历代有所不同，比如周朝放在年尾，称为"十三月";秦和西汉初放在九月以后,称为"后九月"。从汉武帝实施太初历开始,就规定"闰无中气"(关于中气可参见后面二十四节气的有关内容)之月,因此有"闰三月""闰六月"等说法。这种"无中置闰法"一直沿用至今。

通过置闰实现了"正时",阴、阳两历才真正实现相互配合,但还有一个问题需要解决,就是岁首的确定,也就是哪个月是一年中的第一个月。这问题看上去好像有点莫名其妙,但仔细想想也确实是这么回事:一年十二个月,周而复始,在纪月时从什么时候起算?就像一个圆,它的起点在哪是同一个道理。

我国历史上早期有过"三正",即夏正、殷正和周正。"正"指的就是岁首,因此我们常常将农历的一月叫作正月。古时历法很多,像春秋战国时期有所谓夏历、殷历和周历,这三者最主要的区别在于岁首的不同,周历以建子之月为岁首,殷历以建丑为岁首,夏历则是建寅为岁首。这里的"建"指的是"斗建",即"北斗所指"。《史记·历书》中有记载"随斗杓所指建十二月",我国远古根据黄昏时北斗星斗柄的指向,再配以十二地支来确定月份和季节。所谓建子、建丑、建寅分别表示北斗的斗柄指向子、丑、寅三个方位,这样一来,周历的岁首比殷历早一月,比夏历早两个月。

自秦始皇时代起以建亥为岁首,沿用到汉初。汉武帝以后直至清末,绝大部分时间用的是夏正,即以建寅为岁首。1912—1949 年中华民国期间,虽改用"民国纪年",但民间仍用夏历。中华人民共和国成立以来,公历(阳历)和夏历(农历)并用,因此我国现行农历的正月也是夏正。先秦时期就有点乱,不同时代和地区用的历法不同,如果不了解"三正",后人在阅读先秦古籍时常常被里面的时间弄得一头雾水。比如《春秋》和《孟子》多用周历;《楚辞》和《吕氏春秋》用夏历;《诗经》就不一定了,经常混用,这要看具体诗篇,如《小雅·四月》用夏历,前面提到的《豳风·七月》是周历和夏历并用。

古代常用的纪月方法主要有三种:序数纪月法、地支纪月法和时节纪月法。序数纪月就是用一、二、三……一直到十二的顺序来表示一年中的十二个月，至今仍然沿用。如白居易的《大林寺桃花》："人间四月芳菲尽，山寺桃花始盛开。"古人还常以十二地支对应十二个月，每个地支前要加上"建"字，实际上就是用前面讲到的"斗建"来表示月份。如杜甫的《草堂即事》："荒村建子月，独树老夫家。"周历的建子月就相当于现在农历的十一月。有时天干地支配合着用，六十个月为一周期，这类似于干支纪年，但用得相对少。把一年分为四时，现在叫四季，每时三个月（有闰之季四个月）。通常正、二、三月为春，四、五、六月为夏，七、八、九月为秋，十、十一、十二月为冬。每季的三个月又可称为孟、仲、季月，这样每个月都可以用时名叫出，这种纪月方法叫时节纪月法。如孟春是正月，仲夏是五月，季秋是九月，等等。《楚辞·哀郢》："民离散而相失兮，方仲春而东迁。"这里的仲春指的就是夏历二月。

　　古人还给每个月取了个特定的名称，类似于太岁纪年中给干支取个别名。岁首的月份叫正月（秦代因避始皇赵政的讳改称端月），又叫孟陬；二月叫如，三月叫寎，四月叫余或除，五月叫皋，六月叫且，七月叫相，八月叫壮，九月叫玄，十月叫阳，十一月叫辜，十二月叫涂。如《诗经·小雅·小明》："昔我往矣，日月方除。"《国语·越语下》："至于玄月，王召范蠡而问焉。"这不单是古代文人故弄风雅，比如"三月为寎"，郝懿行义疏："寎，本或作窝……丙也，三月阳气盛，物皆炳然也。"显然是赋予了"月"这个时间单位更多的文化内涵。

6. 花开叶落成春秋

"停杯不饮待春来，和气先春动六街"（宋·朱淑贞《立春诗》），"怀君晴川上，伫立夏云滋"（唐·贾至《立夏》），"乳鸦啼散玉屏空，一枕新凉一扇风"（唐·刘翰《立秋》），"肯信今年寒信早，老夫布褐未装棉"（宋·仇远《立冬即事二首》）。古代文人普遍地存在着时间情怀，描写或以时令起兴的诗词佳句多如牛毛。时间似乎给了古人不可思议的魔力，诗人们出神入化的描绘使人折服，诗句折射出的自然美感和人生意蕴更是令人赞叹。

本节的话题就来聊聊时节。节，繁体字写作"節"。《说文解字》："竹约也。"节字的本义就是竹节。一根竹子每隔一段距离有一个竹节，于是"节"字引申出了"分界""截分"的含义。时节，就是将时间进行"截分"，相关的概念有季节、节气、节日等。同时，引申出"限制"的含义，《说文解字》又说："约，缠束也。"像"节约""节制""礼节"等就有这个意思。

一年有春夏秋冬四季，这是现代人的叫法，古时不这么称呼，叫"四时"。在商代和西周前期，一年只分为春秋二时，所以后来春秋就意味着一年。《庄子·逍遥游》："蟪蛄不知春秋"意思是蟪蛄的生命不到一年。"花开叶落成春秋"，古代有些史书（如《晏子春秋》）也称春秋。后来历法日趋周密，在春秋二时的基础上再分冬夏二时，因此，有些古书所列的四时顺序不是"春夏秋冬"，而是"春秋冬夏"，如《墨子·天志中》中的"制为四时春秋冬夏，以纪纲之"、《管子·幼官篇》中的"修春秋冬夏之常祭"、《礼记·孔子闲居》中的"天有四时，春秋冬夏"等。

古人还根据季节更替和气候变化的规律，把一年分为二十四个节气。这些节气先是平分的，平均每个节气是 15 日多一点。后来根据太阳移动的速度，有的规定为 14 日（如冬至前后），有的规定为 16 日多（夏至前后）。二十四个节气的名称和顺序如表 1－5 所示：

表 1－5　节气表

春季	立春（2 月 3—5 日）	雨水（2 月 18—20 日）	惊蛰（3 月 5—7 日）	春分（3 月 20—22 日）	清明（4 月 4—6 日）	谷雨（4 月 19—21 日）
夏季	立夏（5 月 5—7 日）	小满（5 月 20—22 日）	芒种（6 月 5—7 日）	夏至（6 月 21—22 日）	小暑（7 月 6—8 日）	大暑（7 月 22—24 日）
秋季	立秋（8 月 7—9 日）	处暑（8 月 22—24 日）	白露（9 月 7—9 日）	秋分（9 月 22—24 日）	寒露（10 月 8—9 日）	霜降（10 月 23—24 日）
冬季	立冬（11 月 7—8 日）	小雪（11 月 22—23 日）	大雪（12 月 6—8 日）	冬至（12 月 21—23 日）	小寒（1 月 5—7 日）	大寒（1 月 20—21 日）

二十四节气是中国历法的独特创造，是古代劳动人民智慧的结晶，几千年来对推动中国农业发展起了重要作用。节气是华夏祖先历经千百年的实践创造出来的宝贵的科学财富，2016 年 11 月 30 日，在联合国教科文组织保护非物质文化遗产政府间委员会第十一届常会上，中国申报的"二十四节气——中国人通过观察太阳周年运动而形成的时间知识体系及其实践"，被正式列入联合国教科文组织人类非物质文化遗产代表作名录。

可能不少人会说，节气总该属于阴历吧？这又错了，节气属于阳历，它是以太阳为参照得出来的。上表中各节气出现的日期也不是阴历日期，而是阳历。节气反映了太阳的周年视运动：地球绕太阳一周 360°，大约每隔 15°就是一个节气。所以在公历中节气的日期是相对固定的，但在农历中就不大好确定，以立春为例，它最早可在上一年的农历 12 月 15 日，最晚可在正月 15 日，因为阴历是以月亮为参照物得出来的。

古人很早就掌握了日照的变化规律，他们利用圭表（见图 1－2）来测日晷。圭表由水平的圭和垂直的表两部分组成，圭是平卧的尺，表是直立的标杆。早在商、周时期即被使用，是中国最古老而又简单、重要的测量日影的器具。它是利用立竿见影的原理来测量日影长度的，进而推算时辰，如

《宋史·卷七十六·律历志九》上载："观天地阴阳之体，以正位辨方、定时考闰，莫近乎圭表。"日晷（见图1－3）本义是日影，现在多指测量日影和时刻变化的工具。日晷仪，又称为"日规"，简称"日晷"。日晷是由圭表演变而来的，通常由石制的晷盘和铜制的晷针组成，使用时，只要观察日影投射在晷盘上的位置，就能推算时间。现在很多地方还有日冕，特别是学校，比如清华大学校园里的日冕是该校的一个标志性景观。

图1－2　圭表　　　　　　　　　　图1－3　日晷

众所周知，一天当中正午的日影最短，每天正午的日影长度往往是不相同的，比如同一物体夏季正午的日影比冬季就要短。古人将每年日影最长的时刻称为"日至"（又称日长至、长至、冬至），日影最短时刻称为"日短至"（又称短至、夏至），然后将不同日影出现的时间与星次对应起来，以确定节气。如《汉书·历律志》中就讲到节气与星次的关系，其以太阳运行到星纪初点时叫大雪，运行到星纪中央时叫冬至，运行到玄枵初点时叫小寒，运行到玄枵中央时叫大寒，等等。

最初确定的节气是四个，时间据说是在商朝，相当于现在的夏至、冬至、春分和秋分。《尚书·尧典》把春分叫作日中，秋分叫宵中，因为这两天昼夜长短相等；同时把夏至叫日永，冬至叫日短，因为夏至是一年中白天最长、正午日影最短的一天，冬至是一年中白天最短、正午日影最长的一天；春分和秋分则昼夜平分。大约到了周朝（也有说战国后期）则发展到了八个节气，如《左传·僖公五年》的"凡分、至、启、闭必书云物",其中"分"为春分、秋分,"至"为夏至、冬至,"启"为立春、立夏,"闭"为立秋、立冬;又如《吕氏春秋》中有"十二月纪"的记载,就有了立春、春分、立夏、夏至、立秋、秋分、立冬、冬至等八个节气名称。这八个节气是二十四节气中最重要的节气,标示出季节的转换,清楚地划分出一年的四季。后来随着测量方法和工具的改进,测量精度也越来越高。一般认为,到了西汉时期二十四节气就已写入历法当中,比如《淮南子·天文训》中就有了和现代完全一样的二十四节气的名称。

古人不仅掌握了日影的变化规律,对太阳的视运动了解也很深入。早在春秋战国时期,就有了"日南至""日北至"的概念,这很了不起,说明当时已经对太阳直射点的回归运动有所察觉。按现在天文学的说法,地球绕太阳运动时是斜着"身子"的,所以赤道与黄道(地球绕日公转轨道)之间存在着一个夹角,叫黄赤交角(目前大约是$23°26'$)。如果黄赤交角为零,太阳就永远直射在赤道,地球上也永远是昼夜平分。正因为有了这个夹角,就会使太阳直射点在南、北纬$23°26'$之间,即南、北回归线之间往返移动。"日南至"就是太阳直射点到达南回归线,对位于北半球的我国来说,这一天白天最短、正午日影最长,称为冬至日。"日北至"这天情况则与"日南至"恰好相反,称为夏至日。春分和秋分就是太阳直射赤道,此时全球昼夜平分。

从命名可以看出,二十四节气的划分充分考虑了季节、气候、物候等自然现象的变化,如:立春、立夏、立秋、立冬是用来反映季节的,合称"四立";小暑、大暑、处暑、小寒、大寒等五个节气反映气温的变化,用来表示一年中不同时期寒热程度;雨水、谷雨、小雪、大雪四个节气反映了降水现象,表明降雨、降雪的时间和强度;白露、寒露、霜降三个节气表面上看是讲水汽凝结现象,同时也反映了气温的变化。气候的变化带来农业和自然物象的差异,如:小满、芒种则反映有关作物的成熟和收成,其中小满意指麦类等夏熟作物灌浆乳熟,籽粒开始饱满;惊蛰、清明反映的是自然物候现象,其中惊蛰意为春雷乍动，惊醒了蛰伏于地下的冬眠动物，预示着春天真正到来。

　　二十四节气又分为 12 个节气和 12 个中气。比如立春是正月的节气，雨水是正月的中气，惊蛰是二月的节气，春分是二月的中气，其他依此类推。古人很重视"气"的变化，这个"气"不仅指我们现在理解的气象、气候，更指阴阳二气。例如，从古至今我国很多地方很重视冬至，把它作为节日来庆祝，北方吃饺子，南方吃汤圆，甚至有"冬至大过年"的说法。冬至过节，并不是说庆祝这一天白天最短，相反地，是说冬至过后，白昼开始一天天变长，阳气逐日上升。《史记·周律》："气始于冬至，周而复生。""日冬至则一阴下藏，一阳上舒。"阳气一生，春天还会远吗？否极泰来，因此可庆可贺，这里面蕴含了辩证的思想。

7．寸晷分阴闲可惜

两个相邻节气之间的时长大约为十五天，比节气再小点的时间单位是旬。十日为一旬，一个月可分为上、中、下三旬。古时的"三旬"还有个别称，叫"三浣"：唐代定制，官吏十天一次休息沐浴，每月分为上、中、下浣。因此，《幼学琼林·岁时》云："月有三浣，初旬十日为上浣，中旬十日为中浣，下旬十日为下浣。"

此外，还有一个时间单位是星期，这个我们现在常用，但古人用得少。古代有"七曜"，就是把二十八个星宿按日、月及火、水、木、金、土这五个最亮的大行星的次序排列，七日一周，周而复始。唐代天文家杨景风就七曜日作注：　"夫七曜者，所为日月五星下直人间，一日一易，七日周而复始……"

古时七曜虽不是用来纪日，但和星期之间也有交集。据说星期制起源于古巴比伦和古犹太国一带，后来犹太人把它传到古埃及，再由古埃及传到罗马，公元三世纪以后，就广泛地传播到欧洲各国。拉丁语中星期日叫"太阳日"，星期一为"月亮日"，星期二为"火星日"，后面依次为"水星日""木星日""金星日""土星日"，顺序和七曜完全一致。法语直接采用拉丁语的名称，只是将星期日改为"主的日"。英语中，星期天叫作 Sunday，星期一叫 Monday，都和日月有关，只是将另外几个换成古日耳曼神话中神的名字，如星期二是战神"提尔"，星期五是女神"弗丽嘉"，等等。学过日语的朋友都知道，日语中从周一到周日分别称为：月曜日、火曜日、水曜日、木曜日、金曜日、土曜日、日曜日。之所以出现神一般的巧合，主要原因可能是当时的人们都是以地球为中心，历法的制定大多是以天体的视运动为参照对象。当然，日本的叫法显然是从中国传过去的。

星期在我国平常又叫"礼拜"，"礼拜"原为动词，指宗教徒向所信奉的神行礼，由于基督教、伊斯兰教是一星期做一次礼拜，因此慢慢地成为一周的代名词。明代官员马欢多次随郑和下西洋，其著作《赢涯胜览》对阿拉伯人的风俗描述很多，里面就多次提到他们的宗教活动。如该书"祖法儿国"篇："如遇礼拜日，上半日市绝交易。长幼男子皆沐了，即将蔷薇露或沉香油搽其面，才穿齐整新衣。又以小土炉烧沉檀俺八儿香，立于其上，薰其衣体，才往礼拜寺。"明朝末年，随着基督教在中国的传播，星期制也渐渐流传开来。清晚期废除科举制度，当时的"学部"在编译教材时，为统一各种叫法，把七日一周确定叫"星期"，顾名思义是取"星的周期"的意思。这也算是与国际接轨了。

那么古人是如何纪日的呢？主要有三种方法：序数纪日法、干支纪日法和月相纪日法。序数纪日法就是从每月的第一天起，以初一、初二……依次纪日。如《梅花岭记》："二十五日，城陷，忠烈拔刀自裁。"归有光的《项脊轩志》："三五之夜，明月半墙。""三五"指农历十五日。在干支纪日法中，上古时期单用天干多，后来逐渐发展为天干地支一起用。如《楚辞·哀郢》中的"出国门而轸怀兮，甲之晁吾以行"，"甲"指的是甲日，仅用天干；《左传·僖公三十三年》中的"夏四月辛巳，败秦军于殽"，"四月辛巳"指农历四月十三，用的是干支纪日。干支纪日如今推断起来有点麻烦，因为它是六十日为一周期，跨了二至三个月。月相纪日法在前面讲月相时已介绍，不赘述。此外，有时也会出现干支、月相一起用的情况，通常干支置前，月相列后，如《左传·僖公五年》的"冬十二月丙子朔，晋灭虢，虢公丑奔京师"，这里的"丙子朔"就是干支和月相并用。

比日更短的就是时了。古人多用十二地支表示十二个时辰，每个时辰等于现在的两小时，两者对应关系见表1-6。一个时辰又分为初和正，如现在的23点是子初，24（0点）点是子正；1点是丑初，2点是丑正，依次类推。

比如白居易在《自喜》一诗中写道："布被辰时起，柴门午后开。"意思是七八点后才起床，十二点后才开门。

表1-6 地支和时辰对应表

子时	丑时	寅时	卯时	辰时	巳时	午时	未时	申时	酉时	戌时	亥时
23— 1点	1— 3点	3— 5点	5— 7点	7— 9点	9— 11点	11— 13点	13— 15点	15— 17点	17— 19点	19— 21点	21— 23点

从时辰的设置可看出，古人和现在一样，新的一天是从夜半起算的。这一点现在有很多人搞不清楚，以为太阳出来才是新的一天开始。子正就是现在的零点，代表着一个地方正好处于夜半，即夜半球的最中间，因此也有"子夜"一说。午正是12点，正好是太阳"上中天"的时刻，此时该地位于昼半球的最中间。"锄禾日当午"的"午"就是指太阳"上中天"的时刻。

古代还根据天色变化把一昼夜分为若干时段，日出时叫旦、早、朝、晨等，日入时叫夕、暮、昏、晚等，如《木兰诗》曰："旦辞爹娘去，暮宿黑头山。"太阳正中时叫日中，将近日中的时间叫隅中，太阳西斜叫昃，等等，如《尚书·无逸》："自朝至于日中昃，不遑暇食……"意思是说从日出到太阳偏西都顾不上吃饭。当时的人们一日两餐，朝食在日出之后，隅中之前，这段时间叫食时或早食、朝食；夕食在日昃之后，日落之前，这段时间叫晡时，又叫日铺、夕食等。日落之后是黄昏，黄昏之后是人定，如《孔雀东南飞》有"奄奄黄昏后，寂寂人定初"的诗句。人定之后是半夜，半夜之后又有鸡鸣和昧旦两个时段，《诗经》上说"女曰鸡鸣，士曰昧旦"，这是天将亮的时间，如《孔雀东南飞》中的"鸡鸣外欲曙，新妇起严装"，描述的就是这个时段。

"更"也是古代常用的时间单位，但主要用于夜晚。汉代皇宫中值班人员分五个班次，按时更换，叫"五更"。"更"本身就有替代、替换的意思，如《庄子·养生主》："良庖岁更刀，割也；族庖月更刀，折也。"由此便把一夜分为五更，每更为一个时辰：戌时为一更，亥时为二更，子时为三更，丑时为四更，寅时为五更。"半夜三更"指的就是子时这个时段。

　　我们现在用钟表纪时,古代没有钟表之前,主要的纪时工具有圭表、日晷(也有用月晷的)和漏壶。圭表和日晷前面讲过,其纪时的原理是利用日影。但它们有个缺点,就是到了晚上或阴雨天便失去作用,正如清朝钱泳《履园丛话·艺能·铜匠》说:"测十二时者,古来唯有漏壶,而后世又作日晷、月晷,日晷用于日中,月晷用于夜中,然是日有风雨,则不可用矣。"因此,适用于日夜、阴晴的漏刻计时器便应运而生。

　　"漏"指漏壶,"刻"指箭刻,箭上有刻度,是放置在漏壶内以标记时刻的组件。漏壶由播水壶和受水壶两部分组成,上层是播水壶,一般分二至四层,下层是受水壶,里面装有带有刻度的箭。它的工作原理是这样的:播水壶里的水滴入到受水壶中,并通过箭上的刻度来读出时间。古时漏壶中的箭刻多是100刻,一天24小时有1440分钟,因此"一刻"相当于14.4分钟,比现在的一刻15分钟略少。这样算来,我们常听到的"午时三刻"相当于11点43分12秒。到了清初,将100刻更改为96刻,这样每刻时长就刚好为15分钟,相传成习,一直沿用到今天。日晷晷盘上的刻度有十二个大格,指示十二个时辰,每个大格又分为"八刻",这样一来,日晷中的"一刻"正好是15分钟,倒是与现在的完全吻合。

　　"遵四时以叹逝,瞻万物而思纷,悲落叶于劲秋,喜柔条于芳春。"(《文赋》)四时变化、时光流逝常常唤起古代文人敏锐而又深刻的情怀,但这种情怀多表现在诗词歌赋的文藻之中,极少有人将它们转化为对自然科学研究的热情。古人惜时如金,所谓"三更灯火五更鸡""寸晷分阴闲可惜"。每每有学生问道:"我国古代有众多的发明、发现,古人又这么勤劳,为何后来科技落后于西方国家?"我只有无奈调侃道:"因为古代的'高考'不考这些啊。"

8. 河汉三更看斗牛

有个成语叫气冲牛斗，也作"气冲斗牛"。斗牛，不少书本上解释为北斗星和牛郎星，其实这是不对的。该成语出自《晋书·张华传》，曰：

> 初，吴之未灭也，斗牛之间常有紫气，道术者皆以吴方强盛，未可图也，惟华以为不然。及吴平之后，紫气愈明。华闻豫章人雷焕妙达纬象，乃要焕宿，屏人曰："可共寻天文，知将来吉凶。"因登楼仰观。焕曰："仆察之久矣，惟斗牛之间颇有异气。"华曰："是何祥也？"焕曰："宝剑之精，上彻于天耳。"华曰："君言得之。吾少时有相者言，吾年出六十，位登三事，当得宝剑佩之。斯言岂效与！"因问曰："在何郡？"焕曰："在豫章丰城。"华曰："欲屈君为宰，密共寻之，可乎？"焕许之。华大喜，即补焕为丰城令。焕到县，掘狱屋基，入地四丈余，得一石函，光气非常，中有双剑，并刻题，一曰龙泉，一曰太阿。其夕，斗牛间气不复见焉……

唐朝诗人崔融《咏宝剑》诗："匣气冲牛斗，山形转辘轳。"显然，这里的斗牛指的是星宿中的斗宿和牛宿，按古代分野（关于分野后面会讲到），丰城属吴地，是斗星宿、牛星宿所在地。

古代的天文学是建立在观测日、月和五大行星（金、木、水、火、土）等天体运转的基础之上建立起来的。天体运动是相对运动，选择的参照物不同，观测到的结果也有所不同。比如我们现在说一天是 24 小时，这是指太阳日，是以太阳为参照物得到的一个昼夜更替的时间。其实地球自转真正的同期不是 24 小时，如果以太阳之外的某个恒星作为参照，得到的时间是 23 小时 56 分 4 秒，这叫一个恒星日。同理，朔望月和恒星月，回归年与恒星年之间也存在着差异。古人似乎也认识到这一点，觉得恒星相互间的位置恒久不变，可以借助它们作为参照物，来标识日、月、五星的运行位置。经过长期的观测，古人先后选择了黄道和天赤道附近的二十八个星宿作为"坐标"，将这二十八个星宿称为二十八宿、二十八舍或二十八星。

二十八星宿具体分布是：东方苍龙七宿，角、亢、氐、房、心、尾、箕；北方玄武七宿，斗、牛、女、虚、危、室、壁；西方白虎七宿，奎、娄、胃、昴、毕、觜、参；南方朱雀七宿，井、鬼、柳、星、张、翼、轸。东、南、西、北四个方向，每个方向的七宿连起来构成一个图案，分别想象成苍龙、玄武（龟蛇）、白虎、朱雀四种动物，称作四象，也叫四兽、四维、四方神等。每宿包含若干颗恒星，比如斗宿有六颗星，也是形如斗状，并与北斗七星遥相呼应，因此也叫南斗。很多人以为斗宿就是指北斗星，这是大错特错。按当前国际上星座的划分，北斗星属大熊座，斗宿属人马座，两者显然不同。同理，牛宿也不是牛郎星。牛宿有六颗星，属于现在的摩羯座，而牛郎星是天鹰座中最亮的一颗星，两者大相径庭。造成上述认识错误的原因是多方面的，一是人们缺乏基本的天文常识，二是北斗星、牛郎星两者的名字听得比较多，名称又与斗宿、牛宿相近，因此常被人张冠李戴。

日常使用中，斗、牛常常不单指两个星宿，古代文人常用它们来指代整个天空或星空。例如苏东坡的《前赤壁赋》中有"月出于东山之上，徘徊于斗牛之间"的佳句，这里的"斗牛"如果理解为斗宿、牛宿就说不通了，理解为北斗星和牛郎星更是毫无道理，而应该代指整个天空。又如，崔颢的《七夕》："班姬此夕愁无限，河汉三更看斗牛。"这里的"斗牛"也是指整个星空，河汉没理由半夜三更就为了看斗、牛两个星宿吧？

按现在的说法，宿就是星座，是天空中某些恒星的组合。星座的划分完全是人为的做法，不同的国家对其划分和命名方法都不尽相同，最初没有统一规定的标准。直到 1930 年，国际天文学联合会为了统一繁杂的星座划分，用精确的边界把全天分为 88 个正式的星座，这样天空中的每一颗恒星都属于某一特定星座。比如杜甫《赠卫八处士》的"人生不相见，动如参与商"，这参、商二星，一个在东，一个在西，此出彼没，永不相见。古代的参、商二宿分别属于现在 88 个星座中的猎户座和天蝎座。

古代中国有二十八星宿，西方也有类似的黄道十二宫。黄道十二宫就是将黄道附近的恒星划分为十二个组合。古代西方人将黄道分成十二等份，每等份三十度，称为一段。太阳周年视运动过程绕黄道运行一周，因此在黄道上每月运行一段。在西方人眼里，太阳是阿波罗神，它休息的地方应该是金碧辉煌的宫殿，因此，他们就把黄道上的一段叫作一宫。这样，黄道上的十二段便成了"黄道十二宫"，即：白羊宫、金牛宫、双子宫、巨蟹宫、狮子宫、处女宫（室女宫）、天秤宫、天蝎宫、射手宫（人马宫）、摩羯宫、水瓶宫（宝瓶宫）和双鱼宫。

现在了解二十八星宿的人不多，但对十二宫名称比较熟悉，因为十二宫与十二星座在名称上是一致，但在概念上还是有区别的，十二宫是将黄道均分为十二段，而十二星座是指黄道附近大致分布的十二个星座。很多年轻人喜欢将生日与十二星座对应，来推断一个人的性格，甚至预测婚姻、命运等。这作为一种娱乐可以，千万别当真，性格、命运与星座之间是毫无关联的。

坐标是用来指示位置的，古人常用二十八星宿或四象的出没和到达中天的时刻来判定季节。比如我们常说"东方青龙、西方白虎、南方朱雀、北方玄武"，不是说任何时候四象都在这个方位，而是说在春分时四象的方位所在。古人是面向南方观察星宿的，所以又有"左青龙、右白虎、前朱雀、后玄武"的说法。观察二十八星宿位置多选择黄昏和黎明两个时间，观察方向主要是东方地平线和南上中天。黄昏时，观测东方地平线上升起的星宿称为"昏见"，观测南中天的星宿称为"昏中"；黎明时，观测东方地平线上升起的星宿称为"晨见"或"朝觌"，观测南中天的星宿，称为"旦中"。《论衡·变虚篇》中的"荧惑守心"，这荧惑是火星的别称，意思是火星居于心宿；西汉邹阳的《狱中上梁王书》中有"太白食昴"，这指太白金星进入到昴宿之中。

　　古人不仅借助星宿来推断时节的变化，还赋予它们更多的含义，如人间的吉凶祸福、时事变迁、战争灾害等。比如前面提到的"太白食昴"，古人认为这是战争的征兆。道家更是将二十八星宿定为二十八神将，在一些影视作品中，常看到道士作法，召请二十八神君下凡降妖除魔的场景。《道门定制》卷三等经记载："凡二十八宿各有司，尽关璇玑之分，若风雨雷雹人间万汇，并随武威占剋，无不具载，明者察之。"道家认为角宿星君是专管人间雨泽的，亢宿星君是主导人间大风的……

　　古人讲天地呼应、天人合一，在对天文的认识上更是充分体现了这种思想，比如说"分野"就是一个充分的例证。所谓分野，就是参照星次、星宿的位置，相对应地来划分地面上的区域。最早提到分野应该是在《禹贡》，就天文而言，称作分星；就地面而言，称作分野。如《幼学琼林·地舆》："黄帝画野，始分都邑；夏禹治水，初奠山川。"刘禹锡的《送华阴尉张苕赴邕府使幕》："分野穷禹画，人烟过虞巡。"星宿的分野最初是按列国来分配，后来又以州来分配（见表1-7）。如李白《蜀道难》："扪参历井仰胁息，以手抚膺坐长叹。"这里参宿是益州（今四川）的分野，井宿是雍州（今陕西、甘肃大部）的分野。蜀道跨益、雍二州，"扪参历井"是说入蜀之路在益、雍两州很高的山上，人们要仰着头摸着天上的星宿才能过去。王勃的《滕王阁序》："豫章故郡，洪都新府。星分翼轸，地接衡庐。襟三江而带五湖，控蛮荆而引瓯越。物华天宝，龙光射牛斗之墟……"滕王阁位于江西省南昌市的赣江边上，南昌汉代的郡名叫豫章，唐朝时期改名为洪洲，因此说"豫章故郡，洪都新府"。翼轸是星宿名，按分野是湖南、湖北一带，两地与江西相邻。衡是衡山，在湖南；庐指庐山，位于江西北部。蛮荆是楚地的古称，也是今湖南、湖北一带；瓯越，古越地，今浙江地区。"龙光射牛斗之墟"显然引用了前面讲到的"气冲牛斗"的典故。这几句话都是讲地理位置，不仅有文采，而且有文化。古代文人的知识和文化底蕴是今人所不及的，想象一下，要是今天让我们来描述一下南昌的地理位置，会是怎么样呢？

表1-7　星次、星宿与分野的对应关系

星次	星纪	玄枵	娵訾	降娄	大梁	实沈	鹑首	鹑火	鹑尾	寿星	大火	析木
星宿	斗、牛	虚、危、女	壁、室	娄、奎	毕、昴、胃	参、觜	鬼、井	柳、星、张	翼、轸	角、亢	心、房、氐	箕、尾
分野	吴/扬州	齐/青州	卫/并州	鲁/徐州	赵/冀州	晋/益州	秦/雍州	周/三河	楚/荆州	郑/兖州	宋/豫州	燕/幽州

古人不仅将天和地的区域相对应，还常常用天象来影射地面上发生的事情。例如《三国演义》第七回中，蒯良谓刘表曰："某夜观天象，见一将星欲坠。以分野度之，当应在孙坚。主公可速致书袁绍，求其相助。"蒯良通过天象预料吴地的孙坚将有难，不久孙坚果然中计战死。《晋书·张华传》同样也讲到：三国末年，晋朝有人主张伐吴，但也有人反对，反对的理由就是夜晚斗、牛之间有紫气，而紫气是祥瑞之兆，因此不宜伐。这些当然都是文学的描写，不能当真。实际上晋武帝没有相信这套说法，最后还是决定起兵伐吴，并一举夺胜。

另一个表现"天人合一"的事例就是"三垣"（即太微垣、紫微垣、天市垣）的划分。"三垣"指将北天极附近的天空划分为三大区域，每个区域包括若干个星。如宋代王应麟的《小学绀珠·天道·三垣》："上垣太微十星，中垣紫微十五星，下垣天市二十二星，三垣，四十七星。"紫微垣是三垣中的中垣，在北斗东北；太微垣是三垣中的上垣，位居于紫微垣之下的东北方；天市垣是三垣中的下垣，位居紫微垣之下的东南方向。

古人认为，天上和人间一样，也是一个国家。有国家就有帝王，就有掌管事务的各种官吏，就有集市，等等。紫微垣居于北天中央，所以又称中宫，或紫微宫。紫微宫即皇宫的意思，就是天帝居住的地方，北京故宫曾叫紫禁城大概就是这样来的。《宋史卷·四十九》："一曰紫微，大帝之座也，天子之常居也，主命主度也。"如果想预测人间皇宫和帝王的事情，就观察天上的紫微垣。紫微垣中的各星多数以官名命名，如左枢、上宰、少宰、上弼、少弼、上卫、少卫、少丞等。太微垣被认为是臣子的领地，太微就是官府的意思，各星也以官职命名，如东上相、西上相、东次相、西次相、东上将、西上将等。天市垣是指天上的集市、城邑，是人口密集的地方，相当于我们现在说的城镇。其名称有宋、南海、燕、东海、韩、楚、梁、巴等，显然都是诸侯国或封地、领地的名称。

地上的最高统治者是帝王，天上也有一位帝王统摄众星官，它就是北辰（北极星）或者北斗了。《晋书·天文志》曰："北极五星，钩陈六星，皆在紫宫中。北极，北辰最尊者也，其纽星，天之枢也。天运无穷，三光叠耀，而极星不移，故曰居其所而众星共之。"北辰是枢纽，不动，象征它的地位。北斗动，代表它的作用，北斗所指代表天体运转、时间变化。如《好汉歌》："大河向东流啊，天上的星星参北斗啊。"又如杜甫的诗："夔府孤城落日斜，每依北斗望京华。""北极朝廷终不改，西山寇盗莫相侵。"以北斗、北极与京华、朝廷分别相对应，足见北斗和北极星的地位和作用。再如白居易《紫薇花》："独坐黄昏谁是伴？紫薇花对紫微郎。"诗人是做官的，拿朝廷俸禄，因此自称紫微郎。

此外，刘禹锡的《玄都观桃花》："紫陌红尘拂面来，无人不道看花回。玄都观里桃千树，尽是刘郎去后栽。"诗中的"紫陌"在很多书中被解释为"紫色的道路"，意思是说道路两旁草木繁茂，呈现出紫色。这样的解释是很牵强附会的，《玄都观桃花》原名《元和十年自朗州至京戏赠看花诸君子》，《玄都观桃花》是后人改的诗名。文学作品的欣赏要做到知人论世：永贞元年（公元805年），刘禹锡被贬为朗州司马，到了元和十年（公元815年），朝廷重新起用他，这首诗正是刘禹锡从朗州回到长安时所写的。联系作者本人的遭遇及写作背景，不难看出这个"紫陌"的"紫"应该和"紫微"的"紫"是同一个意思，"紫陌"的正确解释应该是"京都或长安的道路上"。知识没有界线，多掌握些天文地理知识对文学、历史的学习也是很有帮助的。

第二章

开疆拓土

1.　莅中国而抚四夷

《周易·系辞上》记载："河出图，洛出书，圣人则之。""河图洛书"的传说充满着神秘色彩。说的是在远古时期，有只龙马背负着一幅图从黄河出现，因此叫"河图"。据说伏羲依照河图，仰观天象，俯察地理，远取诸物，近取诸身，画出了神秘的八卦图。这是关于"河出图"的传说。民间传孟津县会盟镇雷河村的龙马负图寺，就是当年龙马负图的地方。至于"洛出书"，讲的是大禹因治水有功，有德于天下，故万民称颂，上天赐瑞，洛水出现神龟，龟背上有六十五个赤文篆字，这就是"洛书"。传说后来大禹依据"洛书"制定出治理天下的九章大法。据传"洛书"出处位于河南省洛宁县西边的长水镇，这里是黄河最大支流洛河出峡入川的交界地。当然，传说还有很多其他的版本。

传说是人们对某种事物的想象，或者给予某种现象一个看似合理的解释，因此很多时候与周围的事情有一定的关联性。周易的八卦最早应该是古人的一种占卜方式，"河出图"的传说无疑给它蒙上了一层更为神秘的色彩，使当时的人们更加相信这是神赐予的某些暗示。而"洛出书"，据说黄帝正是受"河图洛书"的启发，悟出建邦立国的想法和理念。有认为洛河灵龟所附之图，就是天下九州的雏形。更有人考证，最早的邑邦就叫龟（guī），后来觉得"龟"不好听，才造出了另一个字，那就是"国"。理由是在多地的方言中，"国"字一直念"guī"。你看毛泽东主席在开国大典时念的就是"guī"："同胞们，中华人民共和国（guī）中央人民政府今天成立了！"这就越说越玄了，单从一个发音就认为现在的"国"原来就是"龟"，这未免也太牵强了些。

　　古时候"国"的定义与现在的是有区别的。国，清代陈昌治刻本《说文解字》："邦也。从囗从或。"清代段玉裁《说文解字注》进一步解释："邦，国也……大曰邦，小曰国。邦之所居亦曰国。"可见邦比国大，国就是小的邦。春秋战国时期采用分封制，封邦建国，邦国就是指诸侯的封地。如柳宗元《封建论》："汉兴，天子之政行于郡，不行于国。"汉朝既采用郡县制，同时也有分封制，这句话的意思是说，汉朝建立时，天子的政令只在郡里推行，而在诸侯国内不推行。

　　从字形的演变看，国字最早就是我们今天的"或"字。甲骨文形体就是这样，左边是个"囗"，右边是一个"戈"。"囗"表示一片土地，"戈"是古时的一种武器，意思是使用"戈"这个武器来保卫这片土地，显然是个会意字。《说文解字》对"或"的解释为："邦也。从囗从戈，以守一。一，地也。"在金文的字形中，"或"基本变化不大，但在"或"的周围开始出现了一些"边界"，有的是在左边，有的是上、下、左三面，也有的四周都有。到了小篆，基本就变成了外形（囗）内声（或）的形声字"國"字了。繁体的"國"字形体是从小篆形体演变过来的，后来简化字写作"国"。从"或"到"国"，尽管字形发生了很大的变化，但它的含义变化不大，大意都是指城邦、领地。

　　在古汉语中，与今天讲的"国家""全国"含义最接近的词应该是"天下"。如《诗经·小雅·谷风之什·北山》："溥天之下，莫非王土；率土之滨，莫非王臣；大夫不均，我从事独贤。"又如周朝实行分封制，各诸侯的封地叫"国"，诸侯再分封士大夫，士大夫的封地才叫"家"。周天子统治的范围叫"天下"。可见"家国天下"中的"家"和现在家庭的"家"是两个完全不同的概念。

　　天下的中心则叫作中原，意为"天下至中之原野"。中原既是个空间概念，也是个历史概念，因为不同的历史时期，中原的空间范围有所不同。在中华文明肇始时期，"天下之中"主要指"河洛"一带，就是"河图洛书"中的"河洛"。这里因夏、商、周三代奠基，经济文化繁盛而成为整个"天下"的心脏地带。如今狭义上的中原仍指现在的河南一带，就是这个道理。史学界普遍认为河南对于整个中华民族的历史和发展起到决定性作用，是自三皇五帝直到北宋中国长期的政治、经济和文化中心所在地。从中国历史上第一个王朝夏朝在河南建都起，先后有夏、商、西周（成周洛邑）、东周、西汉（初期）、东汉、曹魏、西晋、北魏、隋、唐（含武周）、五代、北宋和金等二十多个朝代在河南定都。通过历史记载或考古发现，在维持政权时间较长的八大古都中，河南一省就有四个，分别为夏商故都郑州、殷邺七朝古都安阳、十三朝古都洛阳和七朝古都开封。河南是华夏民族早期主要居住的地方，也是今天绝大部分中国人的祖居之地。

随着华夏族向周围迁移，其活动和影响的范围不断扩大，中原的空间概念延伸至华夏各诸侯国。春秋战国时期，中原成为与秦、吴、楚等边远地区相对应的地理空间范围。秦代以后，中原一词的含义进一步拓展，可以指黄河中下游一带，大致包括今河南、山西东南部、河北南部、山东西部、安徽西北部、江苏北部等大片地区。如《宋史·李纲传》："自古中兴之主，起于西北则足以据中原而有东南"，这里的"中原"即指黄河中下游流域。

中原是中华文明的发祥地，是华夏民族（汉族早期别称）的摇篮，是汉民族祖居地，被古人视为天下中心。历代统治者皆认为把中原纳入版图的王朝才是中国的正统王朝，自古就有"得中原者得天下"之说，如陆游《示儿》诗："王师北定中原日，家祭无忘告乃翁。"又如群雄逐鹿，问鼎中原——中原成了历代兵家必争之地。

"得中原者得天下"，中原不仅在地理位置上具有十分重要的意义，而且在历史上多是当时的经济和文化中心。当南方的经济、文化繁荣起来后，这种看法也就相应减弱，甚至出现了以文化论代替地域论的观念和现象。例如南北朝时期就出现了正统的争论，西晋灭亡后，中原沦陷，司马氏在江南建立东晋，中原地带却被北魏牢牢控制。按地域说，南朝不能称中华，但按文化说，南朝坚持认为自己才是中华正统。北魏的情况，却正好相反，孝文帝汉化改革最大的驱动力，就是要在文化上与南朝争夺正统地位。因为北魏虽控制北方，但在文化上却略逊一筹，如不进行汉化改革，难以正统自居。

我们现在的国名是中华人民共和国，简称中国。中国一词用于国名，这是近代的事情。在古代文献中，中国是一个有多种含义的词。从春秋战国至宋元明清，多用来泛指中原地区。如北宋石介的《中国论》："天处乎上，地处乎下，居天地之中者曰中国，居天地之偏者曰四夷。"孟子《齐桓晋文之事》："莅中国而抚四夷也。"司马光《赤壁之战》："若能以吴、越之众与中国抗衡，不如早与之绝。"可见这里的中国不是现在所指的中国，而是中原之意。上述"四夷"是古时华夏族对周围文明程度较低的各部族的统称，分别指东夷、西戎、南蛮、北狄。

华夏是用来区别"四夷"的称呼。华夏又称中华、中夏、中土、中国等，据说起源自华胥。"华夏"和"中华"的"华"字皆源于华胥。华胥，也称华胥氏，风姓，生于华胥国（今西安蓝田县华胥镇）。华胥是上古时期母系氏族社会杰出的部落女首领，是伏羲和女娲的母亲，因而被后人尊称为中华民族的始祖母。在周朝时，凡遵周礼、守礼义的部族群体，皆称为华人、华族、夏人、夏族，通称为诸华、诸夏。"华夏"一词最早见于周朝《尚书·周书·武成》："华夏蛮貊，罔不率俾。"意思是，无论中原的华夏族还是边远的少数民族，没有不顺从（周武王）的。周武王定都之地在丰镐二京，即今日之西安，正好属之前华胥氏族的活动范围。

华、夏两字上古同音（现在有些方言发音仍相近，如粤语），意思也一样，曾相互通用。如《左传·定公十年》："裔不谋夏，夷不乱华。"孔子语这里的"华"亦即"夏"，两者都有美、大的意思。又如《左传·定公十年》："中国有礼仪之大故称夏，有服章之美谓之华。"用现在的话说，华夏族是"高、大、上"的部族，文明程度是四夷无法相比的。汉族在先秦时都叫华夏或华夏族，只是从汉朝开始才逐渐出现了"汉"的叫法。因此，自汉代以后，华夏族又有了另一个名字——汉，"华夏"一词从此也渐渐演化为中华民族和中华文明的代名词。

我国古时对天下或者国家的称谓还有多种，如九州、海内、四海、六合、八荒、赤县、神州等。

九州源于大禹治水划定九州的传说。相传夏禹治水后，将全国分为冀、兖、青、荆、扬、梁、雍、徐、豫九州，后成为中国的别称。如陆游《示儿》："死去元知万事空，但悲不见九州同。"又如《过秦论》："序八州而朝同列"，秦居雍州，加上八州即九州。

古人认为疆土四周环海，因此将天下、全国又称作海内或四海之内。如王勃的《杜少府之任蜀州》："海内存知己，天涯若比邻。"贾谊的《过秦论》："有席卷天下，包举宇内，囊括四海之意。"

六合指上下和四方，也常用来泛指天下。如李白的《古风》："秦王扫六合，虎视何雄哉！"

八荒指四面八方遥远的地方，泛指整个天下。如《过秦论》："囊括四海之意，并吞八荒之心。"

赤县、神州最早是由战国时期一个名叫驺衍的齐国人提出来的。驺衍是位阴阳家、哲学家，著作很多，现大多已失传。他提出的"大九州说"见于《史记·孟子荀卿列传》："以为儒者所谓中国者，于天下乃八十一分居其一耳。中国名曰赤县神州；赤县神州内自有九州，禹之序九州是也，不得为州数。中国外如赤县神州者九，乃所谓九州也；于是有裨海环之，人民禽兽莫能相通者，如一区中者，乃为一州。如此者九，乃有大瀛海环其外，天地之际焉。"在驺衍看来，世界是由八十一个州组成，中国叫赤县神州，只是八十一州的其中之一。后人有时就用"赤县神州"来称呼中国，但更多的是分开来用，或称赤县，或称神州。如毛泽东《浣溪沙·和柳亚子先生》："长夜难明赤县天。"辛弃疾《南乡子》："何处望神州，满眼风光北固楼。"

2. 普天之下皆王土

学习历史时，我们常碰到这样一个问题，就是古代某个朝代的疆域范围有多大？这个问题确实比较难回答，主要原因之一是因为古代的领土概念和现代不一样。现代的领土包括了陆地、领海和领空等，古代所谓的"溥天之下，莫非王土"中的"土"通常指的就是土地。国与国之间也没有明确的界线，属不属于"王土"，就得看王的势力有多大，因此说一个王朝的疆域有多大，倒不如说它的势力范围有多大更确切些。此外，古代的国家和现代意义上的国家也是不同的，政体结构往往没有现在这么严密，这也给疆域的界定带来了一定的困难。

夏是中国历史上第一个王朝，这个王朝的活动范围有多大，当时是没有记载的。关于夏朝的历史，多是根据后世的一些史料来推断。后人的记录有时并不一定可靠，比如《禹贡》中记载，大禹治水的时候，将天下分为九州，分别为豫州、青州、徐州、扬州、荆州、梁州、雍州、冀州、兖州。《禹贡》中提到："海岱惟青州。"岱指的是泰山，就是说，青州是泰山以东直至大海，也就是现在山东的东部。对照现在的行政区划，其他几州大致是：徐州在海岱和淮水之间，相当于今山东省东南部和江苏省的北部；扬州在淮海之间，就是淮河以南到东南海滨，大致相当于现在的江苏、安徽两省，还应该包括江西、浙江一部分；冀州在山西省及河北、河南的一部分；兖州在济、河之间，相当于今河北省东南部、山东省西北部和河南省的东北部；荆州在今湖北、湖南两省；豫州大致是河南省大部，山东省的西部和安徽省的北部；梁州包括今四川、重庆、陕西南部等地；雍州则包括陕西大部及甘肃、青海东

46

部。这个范围相当于现在大半个中国的疆域。如果说夏族的活动范围真有九州描述的那么大，大概相信的人不多。

夏朝是部落城邦联盟到封建国家的过渡期，各诸侯部落叫作方国。夏时的方国有有扈、有易、有仍、有穷、有鬲、有虞、有莘、有缗、涂山、防风、斟灌、斟鄩、过、寒、商等。这些方国中，有的是夏王室的直接封地，有些是其他部落城邦。这种政体形式的维系完全靠王室的势力大小，因此疆域的范围也随夏王室的强弱而变化。据说禹在位时，曾在涂山召集部落会盟，征讨三苗。《左传》中记载涂山会盟时"执玉帛者万国"，足见当时夏部落的号召力是很强的。但王位传到第三代太康时，出现了所谓的"太康失国"，夏政权被有穷氏的羿（即后羿）夺得。后来又有了"少康中兴"，少康在有虞、有鬲、斟灌、斟鄩等部族的帮助下，重新夺回了政权。

根据考古发现和较可信的史料推断，夏族核心疆域范围在颍河上游、伊洛河流域、河南黄河北岸的古济水流域，以及汾水下游一带，也就是今天的河南中、西部和山西省南部地区。夏朝的四夷为莱夷、九夷、三苗、熏育等。莱夷是东夷的一支，活动于山东中、东部。三苗又叫"有苗""苗民"，主要分布在今洞庭湖和鄱阳湖之间，即长江中游以南一带。熏育西起汧陇，东至山西太行山一带（汧指的是汧水，是渭河支流之一；陇是陇山，大致是现在六盘山的南段）。据此推测，夏朝的势力范围可能东至豫东、鲁西，南及江汉地区，西达陕西东南部，北到河北中部。

夏朝后来被兴起于东方的商取代。据考证，商最早兴起于渤海湾与易水流域之间，后来南迁。至于商的都城在哪，至今是个谜。《尚书·商书》载曰："自契至成汤，八迁，汤始居亳。"这八迁的地址，自古说法不一，难以确定，大约是往来于济水、黄河之间，在夏朝中心区域的东部。至于后来灭夏而占据中原，是从商汤开始。商汤到盘庚（第二十代王），又有所谓的五迁之说，具体怎么个迁法，因时代久远，史料不足，也不是很清楚。《竹书纪年》载早曰："自盘庚徙殷，至纣之亡七百七十三年，更不迁都。"因此后人常常把商称作殷、殷商。殷是唯一经考古证实的商都城所在地，就是现在河南安阳北的小屯村。不过从文献记载及商代遗址发现的地域分布来看，河北的西南部及河南的北、中部一带大致是商的统治中心区。

商朝拓土最有力的帝王：一个是汤，另一个就是武丁（第二十三代王）。《诗经·商颂》："武王载旆，有虔秉钺。如火烈烈，则莫我敢曷。苞有三蘖，莫遂莫达。九有有截，韦顾既伐，昆吾夏桀。"这是殷商后代帝王祭祀成汤及其列祖列宗时唱的颂歌，描写的是汤的丰功伟绩。武王是成汤的号，句中大意是：武王兴师扬旗亲征，威风凛凛手持斧钺。进军如同熊熊火焰，没有敌人敢于阻截。一棵树干生三树杈，不能再长其他枝叶。天下九州归于一统，首先讨伐韦国和顾国，再去灭掉昆吾国和夏王朝。相传汤灭夏后，将桀流放于南巢，即今天安徽省巢湖市，这样看来，当时商的疆域已南及淮河了。

盘庚渡河后，到了武丁一代，国势鼎盛，继续向外扩张。《淮南子·泰族训》："左东海，右流沙。"虽有夸张的成分，但也说明当时商的疆域足够的大。《史记·吴起列传》记载，商朝疆域："左孟门，右太行，常山在其北，大河经其南。"甲骨文中记载当时的方国很多，这些方国中，有的最终被商所灭，有的与商发生过战争但并未被商征服，有的只是与商有来往。据载，我们大致能推断商在鼎盛时期的疆域范围是：东起山东滨海（也有说泰山），西至湃陇（甘肃东南部的天水）；南抵江淮，北达河北北部易水流域；东北到达辽宁，东南到达淮河，西北可达内蒙古东南部一带。

商朝自武丁之后，国力逐渐衰落，到了帝辛时被周灭。帝辛，谥号纣，历史上著名的武王伐纣讲的就是关于他的故事。周人的祖先相传是弃，他是黄帝玄孙，尧时的农师，舜时的后稷，一直是掌管农业的官员。《说文解字》上说："黄帝居姬水，以姬为氏，周人嗣其姓。"后来周人逐渐东进南下，迁至渭河流域岐山以南的周原，因而产生"周"的概念。西晋时期学者皇甫谧《帝王世纪》云："邑于周地，故始改国曰周。"

周朝分为西周（前1123—前771）与东周（前770—前256）两个时期。武王姬发克商，建立周朝，定都镐京，在今西安市长安区的西北，史称西周。公元前770年（周平王元年），周平王东迁，定都洛邑，就是现在的洛阳，此后周朝的这段时期称为东周。东周时期又称春秋战国，分为春秋和战国两个阶段。

周朝采取分封制，除"周邦""王畿"由王室直接治理外，其余的地区分封给宗室、勋戚、功臣、先圣后裔等。据记载，西周初期分封了 70 余国，最多时达数百国。如东方的齐、鲁，西方的秦，北方的燕、晋，还有黄河下游的卫、管、陈、蔡等，汉水以东以北和江、淮间的"汉阳诸姬"（不少姬姓或姻亲诸侯国），长江下游的宜，太湖流域的吴，等等。早在牧野之战时，周武王的部队成员就有来自庸、蜀、微、髳等地，蜀在今四川西部地区，髳在今甘肃四川交界地区，说明当时周的势力已达巴蜀一带。

春秋战国时期，战争频繁，各诸侯国相互兼并，最后剩下十余国，其中秦、齐、楚、燕、韩、赵、魏七国国力强盛，史称"战国七雄"。"七雄"纷纷开疆拓土，设置郡县，修筑长城。如：北面的赵国在赵武灵王时实行"胡服骑射"，向北击败了林胡、楼烦，疆土扩展到河套地区和阴山一带，设置云中郡、雁门郡和代郡，修筑的长城自代（今河北蔚县）西经阴山山脉至高阙（今内蒙古巴彦淖尔）。燕国曾击退东胡，在北面设置了上谷（今河北省张家口市宣化区）、渔阳（今北京市密云县西南）、右北平、辽西、辽东五郡，修筑的长城西起造阳（河北张家口附近），东至满潘汗（今朝鲜清川江一带）。又如西面的秦国，拓土业绩更是显著，灭义渠后置陇西、北地二郡，拓土至甘肃东部经宁夏南部到陕西东北内蒙南缘一带。修筑的长城，西起临洮（今甘肃岷县），东至今内蒙古托克托黄河边，同时向西南灭巴蜀，设巴、蜀、汉中三郡，西南疆域扩展到四川盆地边缘。再如南面的楚国以江汉平原为中心向四周扩展，在战国初期就控制了今湖南、江西等地。公元前 334 年楚国灭越国，东南疆域抵达江浙沿海，控制浙江、武夷山、南岭以北大部分地区，公元前 279 年左右向西南进入贵州夜郎国，直达滇池，势力达到五岭（由越城岭、都庞岭、萌渚岭、骑田岭、大庾岭五座山组成，故称"五岭"，地处广东、广西、湖南、江西、福建五省区交界处）以北、云贵高原东部大部分地区。

因此，到战国末年，七雄的疆域范围大致北抵阴山，南至五岭，西面抵达甘肃洮河流域，东面直到滨海，东北过鸭绿江抵达朝鲜的北部。先秦疆域的不断扩大，也意味着华夏文化地域在不断扩大。在华夏族与周边各族的冲突和交流过程中，周边各部族不断地融入华夏族，并最终华夏化，华夏民族也得以不断壮大。例如早期楚国自称"蛮夷"，到春秋后期，随着国力增强，也以"华夏"自居。当时诸侯各国，都以自居"华夏"为荣，这就是文化的力量。

3. 封神丘兮建隆嵑

秦、汉两朝共 441 年（前 221—220），以汉族为中心的中原王朝规模基本奠定，在中国历史上具有开创性的意义。

秦统一六国后，继续扩张疆土，疆域的扩张主要表现在南北两个方向。

北面疆域。公元前 215 年大将蒙恬北击匈奴，夺取河南地。这里的河南地并不是现在的河套平原，而是河套平原南面的地区，因为当时的黄河干流走的不是现在的河道，而是乌加河。次年，蒙恬大军渡过黄河，拓地至阴山，并沿河筑城。战国时期，秦西北的边疆大约只到了甘肃东部和宁夏东南部一带，西北的扩张，真正实现了"据河为塞"，将匈奴驱至阴山以北。同时，将战国时期原来秦、赵、燕等国的长城加以修缮和连接。据《史记·蒙恬列传》载："秦已并天下……筑长城，因地形，用险制塞，起临洮，至辽东，延袤万余里。"北面边疆得到巩固，"胡人不敢南下而牧马"（贾谊《过秦论》）。

平定岭南是秦时代在开疆拓土上取得的最大成就。春秋战国时期，疆域大致南抵"五岭"。公元前 219 年，秦 50 万大军越过"五岭"，开始了平定岭南的征程。经过 4 年努力，在公元前 214 年终于统一了"百越"之地。秦汉时期，中原人把长江中下游及其以南地区均称作"越"，按位置不同又可分为闽越、南越、西瓯等。闽越主要分布在今浙江、福建一带，南越在今广东和广西东部，西瓯在今广东西南部、广西南部及云南东南部。秦汉时期的"百越"则主要指岭南，该地区由于居住着至少上百个民族，故而称作"百越"。现在广东省简称"粤"，就是由当初的"越"演化而来的。

秦朝实行郡县制，统一岭南后，在当地设置了桂林、象、南海三郡。桂林郡和象郡都在现在的广西，南海郡最初的郡治所是番禺。广州现在也有个番禺区，但此番禺非彼番禺，当时的番禺地处如今广州市的越秀区。如此一来，秦的疆域北到当时的长城，西面从黄河大"几"字形的西侧向南延伸到横断山脉，东、南方向直抵大海。按照《史记·秦始皇本纪》的说法，秦疆域是"东至海暨朝鲜，西至临洮、羌中，南至北向户，北据河为塞，并阴山至辽东"。

这里有必要解释一下"北向户"。"北向户"是古人概念中的极南地区，指当地向北开的门窗都有阳光照射进来。颜师古在注解《汉书·地理志》时，对"北向户"是这样解释的："言其在日之南，所谓开北户以向日者。"其实这并不完全对，按现在的说法，"北向户"应该是指北回归线以南的地区。我们知道，由于黄赤交角的存在，太阳直射点始终处于南、北回归线之间，并来回移动。在北回线以北地区，正午时太阳光线始终从南面照射过来；在南回归线以南地区，则始终从北面照射过来。在广东、广西北回归线以南的部分地区，一年中有段时间（主要是夏季）处于太阳直射点的南面，但并不是这些地区一直在太阳的南面。

秦三代而亡，汉高祖刘邦建立汉朝。因刘邦当时定都长安，后来刘秀定都于洛阳，两个都城一个在西面，一个在东面，所以后人将两个汉室分别叫作西汉和东汉。汉初各地叛乱不断，刘邦忙于平叛而无暇顾及边防，因而王朝的疆域不仅小于秦始皇时代，甚至比战国末年还小。首先是河南地重新被匈奴占领；其次就是东南的东瓯、闽越在秦末趁机脱离王朝的控制；再次是黔中地区趁机自立，对云贵高原部族也失去了控制；最后是南越脱离中原王朝，秦末中原大乱，赵佗占据南海郡，吞并桂林、象郡，自立为南越王。赵佗是秦始皇时期南下平定百越大军的副帅，曾任南海郡龙川县令，如今广州越秀区建有西汉南越王博物馆纪念他的事迹。

汉武帝即位（前141）后，汉朝的文治武功达到极盛，不断向外扩张领土，疆域空前辽阔。公元前127年，大将卫青北击匈奴，不仅收复河南地，还收复了陇西、北地等地，置朔方、五原二郡。云中、雁门二郡的北界也向外扩展。公元前119年，卫青、霍去病分道深入漠北，追击并大败匈奴。据《汉书·霍去病传》载："骠骑将军去病率师躬将所获荤允之士，约轻赍，绝大幕，涉获单于章渠，以诛北车耆，转系左大将双，获旗鼓，历度难侯，济弓卢，获屯头王、韩王等三人，将军、相国、当户、都尉八十三人，封狼居胥山，禅于姑衍，登临翰海。"狼居胥山就是今蒙古国境内的肯特山，西汉的北部疆界至此推到河套、阴山以北，从此"漠南无王庭"。

西北疆域。公元前121年，霍去病又出陇西打击匈奴。对于这段历史，《汉书·传·匈奴传上》是这样描述的："汉使骠骑将军去病将万骑出陇西，过焉耆山千余里，得胡首虏八千余级，得休屠王祭天金人。其夏，骠骑将军复与合骑侯数万骑出陇西、北地二千里，过居延，攻祁连山，得胡首虏三万余级，裨小王以下十余人。"焉耆山位于新疆塔里木盆地，在今新疆维吾尔自治区焉耆回族自治县附近，居延在今内蒙古自治区额济纳旗。通过对匈奴的一系列用兵，西北疆域不仅得到巩固，而且在中国历史上首次将河西走廊纳入中原王朝的版图。为便于管理，还相继设立了酒泉、武威、张掖、敦煌"河西四郡"。与匈奴交战的同时，还派遣张骞出使西域，与西域各国建立联系，西域各国相继归附汉王朝，至此，西汉的疆域由河西又延伸到天山南路。公元前60年，匈奴日逐王归降，天山北路也纳入西汉的管辖范围，并设置了西域都护府，管辖乌孙（今巴尔喀什湖一带）、大宛（今锡尔河上游）等40余国。

东北疆域。活动于西拉木伦河流域和额尔古纳河一带的乌桓、鲜卑原受匈奴役属，在汉武帝北击匈奴胜利后，归附西汉，西汉设置乌桓校尉管理当地事务。西汉初年燕人卫满（姬姓卫氏，卫国宗室后裔，燕国将军）率千余人进入朝鲜，推翻箕子朝鲜自立，史称卫满朝鲜。公元前109年汉武帝起兵远征朝鲜半岛，次年卫满朝鲜被灭。慑于西汉的威严，东北其余各部如夫余（吉林省吉林市、长春一带）、沃沮（大致位于今朝鲜的咸镜道和图们江流域等地）、挹娄（今辽宁省东北部和吉林、黑龙江两省东半部及黑龙江以北、乌苏里江以东的广大地区）等相继归附。于是，西汉在东北方向的疆域达到朝鲜半岛中部、库页岛、额尔古纳河。

在南方地区，公元前138年，东瓯王迫于闽越王的威胁，举国内迁到江淮流域。公元前112年，南越国的辅臣吕嘉杀害汉朝使节和主张归汉的南越王赵兴及王太后，与西汉朝廷抗衡。同年秋天，汉武帝调遣军队，兵分五路进攻南越国。据《史记·南越列传第五十三》记载："元鼎五年秋，卫尉路博德为伏波将军，出桂阳，下汇水；主爵都尉杨仆为楼船将军，出豫章，下横浦；故归义越侯二人为戈船、下厉将军，出零陵，或下离水，或柢苍梧；使驰义侯因巴蜀罪人，发夜郎兵，下牂柯江。咸会番禺。"这里涉及不少的地名，稍作解释。桂阳就是今湖南的桂阳县，当时的桂阳郡。汇水，《汉书·传·西南夷两粤朝鲜传》中写作湟水，这显然不是现在青海省的湟水，从地理位置上看，应该是现在的湟川，它是珠江流域北江水系的主要支流，流经广东的连州、阳山、英德，在连江口汇入北江。豫章前面讲过，在江西省南昌。横浦就是今广东北江翁源的浈水。离水又叫漓水，即现在的漓江。苍梧在今广西梧州市。次年冬，叛乱荡平，随后又控制了海南岛，至此，汉朝在南越设有九郡：儋耳、珠崖、南海、苍梧、郁林、合浦、交阯、九真、日南等。

为方便与现在的地位置对应，对南越九郡有必要做进一步地说明。南海、苍梧、郁林、合浦位于现在的广东、广西，其中郁林郡就是秦时期的桂林郡，合浦在今广西的南端。儋耳、珠崖位于海南岛，海南岛在汉武帝时期就纳入中原王朝的版图，到西汉后期，汉元帝认为海南岛过于荒远，最终废郡弃地，交由当地头领管理。交阯、九真、日南均位于现在的越南。交阯一词来自《礼·王制》："南方曰蛮，雕题交阯。"雕题是纹脸，交阯指"足相向"，估计相当于现在说的内八字罗圈腿。交阯所在地大约就是现在越南的河内，再往南是九真，最南面的是日南，到了现在越南的中部。日南这个名称的来历与"北向户"类似，郦道元在《水经注》中解释道："区粟（日南被林邑占领后的名字）建八尺表，日影度南八寸，自此影以南，在日之南，故以名郡。"当时的日南郡大约到了14°N以南，由于纬度低，一年中有较长的时间太阳从北面照射过来。虽说不是全年日影都朝南，但对处于中纬度的中原人来说，这已经是很稀奇的事情了。由此可知，越南在 2000 多年前就大部分属中国版图，现在跟我们争领土，确实可笑。

西南疆域在汉武帝时期也得到恢复和发展。从公元前 130 年至公元前 109 年间，汉武帝开辟西南夷，征服夜郎、滇、邛都、昆明、白马等西南各部族，将边界推移到四川邛崃山和云南哀牢山、高贡黎山一带。

综上所述，汉武帝时代的疆域空前辽阔，东至海滨，东北到达朝鲜半岛的中北部和日本海，西至中亚地区，南至越南中部和南海，西南抵达哀牢山、高贡黎山。

西汉末年至王莽篡汉期间，疆域有所萎缩。东北撤销真番、临屯二郡；北面的定襄、云中、五原、朔方、上郡、北地六郡也曾放弃；西南地区由七郡变成五郡；西域各国也重新依附匈奴，河西走廊的商路也经常中断。25 年刘秀登基称帝，史称汉世祖光武皇帝，定都洛阳，恢复汉室，史称东汉。光武中兴后，国力逐渐强盛，版图基本恢复。与西汉相比，东汉的疆域略有变化，一个是东北地区受高句丽、濊貊等的蚕食，有所缩小；南面的日南郡受林邑的侵扰，南界大约由 $13°N$ 北缩至 $16°$ 附近，即由今越南富安省南界内移至承天—顺化省南界。但西南地区有所扩展，边界推移至伊洛瓦底江上游大盈江一带。

值得一提的是，西部疆域在班超等将领的经营下，大多得以恢复。匈奴势力不断削弱，南匈奴内附于汉朝，此后北匈奴向西远徙。东汉彻底解除了匈奴的威胁。在两汉时期，有过两次著名的登山祭天的大事，一次就是前面讲的西汉大将霍去病"封狼居胥"，另一次就是东汉大将军窦宪奉旨远征匈奴，大败北单于，登上燕然山（今蒙古境内的杭爱山），"封山刊石，昭铭盛德"。当时担任中护军随行的班固撰写了著名的《封燕然山铭》，铭辞写道："铄王师兮征荒裔，剿凶虐兮截海外。夐其邈兮亘地界，封神丘兮建隆嵑，熙帝载兮振万世！"无比豪迈！

尽管与汉武帝时期相比，东汉疆域略有减少，但对外影响力仍得以延续。

据《后汉书·东夷列传第七十五》记载："汉民自中兴之后，四夷来宾，虽时有乖畔，而使驿不绝。"就连日本列岛上的倭国也主动要求册封。《后汉书》载："建武中元二年，倭奴国奉贡朝贺，使人自称大夫，倭国之极南界也。光武赐以印绶。安帝永初元年，倭国王帅升等献生口百六十人，愿请见。"光武帝赐其为"倭奴王"，并赐封刻有"汉委（倭）奴国王印"的金印一枚。这枚金印于 1784 年在日本九州志贺岛出土，成了日本国宝。

秦汉时期是疆域扩张的过程，同时也是华夏民族与其他民族融合，以及汉民族形成与不断壮大的过程。先秦时期中原民族被称为华夏族，随着朝代的更替又叫作"夏人""商人"和"周人"。后因秦王朝而又得名"秦人"，当时西域各国及周边国家也有称华夏民族为"秦人"，并且"秦"（Chin）被作为中国的名称流传下来，成为印度及欧洲多种语言中中国的语源，比如英语"中国"一词拼作"China"。现在很多人以为英语"中国"一词 China 是源于瓷器 China，这是不对的。英语最早对瓷器一词的拼写是 porcelain，中国瓷器是 Chinaporcelain。后来也许是中国瓷器名气太大了，China 抢了 porcelain 的风头。

汉王朝历时 400 多年，国势强盛，在对外交往中，其他民族称汉朝的军队为"汉兵"，汉朝的使者为"汉使"，汉朝的人为"汉人"。于是，在汉王朝通西域、伐匈奴、平西羌、征朝鲜（卫满朝鲜）、服西南夷、收闽粤南粤，空前频繁地与周边少数民族进行的各种交往活动中，"汉"的称呼逐渐在外族中流传开来，成为"华夏"的又一代名词，汉人（族）也成为华夏族区分自己与其他民族的称呼。

4. 中原板荡神州沉

　　魏晋南北朝（220—589），又称"三国两晋南北朝"。"魏"指的是三国里的魏国，通常以曹魏为正统，蜀汉与孙吴并立。"晋"指的是三国灭亡后，由司马氏所建立的西晋王朝，以及后来"衣冠南渡"，割据南方的东晋王朝（此时北方是"五胡十六国"时代）。"南北朝"则指晋朝灭亡后，南北对峙形成的几个朝代，南方包括宋、齐、梁、陈四朝，北方则有北魏、东魏、西魏、北齐、北周。这个时期从220年曹丕称帝到589年隋朝灭南朝陈而统一中国，共369年。魏晋南北朝是中国历史上政权更迭最频繁的时期，在长达300多年的时间里，只有30多年的大一统，其余都是多个政权并存的状态。下面的简图大致可反映当时政权的更迭情况。

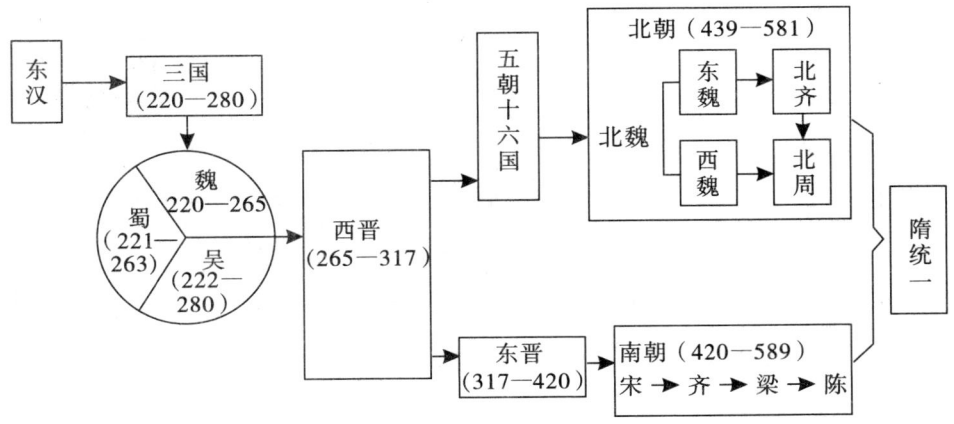

　　长期的封建割据和战乱，使得这一时期的疆域也变得异常复杂。另外在

行政管理上，这个时期与秦汉时期也有所不同，就是在郡县的基础上又多了一级行政区划，就是州。前文讲过，先秦时期有"九州""十二州"的说法，比如参照十二星次或星宿，将天下分为十二州，这叫"分野"。但这种行政区划大多只是出现在文学作品或者是人们的口头描述上，在实际的国家管理中没有用到。

最早使用"州"作为行政区划单位的是王莽。西汉后期王莽篡汉，并托古改制，在行政管理上实行了十二州制，但时间短促，不久就夭折了。到了东汉末年，复古的风气似乎重新盛起，汉献帝时曹操把持朝政，提倡恢复九州制，使得魏晋南北朝时期的行政区划基本上实行州、郡（国）、县三级制。不同的是，王莽的十二州制的理论依据是《尧典》，曹操的九州制的理论依据是《禹贡》。尽管汉末复古九州制，但那时的九州与《禹贡》中所描述的还是有很大的差异。首先是范围描述有所不同，《禹贡》描述九州大多只是个轮廓，并且多以山河为参照物，如"海岱惟青州"。汉末每州管辖一定数量的郡（国）、县，边界也比较清晰，如青州下辖齐国、济南、乐安、北海、城阳、东莱等郡。另外，秦汉以来疆域不断扩大，不是《禹贡》中的九州所能涵盖的，因此实际上三国时期的州不止 9 个。后来就更多了，到南北朝末期，南、北方州一级的行政区共有 250 多个。

汉末群雄四起，相互吞并，争相割据，最后呈三国鼎立之势。中华版图一分为三，魏最大，占据北方 10 多个州。吴次之，有荆州、扬州和交州。后来从交州中又分离出广州，广州这一名称就来自这个时候。蜀汉最小，偏居益州一隅，但三国总的版图与东汉末相差不大。变化之处主要有：东北方濊貊归附曹魏，边界重新东抵日本海；南面日南郡由孙吴管辖，受林邑国扩张的影响，大约北移到 17°N 附近，到了现在越南的广治省；北面河套内外两侧的朔方、五原、云中、定襄、北地、上郡等六郡，因为管理难度大，在东汉末年以来相继荒弃，套内被羌胡占据，但西域各地仍在曹魏的管辖之下。

三国时期，孙权曾派人前往台湾。据《三国志·吴志·孙权传》记载：

"二年（黄龙二年，即 230 年）春正月……遣将军卫温、诸葛直将甲士万人，浮海求夷洲及亶洲。……所在绝远，卒不可得至，但得夷洲数千人还。"夷洲，一作夷州，就是我国的台湾。《尚书·禹贡》中的"淮海惟扬州……岛夷卉服"，不少学者认为"岛夷"就是对台湾最早的称呼。《史记·秦始皇本纪》中记载的徐福上书中所称的海上有三神山：蓬莱、方丈、瀛洲，也有人认为"瀛洲"即为台湾。相传当年秦始皇派徐福带 500 对童男女出海寻取长生仙药，徐福也曾到过夷洲。因为水土不服等原因，卫温他们在岛上生活一年后返回大陆，虽然最后东吴没有将台湾纳入到行政管辖范围内，但这是台湾历史上最早出现的政权统治及驻军记录。有一本书叫《临海水土志》，它是世界上最早记录台湾的文献之一，作者就是三国时期东吴的临海郡太守沈莹。书中对当时被称为"夷洲"的台湾情况有着专门记载，只是此书后来流失，但主要内容记载在《太平御览》之中。

之后魏灭蜀汉，265 年司马炎代魏称帝（晋武帝），国号曰晋，建都洛阳，史称西晋。280 年灭吴，统一全国。西晋王朝的疆域版图与三国时期大致相当。

晋武帝死后不久，发生了中国历史上最为严重的一场皇族为争夺皇权而引发的动乱，即"八王之乱"。这场内乱从元康元年（291）起至光熙元年（306），共持续了 16 年，使得晋廷衰弱，从而引发了永嘉之乱、五胡乱华、西晋亡国等重大事变，以及之后 300 余年的动乱。"五胡"是匈奴、羯、鲜卑、羌、氐等众多游牧民族的统称，他们居于西晋的北部和西部的边陲地区，对晋王朝呈现半包围局面。"五胡"在八王之乱后纷纷举兵，入侵中原，史称"五胡乱华"。西晋永嘉五年（311），匈奴攻陷洛阳，俘虏怀帝，杀太子司马诠、宗室、官员及士兵百姓 3 万余人，纵容部下抢掠，并挖掘陵墓和焚毁宫殿，史称"永嘉之乱"。

从此以后，北方地区战火纷飞，掠夺与屠杀不断，经济、文化受到严重摧毁。对这段历史，人们常用两个词语来形容，一个是"神州陆沉"，另一个是"中原板荡"。神州陆沉语出《世说新语》，意思是中国大陆沉沦，比喻土地沦丧。永嘉之乱20多年后，东晋明帝派桓温率军收复洛阳，"桓公入洛，过淮、泗，践北境，与诸僚属登平乘楼，眺瞩中原，慨然曰：'遂使神州陆沉，百年丘墟，王夷甫（即王衍，晋怀帝时的权臣）诸人不得不任其责！'"中原板荡中的板和荡原来都是《诗经·大雅》中的篇名，内容都是描述周厉王的昏淫无道，因此人们常用中原板荡来比喻时局动荡危急。"五胡"刮分中原，相继建立了16个国家，史称"五胡十六国"。这16个国家有五凉（前、西、后、南、北凉）、四燕（前、后、北、南燕）、三秦（前、后、西秦）、二赵（前、后赵）、一成、一夏，实际上当时的国家数目远不止16个，还有像仇池、代国、冉魏、西蜀等，总数可能近30个。所有政权中，也不全是胡人建立，像前凉、西凉和北燕就是汉人建立的政权。

为逃避战乱，中原人纷纷迁往长江中下游为主的南方地区，史称"衣冠南渡"。"衣冠南渡"客观上促进了长江中下游经济的发展，使得中国古代经济中心进一步南移。一般认为，现代闽南人的祖先，大多是来自于该时期汉人大规模南迁入闽的中原人。317年，晋朝宗室司马睿在南方重建晋王朝，占据长江、珠江及淮河流域一带，建都于建康，就是今天的南京，史称"东晋"。如此一来，就形成了东晋与"五胡十六国"并存的局面，疆域变化更加复杂，特别是北方。虽然前秦皇帝苻坚曾一度统一过北方，但淝水之战后，北方再度陷入混乱。东晋也经常北伐，试图收复中原，最盛时曾打到黄河边上，但更多的时候是在淮河南北与北方割据政权进行"拉锯战"。这样的局面基本维持到南北朝后期。

所以要说清楚西晋灭亡后中国疆域的变化不是件容易的事情，只能说个大概。在东北面，由于中原的动荡，东北一些部族趁机发展，到北魏统一北方时，高句丽控制了朝鲜的北部和辽东。黑龙江、嫩江、松花江及辽河流域一带的部族，如乌洛侯、室韦、勿吉、契丹、库莫奚等，虽脱离了北魏的直接管辖，但仍保持臣属关系。在北面边疆地区，相继为前秦、柔然、北魏、突厥等统治。前秦极盛时，疆域"北尽大碛"。北魏打败柔然后，拓地至翰海的高车（汉朝时称为丁零，魏晋以来称为敕勒或铁勒）。在西北面，前凉、前秦、西凉、后凉、北魏等政权仍然有效地统治着西域广大地区，南北朝后期，突厥兴起控制西域。在南面，南北朝时，日南郡被向北扩张的林邑占领，交州南界北移至横山，即今越南河静、广平省界。此外，云南的西南部，由于土著的反抗，永昌郡已是"有名无民"，成为化外之地，为濮族各部所占据。

5. 平沙万里绝人烟

公元 581 年，北周静帝禅让帝位于杨坚，即隋文帝，建国隋，随后南下灭陈，结束了自西晋末年以来长达近 300 年的分裂局面。

隋朝历时较短，大概就是 40 年左右，疆域大体上是南北朝后期的周、齐、陈三国的规模，但在两个方面有比较大的改变。

一是行政区划方面在形式上恢复为秦朝时的架构，由原来的州、郡、县三级改为州、县二级制。东汉末年，曹操托古改制，在郡、县之上设立了州一级的行政区划，当时的州在数量上还不算多，天下只有 13 州，分辖 100 多个郡。到西晋统一时增加到 19 州。但是此后的 200 多年内，东晋十六国、南北朝天下分裂，各地各代统治政权大量增置、侨置州郡。到南北朝后期，州、郡、县三级行政区划制度已相当混乱。当时天下总共有 200 多个州、500 多个郡、1000 多个县，一个郡一般只辖 1～3 个县，所以郡一级形同虚设。隋文帝统一天下后，决定废除天下郡置，改为州、县二级制。隋炀帝继位后，不久将所有的州改为郡，实行郡、县二级制。

二是首次在青海和新疆东部设立郡县。609 年隋军大破占据今青海省和新疆东部的吐谷浑国，取得西海（今青海省青海湖）以西之地。据《北史·列传第八十四·吐谷浑》记载："自西平临羌城（今青海湟源东南）以西，且末以东，祁连以南，雪山以北，东西四千里，南北二千里，皆为隋有。"置西海（今青海湖西的伏俟城）、河源（今青海兴海县东南）、鄯善（今新疆若羌）、且末（今新疆且末南）等四郡，加上后来设的伊吾郡（今新疆哈密地区的伊吾县），称为西北五郡。隋朝西北五郡的设立，在中国疆域史上有着重要的意义。为什么这么说？一个是首次登上了青藏高原。原来都是经祁连山北面的河西走廊通往西域，祁连山以南疆域的开辟，不仅扩展了西方疆域，也畅通了与西域的联系。另一个就是从形式上加强了对西域的管理。自西汉以来，西部边陲的管理大多采用相对特殊的形式，如西汉设西域都护府、东汉及三国设西域长史府等。原来西部最远的郡就是敦煌郡，鄯善、且末、伊吾三郡的设立，等于是将郡县制的行政区划扩展到更远的地方。

在南方，605年平定林邑国，置比景、海阴和林邑三郡，使南界超过日南郡旧界，到了今越南南圻一带，但维持的时间不长，隋数月后退兵，林邑又恢复了其故地。610年海南岛上俚族归附隋朝，设朱崖、儋耳、临振三郡。自西汉元帝废弃珠崖郡后，海南再次成为中原王朝控制下的疆土。

隋末战乱，中原王朝对边疆失去了控制，扩张的疆域全部丧失。至隋末，吐谷浑复国，收复了隋朝所占故地，祁连山南部的疆土又脱离了中原王朝的控制。海南岛又在俚族酋豪冯氏的控制下。东突厥大肆南侵，连当时唐朝的首都长安也受到威胁。但不久以后，唐朝就转入了攻势，恢复并开拓了疆域。

唐朝的疆域变化很大，大致以755年安史之乱为界分为两个时期，安史之乱前为疆域的扩展期，国土约从400万平方公里拓展到1200多万平方公里（也有说一度达于1600万平方公里），之后为收缩期。

先看北面疆域的扩张，贞观四年（630），唐大将李靖率兵击败东突厥，"斥地自阴山北至大漠"（《资治通鉴·唐纪》），将漠南地区收入版图。646年，又一举剿灭漠北的薛延陀，大漠南北全部进入唐王朝的版图。唐朝极盛时，北面的实际控制区达到了贝加尔湖北部，远远超出了今天的国界。

西北方向疆域。贞观十四年（640）平定高昌。高昌地处河西走廊与西域交接处，是西域通向中原的必经之路。当年唐玄奘去天竺取经时就经过高昌，并得到高昌国王的帮助。据《旧唐书·高昌传》记载："时西戎诸国来朝贡者，皆涂（途）经高昌。"足见当时高昌地理位置的重要性。后来又取得焉耆（今新疆焉耆西南）、龟兹（今新疆库车）等地。到显庆四年（659），平定西突厥，疆域西至咸海。龙朔元年（661），又在阿姆河以南设立了多个都督府，势力延伸到波斯，就是现在的伊朗。后来由于大食（当时对阿拉伯人的称呼）势力的扩展，到751年后，唐朝势力退至葱岭以东。葱岭就是现在的帕米尔高原，中国古代称不周山，我国现在领土的最西端就是在帕米尔高原。

唐朝长时间对北部和西北部用兵，是从"固本"的地理地缘战略着想的。自秦汉以来，南方的疆域总体上变化不大，东南至海滨，西南虽然有些部族有时会脱离中原王朝的控制，但对中原王朝构不成很大的威胁。当时动摇中原，或者说中国根基的，主要是北方的游牧民族。唐朝是诗的国度，当时还出了不少描写边塞生活的诗人，后人称之为边塞诗人，像高适、岑参、王昌龄等。在他们所写的边塞诗中，描写的边塞主要在哪？一个是北方的大漠，就是蒙古高原，像王昌龄《从军行》中的"大漠风尘日色昏，红旗半卷出辕门"，还有高适《信安王幕府诗》中的"大漠风沙里，长城雨雪边"。另一处就是西部边疆，像岑参的《碛中作》："走马西来欲到天，辞家见月两回圆。今夜不知何处宿，平沙万里绝人烟。"从一个侧面也可看出当时疆域的广阔。

东北方向疆域。东北地区的奚、契丹在隋末时受东突厥控制，唐征服东突厥后，两部请求内属，唐在两地设置饶乐、松漠都督府。后来室韦、靺鞨也相继内属，唐设室韦、渤海都督府管理各部。在隋末唐初，朝鲜半岛上有高丽、百济和新罗三个国家。隋朝曾4次出征高丽，均告失败，陷入战争泥潭，这也是隋朝灭亡的重要原因之一。显庆五年（660），唐朝军队由山东半岛渡海进攻朝鲜半岛中部的百济，百济战败求降。同时多次进攻高丽，总章元年（668）攻下平壤，灭高丽，在平壤设置安东都护府。至此，唐王朝在东北方向最北到达东西伯利亚的北部，最东到达库页岛，南面控制了朝鲜半岛的大部分地区。

西面的吐谷浑在隋朝末期趁乱摆脱隋朝的统治，重新复国，并伙同其役属党项多次侵扰甘南、川西边境，并侵入河西走廊，威胁到丝绸之路的畅通。贞观九年（635），唐朝出兵征讨吐谷浑和党项，大获全胜，将黄河上游的河曲之地和大渡河上游一带纳入版图，并设置了州县。在西南面，唐初即进行西南边境的经营，招降各部族，在今贵州东北部、云南和广西建立了正式行政区，边境达澜沧江、元江一线。南部边境与隋时基本一致，仍然保持在今越南横山一带附近。

唐代还开创了中国政区史上道和府的建制。唐最初实行的也是郡县制，但时间不长，只有十几年，后来改郡为州，300多年一直实行州县制。从开元元年（713）起，又将一些重要的州升为府，如并州升为太原府、益州升为成都府。府与州同级，但在地位上略高于州。为加强管理，按山川地形将全国划为若干个道，成为州府之上的行政机构，如贞观元年（627），唐太宗将天下分为关内（潼关以西、秦岭以北，包括河套地区）、河南（当时黄河以南、淮河以北）、河东（太行山以西、黄河以东）、河北（黄河以北、太行山以东）、山南（秦岭以南、长江以北）、陇右（陇山以西，一直到新疆）、淮南（淮河以南、长江以北）、江南（长江以南）、剑南（剑阁以南）、岭南（五岭以南）等十道。到开元二十一年（733）改为十五道，就是在关内道内的长安附近分出一个京畿道，河南道内的陪都洛阳附近分出一个都畿道；将山南道分为山南东道和山南西道两个，将江南道分为江南东道和江南西道；另外设置黔中道（贵州大部，川、渝、湘、鄂、桂各小部分）。

唐朝对疆域管理，除采取正式的州（府）、县区划外，在边疆地区还专门设置了都护府，如：东面的安东都护府，北面的安北都护府和单于都护府，西北面的安西都护府、北庭都护府，南面的安南都护府，等等，每个都护府又设了若干个都督府，行使对边疆地区的管辖权。

天宝十四年（755），安史之乱爆发。经过8年时间这场叛乱才被平定，使得唐朝元气大伤，从此由盛转衰。历史告诉我们，中国疆域的变化与国力的强盛密切相关：国家统一、稳定，则国力强盛，对外的影响力大增，形成强烈的向心力，周边和部族国家也纷纷依附；反之则纷纷独立，分崩离析。

安史之乱后，西域被吐蕃占据。安史之乱使唐朝国势渐趋衰落，边防力量虚弱，吐蕃乘隙攻略河西诸州。从乾元元年（758）至大历十一年（776），廓州、凉州、兰州、瓜州等地相继陷落，河陇及湟水地区皆失。直到晚唐大中至咸通年间张议潮起兵收复河陇地区，丝绸之路才重新打通。张议潮这个人在历史上不是很有名，知道的人不多，但他是位了不起的民族英雄。张议潮是汉族人，出生于799年，出生地是沙州，也就是现在甘肃的敦煌。当时的沙州已被吐蕃占领，按现在的话说，他是出生在沦陷区的。大中二年（848），张议潮以大唐节帅的名义，率领沙州人民起义，驱逐吐蕃守将，收复了沙、瓜（今甘肃安西东南）二州。后又相继收复甘（今甘肃张掖）、肃（今甘肃酒泉）、秦（今甘肃秦安北）、原（今宁夏固原）等州。851年，张议潮入朝，献上沙、瓜、伊（今新疆哈密）、肃、鄯（今青海乐都）、甘、河（今甘肃东乡西南）、西（今新疆吐鲁番东）、兰（今属甘肃）、岷（今甘肃岷县）、廓（今甘肃化隆西）等十一州的图籍。朝廷封张议潮为归义军节度使，统领沙、瓜等十一州。懿宗咸通二年（861），张议潮又率兵收复凉州（今甘肃武威）。

尽管有像张议潮这样的民族英雄挽中原王朝于危局，但仍阻挡不了唐的衰亡。公元907年，唐灭亡，从此中国进入到近半个世纪的分裂期——五代十国。"五代"指的是唐灭亡后在中原地区相继出现的五个王朝，即后梁、后唐、后晋、后汉、后周。"五代"之外有众多的割据政权，其中在淮水以南称制立国的有前蜀、后蜀、吴、南唐、吴越、闽、楚、南汉、南平（荆南），加上割据太原的北汉，合计共称"十国"。其他未称制立国的割据势力就更多了，如此一来，原来依附中原王朝的许多少数民族政权也就趁机独立并扩张，如东北的高丽、辽，西边的回鹘、党项，以及西南的大理国，等等。

这个时期，发生了对后世疆域影响较大的事情，就是越南北部从此脱离了中原王朝。越南北部原属交州管辖，唐末，安南鸿州（今越南海阳省宁江县）豪强曲承裕自称节度使，表面上听从唐王朝的号令，但实际上割据一隅。903年虽被后汉所灭，但安南的变乱已无法收拾，后又经杨廷艺、皎公羡割据，939年，南汉军队在白藤江之役败给了由爱州牙将吴权率领的地方武装，随后吴权自立为王。自汉武帝平定南越起，千百年来一直是中原王朝直属版图的越南北部地区，本中华一脉，至此完全脱离汉族中原王朝而独立。后来虽在明朝永乐年间再次收复，但因时隔400多年，难以征服，为此放弃。因此，后人说越南是中国早年走失的孩子，一点也不为过。

6. 铁马秋风大散关

唐代被称为诗的时代，宋代被称为词的时代，唐诗宋词是中国文学史上的两颗明珠。文学是现实的缩影，国势的强弱往往也会有意无意地被作者写入到文学作品之中。无论是唐代还是宋代，都有一类描写边塞生活、抒发爱国情怀的所谓边塞诗词，但仔细对照阅读后发现，两个朝代边塞诗的风格迥然不同。唐代边塞诗气势雄健、粗犷豪放、遒劲有力、慷慨昂扬，如高适《塞下曲》的"万里不惜死，一朝得成功"，王昌龄《从军行》的"黄沙百战穿金甲，不破楼兰终不还"。这些诗句洋溢着高亢的战斗豪情，读来莫不令人振奋。与此相比，宋代边塞诗词难免显得有些凄凉。就连以"先天下之忧而忧，后天下之乐而乐"的阔大胸怀名垂青史的范仲淹，尽管"事业满边陲"，但他描写的边塞生活是这样的："塞下秋来风景异，衡阳雁去无留意。四面边声连角起，千嶂里，长烟落日孤城闭。浊酒一杯家万里，燕然未勒归无计。羌管悠悠霜满地，人不寐，将军白发征夫泪。"（《渔家傲·秋思》）也是少了点昂扬的情调，多了些惆怅悲凉之气。

唐代边塞诗产生在盛唐时期，这一时期国家强盛，百姓殷实，即使遇边境祸乱，唐王朝也多能克敌制胜，保住疆土。唐代文人也大多能文能武，比如李白，《新唐书·李白传》记载："十岁通诗书，既长隐眠山……然喜纵横术，击剑，为任侠。"20多岁时曾"仗剑去国，辞亲远游"。他身上那佩剑还真不是装饰品。而宋朝则不同，两宋时期，与宋对峙并存的先后有辽、金、西夏、蒙古等少数民族建立的政权。宋朝重文抑武，国势衰弱，对异族入侵不像唐朝那样予以坚决反击，而是一贯采取赂敌求和的政策。像岳飞这样的主战派将领，虽不是著名文人，却写出了豪情万丈的《满江红·怒发冲冠》。只可惜在一片求和声中也是孤掌难鸣，最后甚至惨遭不幸。

960 年，赵匡胤发动陈桥兵变，黄袍加身，取代后周称帝，建立宋朝。至 982 年完成统一，但这个统一是对五代十国分裂政权的统一，其疆域面积无法和汉唐时期相比。到 1127 年的"靖康之变"，这段时期历史上称为北宋。北宋的统治区域，北面大致以今海河、河北霸州、山西雁门关为界；西北到陕西横山、甘肃东部、青海湟水一带；西南以岷山、大渡河为界。

在政区管理上，唐、宋实行的是道路制，即唐朝的道制和宋朝的路制。前面讲过，唐朝按山川地形将全国分为 10 道，后增至 15 道。最初道一级的行政机构没多少实权，往往是根据需要，由中央政府派监察大员不定期赴各道视察。后来各道相继设置官员，据宋洪迈《容斋三笔·唐观察使》记载："唐世于诸道置按察使，后改为采访处置使，治于所部之大郡。既又改为观察，其有戎旅之地，即置节度使。"采访处置使的职权是监察各州县的刑狱和官吏，节度使的权力就很大了，他既是当地军事长官，又兼任道采访处置使职权，且兼辖州县政务，这样导致"方镇太重、君弱臣强"，最终爆发安史之乱。北宋吸取了唐朝的教训，将军权收回到中央，并对地方行政权力进行分治。"路"以水陆转运使为行政长官，又置安抚使、刑狱使、常平使，分别掌管兵、刑、市场买卖，最终形成路、府（州、军、监）、县三级行政区划，相当于恢复了秦汉以来地方分权而治的状况。最初全国设有 15 路，最多时有 20 多路。我们现在很多省的名称就来自当时的路名，如江西取自江南西路、广东取自广南东路、福建取自当时的福建路等。

当时与北宋并存的还有不少少数民族政权，如北面的辽（契丹）、西北面的西夏、西南面的大理等。另外，西域为西州回鹘和黑汗王朝，青藏为吐蕃诸部及黄头回纥（肃州的少数民族，回纥人的一支），朝鲜半岛是高丽，辽的北面则为斡朗改和辖戛斯。北宋与辽长期南、北对峙，争夺北方的领土，争夺的重点是幽云十六州。

幽云十六州又称燕云十六州或幽蓟十六州，即当时的幽（燕）、蓟、瀛、莫、涿、檀、顺、云、儒、妫、武、新、蔚、应、寰、朔等十六州，大致是今北京、天津，以及山西、河北北部地区。这是一片富饶辽阔的土地，东西长约 600 公里，南北宽约 200 公里，面积大约有 12 万平方公里。在五代十国时期，当时后晋的"儿皇帝"石敬瑭为达到反唐（后唐）自立的目的，向契丹求援，作为交换条件，将幽云十六州割让给契丹，使得辽国的疆域扩展到长城以南沿线。幽云十六州地势险峻，北方著名的关口要隘，如山海关、喜峰口、古北口、雁门关等，都分布在这一带，具有重要的军事防御意义。正如宋人叶隆礼在《契丹国志》中写道："幽燕诸州，盖天造地设以分蕃汉之限，诚一夫当关，万夫莫前也。"幽云十六州一失，中原北方大门豁然洞开，北部边防几乎无险可守。如此一来，幽云十六州成了北方游牧民族侵略中原的桥头堡，他们的铁骑随时可以驰骋南下，对中原王朝安全构成了严重威胁。宋朝当时受尽北方游牧民族的欺凌，与当年幽云十六州的割让有很大的关系。

宋辽战争长达 25 年，其目的在于争夺燕云十六州。1005 年 1 月，北宋与辽订立和约，规定宋每年送给辽岁币银 10 万两、绢 20 万匹，辽放弃遂城及涿、瀛、莫三州，双方以白沟河为界，这就是历史上的"澶渊之盟"。"澶渊之盟"换来了宋、辽之间百余年间边境的安宁。白沟河大家可能不太熟悉，但说起白洋淀很多人都听说过，白沟河发源于太行山，最后就是流入白洋淀的；再往下就是大清河，它是海河的一条重要支流。

辽（907—1125）是中国历史上由契丹族在中国北方地区建立的王朝。916 年，辽太祖耶律阿保机统一契丹各部称汗，国号"契丹"，定都临潢府（今内蒙古赤峰市巴林左旗南波罗城）。947 年，辽太宗率军南下中原，攻灭五代后晋，改国号为"辽"。983 年曾更名为"大契丹"，1066 年辽道宗耶律洪基恢复国号"辽"。1125 年为金国所灭。辽朝全盛时期疆域东到日本海，西至阿尔泰山，北面边疆在今蒙古国和俄罗斯边界以北，向东延伸到外兴安岭一带，南面与北宋相邻。

西北面的西夏（1038—1227）是中国历史上由党项人建立的一个政权。唐朝中和元年（881），拓跋思恭占据夏州（今陕北地区的横山县），封定难节度使、夏国公，世代割据相袭。1038 年，李元昊建国时便以夏为国号，称"大夏"。因为位置在西面，宋人称之为"西夏"。疆域范围包括今宁夏、甘肃西北部、青海东北部、内蒙古以及陕西北部地区。东至黄河，西至玉门，南接萧关（今宁夏同心南），北控大漠，占地 2 万余平方公里。西夏南部和西部是吐蕃诸部、黄头回鹘，与西州回鹘相邻。

大理国是中国历史上由白族在中国西南边陲一带建立的政权。大理国定都羊苴咩城，其政治中心在洱海一带，疆域大概是今天的云南省、贵州省、四川省西南部、缅甸北部地区，以及老挝与越南的少数地区。

金（1115—1234）是由少数民族女真人建立的政权，女真一般认为起源于黑水靺鞨，黑水靺鞨是靺鞨部族之一，黑水是黑龙江的别称。女真族首领金太祖完颜阿骨打在统一女真诸部后，于 1115 年在会宁府（今黑龙江省哈尔滨市阿城区）建都立国，国号大金。北宋宣和二年（1120），宋、金两国结成"海上之盟"，双方协议共同攻辽，金攻打辽的中京，宋则进攻辽的燕京。约定事成之后，燕云十六州归还给宋，宋则需将本来献给辽的岁币转送给金，而辽的其余国土亦归金。宋廷原以为如此一来便可轻易夺回燕云十六州，可是没料到辽军虽抵不住金兵的进攻，却不惧怕与腐朽不堪的宋军作战，结果宣和四年（1122）北宋两次出兵攻打燕京，均被辽的燕京守兵打得大败。到这年年底金兵由居庸关进军，攻克燕京。这样金人就表示不再把燕云诸州交给北宋了。经过双方讨价还价，宋朝方面一再退让，最后金朝只答应把燕京及其所属的六州二十四县交给宋朝，但要求宋朝每年除了把原给辽朝的 40 万岁币转献金朝外，还要把这六州二十四县的赋税如数交给金朝。最终宋朝答应每年另交 100 万贯作为燕京六州的"代税钱"，金朝才从燕京撤军。而在撤军时，金兵却把燕京的金帛子女官绅富户席卷而去，等于是将几座空城交给了宋朝。

可以说"海上之盟"是北宋决策者在对外政策上一个巨大的昏招，虽然辽被灭亡了，却给自身引来一场塌天大祸，险些亡国。金看到宋如此虚弱，不久后就撕毁盟约，率兵南侵。靖康二年（1127）四月，金军攻破东京（今河南开封），除了烧杀抢掠之外，更俘虏了宋徽宗、宋钦宗父子，以及皇室成员、朝臣等共 3000 余人，史称"靖康之难"，导致北宋王朝灭亡。岳飞在《满江红》中写道："靖康耻，犹未雪，臣子恨，何时灭。"这里的"靖康耻"讲的就是这次事件。

侥幸躲过这场劫难的徽宗第九子康王赵构成为皇室唯一幸存的继承人，在大臣推举下在南京应天府（今河南省商丘市）登基，改元建炎，并恢复宋国号，史称南宋，赵构便是后来的宋高宗。高宗即位的第二年，金国又继续大举南侵。之后赵构一路南行，过淮河渡长江，后定都于临安，就是现在浙江的省会杭州市，历史上称为"建炎南渡"，但南宋当局实际上并不承认临安为首都，称其为"行在"。此后，进入了南宋与金之间南北对峙的局面。

绍兴十一年（1141），宋、金议和，史称"绍兴和议"。宋割让从前被岳飞收复的唐（今河南唐河）、邓（今河南邓州）二州及商（今陕西商县）、秦（今甘肃天水）二州的大半给金。这样一来，两国大致以秦岭淮河为界，这正好是我国南、北方的分界线。具体地说，东段以淮河中流为界，西段以秦岭、大散关（今陕西宝鸡西南）为界。南宋疆域与北宋相比有所缩小，大致是秦岭淮河以南，岷山、邛崃山以东地区。陆游在《书愤》中写道："早岁那知世事艰，中原北望气如山。楼船夜雪瓜洲渡，铁马秋风大散关。塞上长城空自许，镜中衰鬓已先斑。出师一表真名世，千载谁堪伯仲间。""铁马秋风大散关"写的就是陆游曾经驰骋于边疆，早年决心收复失地的壮志雄心，后半段则感叹时不再来，透露出壮志难酬的悲怆和郁愤之气。

金朝自金太祖立国以来，接连不断对辽朝、宋朝、西夏与高丽发动战争。金太宗时，金朝先后攻灭辽朝与北宋，其疆域东到混同江下游吉里迷、兀的改等族的居住地，直抵日本海；北到蒲与路（今黑龙江克东县）以北 1500 多公里火鲁火疃谋克（今俄罗斯外兴安岭南博罗达河上游一带），西北到河套地区，与蒙古部、塔塔儿部、汪古部等大漠诸部落为邻；西沿泰州附近界壕与西夏毗邻并以大散关与宋为界；南部与南宋以秦岭淮河为界。

除金外，南宋的周边还有大理、西夏、西辽、吐蕃及 13 世纪初兴起的大蒙古国等政权。西夏、大理、吐蕃诸部，疆界与北宋时相似。当时，蒙古高原为克烈、萌古斯等突厥、鞑靼部族所有。

金兵灭辽后，辽宗室耶律大石率部西迁，1124 年，耶律大石称王，到达可敦城，也就是今内蒙古乌拉特中旗西北阴山北麓的回鹘古城，建立根据地。1132 年，耶律大石登基称帝，号"菊儿汗"，群臣又尊汗号为"天祐皇帝"，建元延庆，仍然以辽为国号，因区别于耶律阿保机所建的辽国，故被称为西辽，亦称黑契丹、哈剌契丹、第二个契丹王朝等。随后耶律大石向西域、漠北、中亚等地区扩张，建都于虎思斡鲁朵（今吉尔吉斯斯坦托克玛克东南布拉纳）。1141 年的卡特万之战，击败塞尔柱帝国联军后称霸中亚，威名远播至欧洲。西辽幅员辽阔，统治区域除直辖领地外，包括很多附庸国和附属部族。西辽的直辖领地以虎思斡鲁朵为中心，北至伊犁河，南至锡尔河上游，西至怛罗斯，东至巴尔思罕（今伊塞克湖东南）。其附庸国有西喀喇汗国、东喀喇汗国、高昌回鹘和花剌子模，附属部族主要有粘拔恩部（乃蛮部）、康里部和葛逻禄部。1218 年西辽被蒙古所灭。

7. 铁勒鸣弰接汉畿

元朝的疆域是中国历代王朝最大的，到底有多大，《元史·地理志序》对元朝的开疆拓土是这样描写的："自封建变为郡县，有天下者，汉、隋、唐、宋为盛，然幅员之广，咸不逮元。汉梗于北狄，隋不能服东夷，唐患在西戎，宋患常在西北。若元，则起朔漠，并西域，平西夏，灭女真，臣高丽，定南诏，遂下江南，而天下为一，故其地北逾阴山，西极流沙，东尽辽左，南越海表。盖汉东西九千三百二里，南北一万三千三百六十八里，唐东西九千五百一十一里，南北一万六千九百一十八里，元东南所至不下汉、唐，而西北则过之，有难以里数限者矣。"

"起朔漠"指元朝兴起于漠北草原。蒙古人和鲜卑、契丹人一样，原来都属同一语系的室韦各部落。隋唐时期，他们曾受突厥的统治，突厥人多称之为达怛（鞑靼）。后来突厥衰落，室韦各部一度称臣于唐。继突厥而起的回鹘政权崩溃后，室韦的达怛人大批进入大漠南北。到了宋金时期，蒙古高原地区的众多蒙古部落原为金国的臣属。随着金国的衰落，蒙古部落也开始壮大起来，逐渐脱离金国政权的统治。1204 年，蒙古诸部领袖铁木真通过战争统一了高原各部落。1206 年，铁木真被各部落推举为"成吉思汗"，建立大蒙古国。

"并西域"指的是蒙古大军吞并西辽和三次西征。1218 年，蒙古出兵灭掉西辽政权，后代在此处建立窝阔台汗国。随后进行了三次西征。第一次是1219—1223 年，成吉思汗亲统大军，兼并了中亚的花剌子模国。花剌子模国在今中亚的乌兹别克斯坦、土库曼斯坦一带。第二次是 1235—1242 年，1235

年蒙古大军开始进攻钦察、斡罗思（俄罗斯当时的音译），1240 年攻占基辅，1241 年攻入波兰、匈牙利、斯洛伐克、捷克等东欧诸国，直抵奥地利的维也纳附近，这是蒙古大军所到最西的地方。第三次西征是 1253—1260 年，征服当时波斯西部的木剌夷国、阿拉伯黑衣大食国等。蒙古西征后，在被征服地区建立了钦察汗国、察合台汗国、窝阔台汗国和伊儿汗国。

　　同时，蒙古大军还南下掠地，1227 年"平西夏"，1234 年"灭女真（金）"，1246 年收服吐蕃，1253 年"定南诏（大理国）"。"遂下江南"，1279 年崖山最后一战灭宋，华夏民族第一次完全沦为北方少数民族的统治。

　　四大汗国的统治者在血统上出自铁木真的"黄金家族"，最初同奉大蒙古国为宗主。成吉思汗在 1227 年病死后，这种关系开始削弱，1259 年，蒙哥汗死后，蒙古帝国的短暂统一也随之告终，四大汗国实质上均成为独立王国。之后，夺得汗位的忽必烈获胜，于 1271 年改国号为大元，建立元朝，即元世祖。所以说，大蒙古国和元朝尽管起源相同，但属两个不同的帝国。蒙古帝国的领土范围，东起日本海，西抵地中海，北跨西伯利亚，南至波斯湾，横跨亚欧大陆，被公认为世界历史上版图最大的国家之一，极盛时约达 2400 万平方公里，一说 3300 万平方公里（包含整个西伯利亚），仅次于大英帝国的 3367 万平方公里。忽必烈时期已经分裂为大元帝国（元朝）和四大汗国，元朝皇帝名义上是所有蒙古君主的大汗。实际上各个汗国都已形成独立的国家，各自为政，并不承认元朝皇帝的大汗地位，也不受其统治，甚至有时互相交战。因此，大元帝国的疆域并不包括各汗国领土，当时元朝设立的行政机构（如行中书省和宣政院）也未包括这些领土，元朝面积总体维持在 1400 万平方公里左右。

　　元朝人当时是怎么看待他们的疆域的？黄文仲的《大都赋》有这样的描述："能一统者，秦汉晋隋唐而已。西至乎玉关，东至于辽水。北至于幽陵，南至于交趾。得从者失横，有此者无彼。大哉天朝，万古一时。渌江成血，唐不能师，今我吏之，辽阳高丽。银城如铁，宋不能窥，今我臣之，回鹘河西。汉立铜柱，马无南蹄，今我置府，交占云黎。秦筑长城，土止北陲，今我故境，阴山仇池。缺舌螺发，鬓面雕题，献鹥效马，贡象进犀。络绎乎国门之道，不出户而八蛮九夷……"大都是元的京城，给京城作赋，难免有夸张的成分，里面对当时疆域的描述，尽管出现了高丽这样的藩属国，但也没包括四大汗国在内。

有趣的是，元代有位学者叫吴莱，曾写过一首与大都赋有关的诗，诗名很长，叫《得大人书喜闻秋末自散不剌复回大都赋寄宣彦高》："一纸江南到屋扉，高秋漠北奉宫闱。金微驻跸踰唐塞，铁勒鸣弦接汉畿。绵蕞行朝因贽玉，蹛林望祭类游衣。明年草赋呈亲去，想像汾阴扈从归。"诗中的金微是古山名，即今阿尔泰山。驻跸，帝王出行，途中停留暂住。铁勒原是中国北方古代民族名，又称狄历、丁零、敕勒、高车等，前面讲到的回鹘就是其中的一支，元朝时期指今俄罗斯境内叶尼塞河流域一带的地区。"金微驻跸踰唐塞，铁勒鸣弦接汉畿。"显然，按当时的描述，元朝是不包括四大汗国的，面积也就不可能达到3000万平方公里。

根据史料推断，1279年元世祖忽必烈灭宋建立元朝时的疆域是：北到西伯利亚北部；东北至外兴安岭、鄂霍次克海、日本海，在朝鲜半岛中部的慈悲岭一带与王氏高丽为界；西面大致以现在的鄂毕河、额尔齐斯河、阿尔泰山、天山、帕米尔高原为界；东南到海；西南与尼波罗（今尼泊尔）、印度、缅、越为邻，总面积超过1200万平方公里。至于1500万平方公里，应该是将整个西伯利亚包括在里面，当时是否到达北冰洋沿岸，还值得商榷。

在政区管理上，元朝开创了行省制度。"省"的名称早先就有，魏、晋时期有尚书省、中书省，但这些是中央政府机构，一般不直接管辖地方。像现在日本的一些国家机构还称作省，如外务省，就是在隋唐时期从中国学过去的。行省全称叫行中书省，民间简称"行省"或"省"，是直属中央政府管辖的一级行政区。在"行中书省"之下，元朝先后将宋代的路改为道，州升为路，部分的县则改升为州，与县平级（直隶州除外），实行省、道、路、州（县）四级地方行政制。

元朝对中国近代疆域的形成有几个突出的贡献。一是首次将整个青藏高原纳入中原王朝的直属版图。唐朝虽然曾吞并吐谷浑和党项，但也仅限于黄河上游的河曲之地和大渡河上游一带，而且控制的时间也不长。二是扩大了海疆。台湾最早文献记载是在三国时期，到了南宋，据赵汝适所著的《诸蕃志》提到"泉有海岛，曰澎湖群岛，隶晋江县"，可见当时澎湖列岛属南宋版图。元朝进一步加强对台湾的管理，据元朝汪大渊《岛夷志略》记载，澎湖"地隶晋江县，至元年间，立巡检司"。元世祖曾派员到台湾宣抚，并在澎湖设澎湖巡检司，隶属福建泉州路同安县（今福建厦门市），虽然没有直接将台湾岛并入其内，却是中央政府对台湾地区的首次官署设置。

元朝科学家郭守敬等曾发起并组织过大规模全国天文测量，史称"四海测验"。《元史·郭守敬传》记载："设监侯官一十四员，分道而出，东至高丽，西极滇池，南逾朱崖，北尽铁勒，四海测验，凡二十七所。"从 1279 年到 1280 年，在全国范围内的 27 个地点进行天文观测。《元史·世祖本纪》记载："至元十六年（1279）三月庚戌，敕郭守敬繇上都、大都，历河南府抵南海，测验晷景。"

这次测量结果相当精确。《元史·天文志》记载："南海，北极出地一十五度，夏至景在表南，长一尺一寸六分，昼五十四刻，夜四十六刻。"南海是 27 个观测点中的最南地，"北极出地"就是北极星的高度，即当地的纬度。古时的"度"比现在略小些，因为当时将一圆周分为 365 度。根据数据推测，当时南海测量点的纬度是 $14°47'$ 左右，应该是在西沙群岛、中沙群岛或者越南（当时是元朝的藩属）一带。最北的是北海，"北极出地六十五度"，接近北极圈了。北海是古时对北冰洋的称呼，也可证明当时元朝的疆域至少是接近北冰洋的。在铁勒也设了个测量点，该地"北极出地五十五度"。"四海测验"间接地反映了元朝疆域范围，它不仅是一次科学测量，同时也是一次宣示主权的活动。

8. 千古兴亡多少事

1368 年，也就是元至正二十八年，明洪武元年，明太祖朱元璋建立明朝。同年，明军攻破大都，元图干铁木耳汗仓皇北逃。北迁的元政权退居漠北，仍沿用大元国号，与明朝对峙，史称"北元"，直至 1402 年改称鞑靼。

明继续四出征讨，1386 年终完成统一大业。现在有一种说法，认为明朝是一个相对弱小的朝代，不仅国力不够强盛，国土面积也比清朝要小得多，甚至只有一半或者三分之一那么大，这是一种严重的误解。明朝享国 276 年，和任何一个朝代一样，经历过鼎盛、衰落和消亡时期。如果用衰落或消亡时期与清朝相比，疆域肯定小很多，但在鼎盛时期疆土比清小不了多少。

据《明史·志第十六》记载："计明初封略，东起朝鲜，西据吐蕃，南包安南，北距大碛，东西一万一千七百五十里，南北一万零九百四里。"明朝疆域在鼎盛时期东、南至海；北抵西拉木伦河、阴山一线；西南包括今越南中部、缅甸、老挝大部及泰国西北部，直抵孟加拉湾；东北达外兴安岭；西北及哈密，总面积有 1100 多万平方公里。可见当时的女真部，也就是后来的满族，其所在地都是在明朝中央的管辖范围内。

再来看清朝，明万历四十四年（1616），努尔哈赤建国称汗，国号大金，史称"后金"。1636 年皇太极即帝位，改国号为清，先后统一东北诸部族，吞并漠南、蒙古，于 1644 年灭明朝，并不断拓展疆土，统一大漠和天山南北。康熙二十八年（1689）及雍正五年（1727），中俄先后订立条约，划定黑龙江、吉林与俄国远东地区间边界，并划定蒙古与俄国西伯利亚间边界。康熙五十一年（1712），又定盛京与朝鲜之间以鸭绿江、图们江为界。疆域西跨葱岭；西北达巴尔喀什湖；北接西伯利亚；东北至黑龙江以北的外兴安岭和库页岛；东临太平洋；东南到台湾及附属岛屿钓鱼岛、赤尾屿等；南至南海诸岛，清朝鼎盛时领土达 1300 万平方公里。因此，明清两代在鼎盛时期疆域面积相差并不悬殊。

如果仅从面积和疆域范围方面比较，明朝在对西域和漠北的控制上要比清朝逊色，但从世界的影响力来看，明朝恐怕比清更胜一筹。据《明史》记载："自成祖以武定天下，欲威制万方，遣使四出招徕。由是西域大小诸国莫不稽颡称臣，献琛恐后。又北穷沙漠，南极溟海，东西抵日出日没之处，凡舟车可至者，无所不届。自是，殊方异域、鸟言侏离之使，辐辏阙廷，岁时颁赐，库藏为虚。而四方奇珍异宝，名禽殊兽，进献上方者，亦日增月益。盖兼汉、唐之盛而有之，百王所莫并也。"有明一代，影响力波及整个亚洲和非洲东岸，属国遍布亚、非。最初的有朝鲜、安南、琉球、占城、暹罗、爪哇等国，到永乐时期郑和下西洋时就更多了。根据万历时期修订的《大明会典》记载，当时得到大明承认并被册封的朝贡国中，光"东南夷"（指现在的东亚、东南亚及印度洋沿岸地区）就有如朝鲜、日本、琉球、安南、真腊、暹罗、占城、爪哇、苏禄国、满剌加、锡兰等六十余国，加上"西戎""北狄""东北夷"等，属国有 100 多个。几乎囊括了东亚及东南亚所有国家，南亚沿岸大部分国家，西亚和东非部分国家。而清朝则少得多，主要是朝鲜、琉球、安南、暹罗、缅甸、苏禄和西域几个小国而已。为了便于管理，明朝在一些藩属和少数民族地区设立羁縻管理机构，即宣慰使司。比如在东南亚的旧港，即今印度尼西亚苏门答腊岛的巨港设立了宣慰使司，是大明在南洋的最高行政机构。

得益于航海的发展，明代无论是官方还是民间的海洋活动都很频繁，"千里黄沙""万里方塘""万里石堤"等有关西沙、中沙和南沙群岛的记载在明朝的图籍中比比皆是。钓鱼岛自明朝始就属于中国版图，中国发现钓鱼岛比日本早 500 多年。明、清两代册封使出使琉球，钓鱼岛是海上必经之路的标志。琉球国在明朝初期"三山分立"，永乐年间，山南、山北二国先后并入中山国。据《大明会典》记载，洪武五年（1372）中山国朝贡，洪武六年（1373）山南国、山北国朝贡，洪武十六年（1383）中山国君主被明朝廷册封为琉球国王。

嘉靖十三年（1534），陈侃在《使琉球录》中完整记录了明朝册封琉球诸大使的航海经历："（嘉靖十三年五月）五日始发舟……九日隐隐见一小山，乃小琉球（今台湾）也。十日南风甚迅，舟行如飞……过平嘉山（今彭佳山），过钓鱼屿（今钓鱼岛），过黄毛屿（今黄尾屿），过赤屿（今赤尾屿），目不暇接……十一日夕，见古米山，乃属琉球者。夷人歌舞于舟，喜达于家。夜行彻晓，风转而东，进寻退尺，失其故处。又竟一日，始至其山（即古米山）。有夷人驾船来问，夷通事与之语而去。十三日，风少助顺，即抵其国。"其中所谓"十一日夕，见古米山，乃属琉球者"，以及"又竟一日，始至其山……风少助顺，即抵其国"的记述，清楚地指出了明朝与琉球疆域的分界：古米山属于琉球，而钓鱼岛在明朝版图之内。类似上述的记载在史料中屡见不鲜。中国对于钓鱼岛的实际管辖，自明代开始至 20 世纪 70 年代，从没有国家对中国的钓鱼岛主权提出过质疑。清朝册封使汪楫 1683 年所著《使琉球杂录》中专门做了记载，即册封船经赤尾屿，"过郊"时所渡过的"黑水沟"（即琉球海沟）就是清朝与琉球海上边界。文中称所谓"郊"，指"中外之界"，即清朝与琉球王国的海上边界。

因而，明朝并不弱，不仅国土面积大，经济文化也是相当的繁荣，这一点连后来的清朝也不得不承认。康熙皇帝五次南巡，每一次南巡都要亲自拜谒明孝陵，行三跪九叩之礼，无比虔诚和崇敬。明孝陵的"治隆唐宋"这四个字是康熙题写的，并且颁下御旨，要求当地官员修葺明孝陵。乾隆六次南巡，更是次次至明孝陵"拈香奠酒"。这说明什么呀，说明朱元璋不愧是个开国明君，明朝的"治隆唐宋""远迈汉唐"不是徒有虚名。

当然，凡事有盛必有衰，国力也是如此。明后期，东北疆域逐渐被兴起的女真占领。北面，最初北达戈壁沙漠一带。永乐以后，由于天气转寒，农耕不济，致使边境逐渐南移。明中期，随着蒙古复振，边境再次内迁，并修建长城加以防御。西北方向，最初至新疆哈密，后来也内迁至嘉峪关，版图大为缩小。清朝何尝不是如此？18世纪中叶至19世纪中叶，即乾隆中叶至道光初期是清朝疆域极盛时期，但道光以后，外来帝国主义势力的入侵，一系列不平等条约的订立，遂使疆土日蹙：外兴安岭被俄国强占100多万平方公里，西北也被沙俄以各种手段攫取了50多万平方公里，蒙古以及西伯利亚部分地区失去……不得不令人扼腕叹息。

更加令人惋惜的是，明清两代海疆和海权意识的缺失，使中国失去了从地区战略向全球战略转变的最佳时机。明朝在当时是拥有世界最强大舰队的帝国，曾以巨大的热情拥抱海洋。郑和下西洋是中国古代规模最大、时间最久的海上航行，郑和的航行之举比欧洲的航海家如麦哲伦、哥伦布、达·伽马等人早了将近一个世纪，堪称是"大航海时代"的先驱。郑和曾说过："欲国家富强，不可置海洋于不顾，财富取之海洋，危险亦来自海上……一旦他国之君夺得南洋，华夏危矣。我国船队战无不胜，可用之扩大经商，制服异域，使其不敢觊觎南洋也。"今天看来，郑和当初是相当有远见的。只可惜，后来明、清两朝为了巩固其国内的统治秩序，规定民间"片板不准入海"。在郑和第七次下西洋之后，远洋航行被叫停了，"郑和之后再无郑和"，中国船队从此绝迹于印度洋和阿拉伯海。航海事业的突然中断，使得中国与西洋各国业已建立起来的联系戛然而止；但在半个多世纪后的欧洲，哥伦布之后却有无数个哥伦布出现。

"千古兴亡多少事？不尽长江滚滚流。"中华疆域的变迁史，就是一部中华民族的发展和奋斗史。在古人眼中，虽没有像现代一样的领土观，但却有独特的天下观。正如顾炎武在《日知录·正始》中提出："保国者，其君其臣肉食者谋之；保天下者，匹夫之贱与有责焉耳矣。"改朝换代，巩固权力，可能是帝王将相们的事，而天下的兴盛、衰亡，却是每一个老百姓义不容辞的责任。中国大好河山的守护，中华民族的复兴，何尝不是我们每一位炎黄子孙义不容辞的职责呢？

第三章

沧海桑田

1. 遂令东海变桑田

　　沧海桑田的故事出自东晋时期葛洪的《神仙传》，说是在汉孝桓帝时期，有两个神仙，一个叫王远，一个叫麻姑，一次，他们相约到蔡经家去饮酒。见面后，麻姑曰："接侍以来，已见东海三为桑田。向到蓬莱，水又浅于往者，会时略半也，岂将复为陵陆乎？"意思是说，自从得了道接受天命以来，我已经亲眼见到东海三次变成桑田。刚才到蓬莱，又看到海水比上次所见的浅了一半，难道它又要变成陆地了吗？虽然是神话故事，从中也可看出古人早已注意到海陆变迁的自然现象。

　　白居易的《杂曲歌辞·浪淘沙》："一泊沙来一泊去，一重浪灭一重生。相搅相淘无歇日，会交山海一时平。白浪茫茫与海连，平沙浩浩四无边。暮去朝来淘不住，遂令东海变桑田……"大意是说，日复一日，年复一年，大浪淘沙，于是沧海变为桑田。白居易将沧海变桑田归因于海浪和潮汐的作用，如今看来显然是不科学的。当然，诗人本不是在向世人进行科普，他只是想告诉人们一个道理：小积累最终能带来大变化，只要持之以恒，事情就一定能成功。

　　沧海变桑田或者桑田变沧海的原因很多，最主要是地壳的变动，如地球板块的运动、岩浆活动等。板块的相互碰撞或张裂，会促使地壳发生变动，有时上升，有时下降。当海洋地壳上升，海底露出洋面，就成为陆地。相反，大陆地壳下沉，被海水淹没，也会变成海洋。有时海底发生火山喷发或地震，形成海底高原、山脉、火山，它们如果露出海面，也会成为陆地。气候的变化也会导致海陆变化，比如全球变暖会导致冰川融化，海平面上升，从而淹没沿海的低地，使得"桑田"变"沧海"。

　　我国台湾海峡的形成就是地壳变动和气候变化作用结果的典型例子。早在远古时代，即古生代和中生代，台湾海峡曾经是大陆东缘的一条海槽，但不完全是海洋。20世纪70年代，在台湾北港地区的石油勘探中发现了菊花化石，这是中生代的标准化石。由此证明在中生代（约2.2亿年以前）三叠纪和侏罗纪期间，两岸间虽然许多地方已经被海水淹没，但不少地方还是陆地。到1.92亿年前的中生代侏罗纪和白垩纪之间，受"燕山运动"的影响，此时台湾完全成为陆地。在距今4000万年左右的地质历史时期，地球上开始了一次新的大规模造山运动，即喜马拉雅造山运动。受这次造山运动影响，台湾海峡在相当一段时期内处于极不稳定的阶段，与大陆相隔的海槽时有时无，台湾岛与大陆时断时连。尤其是第四纪冰期时，因气候寒冷，海面下降，海峡地区便成了陆桥。每当间冰期，气候变暖，冰雪消融，海面升高，陆桥又被淹没成了海峡。

　　此外，导致海陆变迁还有一个重要的原因，那就是流水的堆积作用。陆地上的河流携带着泥沙流向海洋，在下游地区，因河面变宽，地形较平坦，加上海水的顶托作用，使得流速减慢，从而导致大量的泥沙堆积，形成三角洲和冲积平原等流水堆积地貌。由于流水将陆地的泥沙源源不断地带入海洋，并在入海口附近大量堆积，日久天长，就很可能使得原来的海域逐渐变成陆地，"沧海"变成"桑田"，长江三角洲和珠江三角洲等的成因之一就是流水的堆积作用。

　　上海陆地的形成就是流水堆积作用的典型例子。根据上海古海岸线的资料推断，在10000年前，上海陆地还没有出现，现在的太湖在当时也不过是长江入海口的一个海湾。6000多年前，上海市域内只有西部的青浦、松江、金山三地基本成陆。这些陆域都属于古太湖淤浅后形成的湖沼（特别是青浦、松江一带）与湖滨平原。海岸线大致在外冈—方泰—马桥—邬桥—胡桥—漕泾一线。上海的东部是近6000年以来长江口的泥沙淤积形成的，之前还是一片汪洋，最多也不过是滩涂湿地。到了春秋时期，海岸线向东大约推移到嘉定—莘庄—南桥一线，嘉定、闵行、奉贤三地的西部大部或局部陆地已形成。此时，包括市中心区在内的其他区域仍处在海平面之下。到魏晋时期，海岸线推移至宝山—周浦—浙江省王盘山一带。市区大约在 10 世纪前叶才全部形成陆地，长兴岛直到 17 世纪才形成，横沙岛更是在距今 100 多年才露出水面。

这样的例子还有很多，像福建、江苏这样的沿海地区大多如此。据地质学家考证，在距今约 250 万年前，福州一带大部分还属滩涂湿地。秦汉时期，福州大部分地区仍处在江海之中：汪洋大海北达北峰山麓，西抵闽侯县白沙镇，西南至永泰。《后汉书·朱冯虞郑周列传》："（郑玄）建初八年（83）代郑众为大司农，旧交趾七郡贡献转运，皆从东冶泛海而至。""东冶"就是汉朝时期福州的称谓，位于福州市屏山的东麓。那时福州盆地的大部分地方仍被海水淹没，露出的陆地有限，除屏山、冶山有小片丘陵外，许多地方仍是滩涂。谢肇淛是明朝晚期的闽中人，他在《五杂俎·卷三·地部一》中将建业（南京）与闽中做过对比："建业之似闽中有三，城中之山，半截郊外，一也；大江数重，环绕如带，二也；四面诸山环拱会城，三也。"说明当时建业与闽中一样，都是山水环绕，与现在的情形还是有很大差别。

沧海桑田这种现象确实存在，但它往往不是一朝一夕所形成的。今天的科学发现告诉我们，地球的年龄已经有 46 亿年了。在这 46 亿年中，地表形态一直在变化，其中较强烈的就是造山运动，也就是指地壳局部受力、岩石急剧变形而大规模隆起形成山脉的运动。与中国地区有关的造山运动有加里东运动、华力西运动、印支运动、燕山运动、喜马拉雅运动等。加里东运动指发生在早古生代的造山运动；印支运动是指发生在中生代三叠纪至侏罗纪的地壳运动；燕山运动指发生在中生代白垩纪的造山运动，距今也有 1 亿年了；喜马拉雅运动的活跃期是新生代的第三纪，距今也约为 3000 万年。而当今人类历史才多长呢？有文字记载才几千年，相对地球演化的历史而言，这段时间就是一瞬间而已。因此，像麻姑这样能亲眼见到东海三次变成桑田，也只能发生在神话故事里。如果真能看到，你想她得活多长时间啊！

　　巧合的是，经科学考证，中国东部在最近万年中确实经历了三次"沧海桑田"的巨大变迁。如历史地理学家陈桥驿先生提到，浙江宁绍平原自晚更新世（也称上更新世，年代测定为 126000 年上下，时间前后偏差 5000—10000 年，是第四纪中更新世的最后阶段）以来，相继经历了星轮虫、假轮虫和卷转虫三次海进海退。尽管神话故事有别于现实，但至少说明古人早已有了海陆变迁、地貌变化等观念，有时认识的程度令现代人惊叹。例如，唐代的颜真卿就曾经用化石来推测海陆变迁，他说："（麻姑山）高石中犹有螺蚌壳，或以为桑田所变。"（见颜真卿《抚州南城县麻姑山仙坛记》）

　　宋朝的沈括在熙宁七年（1074）担任河北西路察访使，在巡察途中他考察了太行山一带的化石沉积情形，并对此做出了科学的推断。《梦溪笔谈》卷二十四中记载："山崖之间，往往衔螺蚌壳及石子如鸟卵者，横亘石壁如带……此乃昔日之海边，今东距海已近千里。"沈括注意到太行山山岩中夹杂有大量海生动物的化石，这些化石都呈现出带状的沉积形态，从而推断出这里曾经是东海海滨。这与现代地质学关于太行山古陆地在地质史上曾多次遭受海浸的结论基本符合。"所谓大陆者，皆泥浊所湮耳。……凡大河（黄河）、漳水、河、涿水、桑乾之类，悉是浊流。今关、陕以西，水行地中，不减百余尺，气泥岁东流，皆为大陆之土，此理必然。"沈括的这种猜想得到了现代科学的印证：华北平原的确是河流的堆积作用所形成的。同时，他又根据黄河等河流挟带泥沙东流的事实，证明了河水对地表的侵蚀作用，而这些泥沙在下游沉积就形成了陆地平原。这是关于华北平原形成的最早的科学解释。

2. 今人不见古时月

晚唐诗人杜牧曾作《过华清宫三首·其一》一诗："长安回望绣成堆，山顶千门次第开。一骑红尘妃子笑，无人知是荔枝来。"形象地揭露了当朝统治者为满足一己口腹之欲，不惜兴师动众，劳民伤财一事，有力地鞭挞了唐玄宗与杨贵妃的骄奢淫侈。人们都以为这"飞骑"是用来传送紧急公文，谁曾想到所载的竟是鲜荔枝呢！

按我们现在的生活条件，吃颗新鲜荔枝也谈不上多大的奢侈，更何况是皇帝。问题是长安（现西安）附近不产荔枝，那么当时的荔枝是从什么地方快马加鞭运送过来的呢？就这个问题笔者问过不少人，得到的答案大多是广东，有的更具体，说是广东的惠州。有一次问一位老家是重庆的高中语文老师："你们重庆现在还产荔枝吗？""没有啊，重庆产过荔枝吗？""据说唐代杜牧《过华清宫》一诗中所写的荔枝当时就是来自你们重庆的。""不会吧，不是来自惠州吗？"看来这位语文老师对这个问题也没有深究过。

广东是我国目前荔枝的重要产地，这点大家都知道。但为何一谈到荔枝人们就想到惠州，可能跟另一首古诗有关，那就是与苏轼的《惠州一绝》："罗浮山下四时春，卢橘杨梅次第新。日啖荔枝三百颗，不辞长作岭南人。"这首诗朗朗上口，很多人从小就学会了，印象很深，因此一谈到荔枝就想到惠州，想到岭南。惠州距西安有多远？现在走高速公路1700多公里。古时交通条件没那么好，不能打隧道，也不具备修建大型桥梁的条件，遇到大山河谷得绕着走，所以里程更远，保守估计超过2000公里。马能跑多快？在400米的比赛中，快的马时速可达60多公里。在2.5公里赛马中，一匹马的时速若达到 50 多公里，很可能会拿冠军。当然，马平时不能这样跑，要休息、吃草，人也要休息、吃饭。就算换人换马不换物，接力快速传送，二十四小时不间断地跑，从惠州到长安怎么也得花上个把月吧。在当时的运输和保鲜条件下，荔枝从惠州运到长安，恐怕早就烂没了。

所以说，杨贵妃吃的荔枝十有八九不是来自岭南地区。那来自何处？来自当时的涪州，就是现在重庆市的涪陵区、长寿县和武隆县一带。白居易曾任忠州（今重庆市忠县）刺史，当时作有《荔枝图序》，其中就写道："荔枝生巴峡间，树形团团如帷盖……"说明当时巴蜀确实产荔枝。他还写过与荔枝有关的诗，如《荔枝楼对酒》："荔枝新熟鸡冠色，烧酒初开琥珀香。欲摘一枝倾一盏，西楼无客共谁尝。"甚至还种过荔枝，如《种荔枝》："红颗珍珠诚可爱，白须太守亦何痴。十年结子知谁在，自向庭中种荔枝。"从以上诗词中可以看出，重庆当时确实是产荔枝的。

古代蜀地有条荔枝道，它的北端源自汉中的子午镇，经过西乡、万源，最后到达达州，再继续向南也可至重庆。当年杨贵妃吃荔枝，唐玄宗派人从四川急运荔枝到长安，走的就是这条路，所以被称作"荔枝道"。现在的 210 国道走向大致与古时的"荔枝道"相同。按现在看，西安距离涪州也就三四百公里，古时道路里程肯定要远，但和惠州相比要近得多，快马加鞭可能三五天时间可到达。为了保鲜，当时人们想出这样一个办法：就是把大竹子砍下来，锯成若干段，将中间的竹节打通，然后将新摘下的荔枝连枝叶塞入竹中，密封好。这样，储藏于新鲜竹罐中的荔枝送入京城后，依然像刚采摘下来的一样。所以总的来说还是有点劳民伤财。

问题又来了，现在重庆还产荔枝吗？有些地区还有，较少，主要在川渝黔结合部的合江地区一带，没有唐朝时期分布那么广。农作物的生长与气候密切相关，荔枝是喜热的作物，多生长在气温较高的低纬度地区。唐朝时期川渝地区荔枝广泛分布，说明当时的气候比现在要温暖。我们现在谈温室效应，谈全球气候变暖，总以为以前没现在热，其实并非如此。历史上，地球的气候是经过多次冷暖变化的，有的时期甚至比现在热得多。

　　竺可桢是我国已故杰出科学家，是中国近代地理学和气象学的奠基者。他对历史气候变迁，尤其历史物候学方面的研究最多、成就最大，蜚声国际科学界。他从浩如烟海、帙卷繁杂的文史资料和考古资料中，全面分析出中国近5000年的气候变迁，认为我国近5000年的气候变化经历过四个温暖期和四个寒冷期。

　　第一次温暖期发生在公元前3600年至公元前1000年。考古学家在西安附近的一处"仰韶文化"时期（距今六七千年）遗址中发现了獐和竹鼠等动物和竹林。在河南安阳的殷墟古址，发现了10万多件甲骨文，还有大象、水牛、野猪等典型的热带动物残骸。"豫"是河南的简称，在繁体字里，就是一个人和一头象的意思，说明河南曾经是个象出没的地方。学者徐中舒也曾在《甲骨文字典》中提出，殷商时期河南一带气候温暖，适合象群的生存。

　　第一次寒冷期出现在公元前1000年到公元前850年间，即西周时期。据《竹书纪年》记载，公元前903年和公元前897年时，长江支流汉水两度结冰。

　　第二次温暖期发生在公元前770年的东周春秋时代到公元前221年至220年的秦汉时代。据《春秋》记载，当时鲁国（今山东省）多年冬季未出现结冰现象，以至宫廷王室无法储备用于夏季消暑降温的冰块。在司马迁的《史记》中也提到，汉武帝刘彻在位时，桑树遍布鲁国，竹、梅等植物在渭水流域也很茂盛。足见当时有多温暖。

　　第二次寒冷期发生在公元初年到600年，即东汉、三国到六朝时代。三国时代，曹丕到淮河的广陵（今淮阴）视察兵士演习。由于严寒，淮河突然结冰，演习只得停止。366年，渤海湾从昌黎到营口，连续三年全部结冰，冰上可往来车马和军队。南朝都城建邺（今南京）气候寒冷，宫廷曾在覆舟山（现九华山）建造冰房，贮藏冰块用于热天食物保鲜和防腐。在北朝贾思勰所著的《齐民要术》一书中，有关黄河流域的物候记载比现在迟半月至一个月，说明当时气候偏冷。

　　第三次温暖期出现在公元600到1000年的隋唐时代。历史记载，7世纪

89

中后期的 650 年、669 年和 678 年的冬季,长安无雪无冰。天宝年间(742—755),诗人张籍的《成都曲》:"锦江近西烟火绿,新雨山头荔枝熟。"也说明当时川蜀之地确实产荔枝。诗人杜甫所作的诗及宋乐史中都曾写到这样一件事:唐朝开元末年(741),四川江陵向皇宫进贡柑桔,唐玄宗下旨把柑桔籽种于宫中,这批柑桔树于天宝十年(751)秋结果,其品味之佳与四川江陵所产柑桔几乎一样。柑桔是典型的亚热带水果,当时能在长安种植且味道较佳,说明在公元八九世纪时期,长安的气候是相当温暖的。

第三次寒冷期出现在 1000—1200 年的宋朝时期。苏东坡在一首咏杏花诗中写道"关中幸无梅,汝强充鼎和",意指杏花充为北方之花王。王安石在他的咏梅诗中有"北人初未识,浑作杏花看",嘲笑北方人到南方后"指梅为杏"。此时,中原一带已不能种植梅树,表明唐、宋两朝的气候有很大差异。1111 年冬,太湖全部结冰,冰上可通行车马。南宋国都杭州冰雪天气频繁出现,寒冷的天气把柑桔全部冻死,甚至岭南地区如广州都出现过大雪天气。

第四次温暖期出现在 1200—1300 年。13 世纪,在中华大地上,严寒不再肆虐。著名道士丘处机曾长住北京,他于 1224 年寒食节作《寒食节》,诗云:"清明时节杏花开,万户千门日往来。"说明当时北京气候与现在很接近。隋唐时期,河南的博爱、陕西的西安和凤翔都设有竹监司,专门管理竹园。到南宋初气候转冷后,这些地方竹子无法生长,竹监司因此也大多被取消。1268—1292 年的元朝初期,西安和博爱重新设立竹监司,说明当时气候又转暖了。

第四次寒冷期是从 1400 年开始的。在以后的近 600 年中,我国最寒冷时期出现在 16 世纪初和 17 世纪下半叶(1650—1700)。16 世纪初最寒冷出现在明武宗正德七年(1512)冬,江淮大风雪,洞庭湖一带结冰厚达 33 厘米。而在 1650—1700 年的这 50 年中,太湖、汉水和淮河结冰四次,洞庭湖结冰三次,长江几乎封冻。我国南方地区在这半个多世纪中,冰雪频繁出现。如顺治九年(1652)贵州西部连续降大雪达 40 天。1670 年冬大寒,长江封冻"匝月不解",浙江嘉善 12 月初寒风呼啸,河港封冻如平地。建于唐朝,经营长达千年之久的江西省橘园和柑园，在 1654 年和 1676 年的两次强烈寒冬中完全毁掉。记得在 2016 年 1 月底的时候，广东不少地区下了短暂的小雪，当时把人们兴奋得不得了。殊不知，在第四次寒冷期的明、清时代，有关"广州大雪""番禺、南海有雪""从化大雪"等类似的记载比比皆是。

"今人不见古时月，今月曾经照古人。"在历史的长河中，气候变化是一种正常的自然现象。我们无法体验历史上人类的生存环境，但如今的气候变化却有可能发生在古时的某个时期。全球气候变暖如今成为世界性的热门话题，人们一直担心，如果全球气候持续变暖，会给地球环境带来深刻的影响，甚至危及人类的生存。因为全球变暖，会导致极冰大量融化，海平面上升，从而淹没沿海低地，有些国家（如一些岛国或沿海低地国家）甚至会消失；全球变暖会使得热量分布发生改变，从而导致物种的分布地区也发生变化，农业生产结构会产生重大变动；气候变暖还会扰乱现有的大气运行规律，使得地球上自然灾害频发。

有学者提出一种观点，认为气候的变化不仅带来环境的改变，甚至还会影响到政局——温暖期政局相对稳定，寒冷期政局往往动荡。比如我国历史上大唐盛世就处于温暖期，两宋时期恰逢寒冷期。这个观点有它合理的一面，因为在农业文明时期，农业生产受气候的影响较大。农业生产不稳定，尤其是遇上灾年，往往是引发民变的导火索。例如历史上的"五胡乱华"，塞北匈奴、鲜卑、羯、羌、氐等胡人的游牧部落联盟趁中原的西晋王朝衰弱空虚之际，大规模南侵，烧杀抢掠，甚至食人。

分析"五胡乱华"的原因，不能简单地用阶级矛盾和民族矛盾一言蔽之，再大的矛盾也不能吃人啊！"五胡乱华"的几百年，正是世界气候史上中古的大寒冷时期。气候寒冷，这对北方游牧民族来说是一场灾难：草原枯萎，大量牲畜因冻饿死亡。为了生存，他们只有铤而走险，南下抢掠。无独有偶，在与"五胡乱华"同一时期的欧洲也同样爆发了所谓的"蛮族大入侵"——以日耳曼民族为主的"蛮族"南侵进入罗马帝国境内，并纷纷建立自己的国家，最后导致罗马帝国日渐衰弱。原因几乎一样：气候寒冷，冰河规模扩大，

91

内陆干燥不堪，草原逐步沙化，蛮族被迫往南迁移。

　　尽管气候变化是一种常见的自然现象，而面对如今全球气候变暖，人们决不能束手无策、坐以待毙。当今的气候变暖，虽然也有大自然自身的原因，但人类在生产生活中燃烧大量化石燃料，以及大量毁坏森林，破坏了大气中的碳氧平衡，使得温室气体增多，所有这些是如今全球气候变暖的更重要原因。保护自然，节能减排，低碳生活……只有善待地球，呵护好人类生存的环境，才能有更美好的生活，才不会遭到子孙后代的指责。

3.　古城莽苍饶荆榛

　　高适在《古大梁行》一诗中写道："古城莽苍饶荆榛，驱马荒城愁杀人。魏王宫观尽禾黍，信陵宾客随灰尘……年代凄凉不可问，往来唯有水东流。"曾经多少的繁华都市，最后变成了一片荒原，令人可惜可叹。

　　1748 年春天，意大利南部那不勒斯，一位名叫安得列的农民在翻整自家的葡萄园时，一锄头挖下去，"当"的一声，锄头碰到了什么坚硬的东西，刨开一看，地下埋藏着一个金属柜子，里面竟是一大堆熔化、半熔化的金银首饰及古钱币……后经过考古学家们百余年辛勤的考古发掘，终于使庞贝古城重见天日，从此揭开了庞贝古城的千古之谜。参与发掘庞贝城的历史学家瓦尼奥说："那是多么令人惊骇的景象啊！许多人在睡梦中死去，也有人在家门口死去，他们高举手臂张口喘着大气。不少人家的面包仍在烤炉上，狗还拴在门边的链子上。奴隶们还带着绳索。图书馆架上摆放着草纸做成的书卷，墙上还贴着选举标语，涂写着爱情的词句……"古城的数万生灵的生活链被突如其来的灾难给扯断了。

　　到底是什么灾难使庞贝古城消失了？火山喷发。庞贝古城原是亚平宁半岛西南角坎佩尼亚地区一座历史悠久的古城，位于意大利南部那不勒斯附近。早在公元前 8 世纪，依托于地中海天然良港的小渔村庞贝，逐渐发展为城市。几百年之后，这里商贾云集，成为仅次于意大利古罗马的第二大城市。庞贝城北部有座维苏威火山，亿万年来由于火山的多次喷发，给当地带来了岩浆土、火山石，还有地热、温泉。肥沃的岩浆土上生长的葡萄个大汁甜，酿出的葡萄酒品味绝佳，成为贵族们争购的上品。一时间庞贝声名远播，各地富商纷纷来到庞贝造花园、建别墅、开发娱乐场所，庞贝很快成为烟柳繁华之地。庞贝城内神奇的太阳神庙、巨大的斗兽场、恢宏的大剧院、灵验的巫师堂以及新奇的蒸气浴室和众多的商铺、娱乐场馆，不知吸引了地中海周边城邦多少的富商和贵族。

庞贝古城位于维苏威火山西南 10 公里处，为什么当时的人们还会居住在这样一个危险的地方？那是因为他们听信了一个人的话，那人就是当时古罗马著名的地理学家斯特拉波——斯特拉波断定维苏威是一座死火山。人们之所以完全相信这一论断，除了斯特拉波的名气外，更主要的原因恐怕还是庞贝城带来的诱惑。

人们万万没料到这座"死火山"突然有一天苏醒过来，并酝酿着一场毁灭性的大灾难。公元 79 年 8 月 24 日这一天，维苏威火山突然爆发了。瞬息之间，火山喷出灼热的岩浆遮天蔽日，四处飞溅，浓浓的黑烟夹杂着滚烫的火山灰，铺天盖地降落到这座城市，空气中弥漫着令人窒息的硫黄味。很快，厚约 5.6 米的熔岩和火山灰毫不留情地将庞贝从地球上抹掉了。千年名城庞贝从此一夜消失了。火山喷发后需要经过好长时间才冷却下来。大劫后的意大利人发现，过去非常熟悉的几十万顷林场、草场以及繁华的城市都消失了，眼前只有火山岩浆喷发冷却形成的各种奇特熔岩地貌。周围一片死寂，静寂得让人生忧！

近年来，人们似乎有了越来越多的古城情怀，保存较好的古城或古迹成了旅游的热点地区。对于那些早已消失的古城，人们也常赋予它更多的传奇色彩，就连它们的消失，人们也相信背后有着跌宕起伏、婉转曲折的动人故事。楼兰就是典型的例子，曾经一曲《楼兰姑娘》带给人们梦幻般的回忆。但说起各类古城消失的原因，归纳起来主要有以下几种说法：一是自然灾害说，就是因遭受地震、火山爆发、洪水等突发灾害，导致城镇被毁灭；二是环境变化说，就是因当地的生态环境不断恶化，如干旱、缺水，无法继续居住，最后人们不得不放弃家园远走他乡；三是战争说，古城被战争所摧毁；四是瘟疫说，一场瘟疫夺去了大部分居民的生命，侥幸存活的人纷纷逃离，远避他乡，等等。

楼兰古城遗址如今在我国新疆罗布泊西北岸，西汉时期就纳入中原王朝的版图，是当时丝绸之路上的重镇。如《汉书·西域传》记载："鄯善国，本名楼兰，王治扜泥城，去阳关千六百里，去长安六千一百里。户千五百七十，口四万四千一百。"又如李白《塞下曲》："五月天山雪，天花只有寒……原将腰下剑，直为斩楼兰。"王昌龄《从军行》："……黄沙百战穿金甲，不破楼兰终不还。"可见，楼兰在唐朝还是边陲重镇。然而，不知在什么时候，这个繁荣一时的城镇神秘地消失了，连文字记载也没有，成了千古之谜。

对于楼兰古国为何神秘消失，不同研究者得出了不同结论，几乎囊括了现有的各种说法。在所有的说法中，生态恶化说似乎更占上风。的确，在内陆地区，气候一旦变干，或是水源减少，或是人们不合理的生产活动，都有可能导致环境恶化，风沙肆虐，最后无法生存。这个说法符合楼兰所处地区的地理环境特征，但原因可能不是那么简单，生态变化不是一天两天的事情，它不是突发事件，而是有个过程。人们应该有一定的时间来应对这种变化，比如不会留下太多值钱并且能够带走的东西，像钱币、丝织品、粮食等。从这点看，楼兰的考古发现似乎不能印证古城是因为生态环境恶化而消失的说法。

不可否认，不少古城的消失与当地的自然环境确实有很大的关联性，就像庞贝古城，因处于火山地震带上，又与维苏威火山相邻，结果难逃一劫。因火山地震等灾害而消失的古城还不少，例如在公元前1500年前后，与庞贝古城处于同一火山地震带的桑托林发生火山大爆发，那是人类历史上最猛烈的一次火山大爆发，喷出的火山灰覆盖面积达60多平方公里，并引发巨大海啸，滔天巨流滚滚南下，摧毁了克里特岛上的城市、村庄，米诺斯王国也化为乌有。又如在我国四川发现的三星堆文明，大多数观点认为它是毁灭于洪水。成都平原在地形上属冲积扇平原，河流纵横、水道密布，洪水频发。据专家推测，成都平原上的不少古城，都有共同的悲惨结局：或被洪水吞没，或因洪灾后瘟疫肆虐，家园被废弃，人们流离失所。三星堆遗址留下众多的金属器物实属不易。很多东西被大水冲走了，只有那些沉重的金属器物被掩埋在泥沙底下。也许正是因为这样，才给后人留下了三星堆突然消失的景象。

战争对文明的毁灭与灾害有着很大的相似性，它往往会严重破坏当地的社会经济体系，使得城市失去继续生存和发展的基础。不同的是，战争破坏是人为的，往往伴随着烧杀掠夺等事件的发生。中外历史上多次的"蛮族入侵"就曾将无数座曾经的文明城市毁于一旦。由于战争原因而毁灭的古城很多，如柬埔寨的吴哥古城，存在于9—15世纪，它曾经是高棉帝国文明的象征，但在遭遇现今泰国人先祖军队的攻击后，这座城市居住的人口越来越少，直至后来被人们彻底放弃，成为如今的废墟。又如突尼斯的迦太基古城（公元前650年到公元前146年），在战争中被烧成一片废墟，后来土地又遭遇盐碱化，最终被人们彻底遗弃。再如公元前3000年到公元7世纪，位于尼罗河三角洲河口的古埃及城市孟菲斯，作为埃及的帝国首都和集宗教、商业和贸易中心，一度兴盛长达几个世纪，但在遭遇多次外敌入侵后，这座辉煌的古城最终走向衰亡……

无论何种原因，古城的消失给人们以警示。一是人们要敬畏自然，尊重自然，按大自然的规律办事；二是人类之间要和平相处，无底线的欲望、争夺和杀戮，最终只会导致损人而不利己。

4. 九曲黄河万里沙

　　黄河，中国第二、世界第六长河，全长约 5464 公里，流域面积约 75 万平方公里。黄河被我们称为母亲河，因为黄河流域是我国文明最早的发祥地，其中下游地区在相当长的历史时期内，一直是我国的政治、经济和文化中心。但我们这位母亲河脾气不太好，比较任性，自古以来就以"善淤、善决、善徙"闻名于世，有"三年两决口，百年一改道"之说。治理好黄河，是千百年来中华民族的一个心结，正如诗人贺敬之在《三门峡·梳妆台》一诗中写道："挽断'白发三千丈'，愁杀黄河万年灾！"

　　黄河善淤，就是容易淤塞，泥沙淤积严重。泥沙从何而来？主要来自黄河中游的黄土高原地区。黄土高原是我国水土流失最严重的地区，水土流失使得大量的泥沙流入黄河。河水夹带着泥沙进入下游地区。由于下游地势相对平坦，河水流速减慢，河流的挟沙能力就会降低，导致大量泥沙在下游堆积。黄河挟带泥沙数量之多，居世界首位。西汉末年张戎曾任大司马，并参与过黄河的治理工作，他在元始四年（4）对黄河水和沙的比例做了量的估算："河水重浊，号为一石水而六斗泥。"黄河每年大概产生 16 亿吨泥沙，其中有 12 亿吨流入大海，剩下 4 亿吨长年留在黄河下游。淤积在下游的泥沙一方面形成冲积平原，有利于种植，同时也会淤塞河道，提高河床，加大水患的风险。

　　黄河善决，就是容易决堤。据黄河水利委员会统计，从先秦时期到 1949 年前的约 4000 年间，黄河下游决口泛滥达 1593 次。黄河决口泛滥往往带来河道的改变，其中较大的改道记录有 26 次。在黄河改道中，最北的经海河，出大沽口；最南的经淮河，入长江。在这 26 次较大的改道中，又有 6 次影响巨大，被称为"六大徙"。此之说是在清初学者胡渭在《禹贡锥指》中提出的"五大徙"之说基础上，加上清咸丰五年（1855）铜瓦厢决口改道迁徙，故统称"六大徙"。

早先由于缺乏堤防，黄河都是顺势而流。古黄河的下游河道在冀中平原上顺地势而漫流，形成了多股河道入海，故有"九河"之称。据《禹贡·导水》记载："东过洛汭，至于大伾；北过降水，至于大陆；又北播为九河，同为逆河入于海。"同时，由于没有堤防，每到汛期，免不了漫溢泛滥。到战国中期，筑堤固河，结束了多股分流局面，这是历史记载中的第一次大规模的改道。从那时一直到西汉末，黄河保持一定河形，《水经》谓之"大河故渎"。关于这条河道的记载，首见于《汉书·地理志》，因此该河道又被称为"汉志河"。它的走向大致是：古宿胥口（今河南浚县）—今河南濮阳西南—河北馆陶东北—山东临清南—德州东南—河北东光东—孟村北—黄骅西南入海。

第二次重大改道发生在王莽始建国三年（11）。据《汉书·王莽传》载："河决魏郡（治邺，今河北临漳县西南），泛清河以东数郡。"当时黄河在今河北大名东决口，在今鲁西、豫东一带泛滥了近 60 年。到东汉永平十二年（69），王景奉诏和王吴共同主持了对汴渠和黄河的综合治理活动。为什么这么长的时间没人治理？《汉书·王莽传》中是这样描述的："先是，莽恐河决为元城（今河北大名东）冢墓害，及决东去，元城不忧水，故遂不堵塞。"原来是王莽怕水堵住后往北流，淹了自家的祖坟。

经王景治理后的黄河河道走向，为"自荥阳东至千乘（今山东高青县东北）海口千余里"（《后汉书·王景传》）。河道流经西汉故道与泰山北麓的低地，由于地势较低，并且距海较近，因此水流通畅。王景治河的历史贡献，长期以来得到很高的评价，有"王景治河，千年无患"之说。"千年无患"虽说有点夸张，但从史料记载看，王景筑堤后的黄河历经 800 多年没有发生大改道，决溢次数不多。

北宋庆历八年（1048），"冲决澶州商胡埽（今濮阳东）"（《资治通鉴长编》）。这次决口，造成了黄河的第三次重大改道。河水改道北流，经大名府（今河北大名）、恩州（今河北清河西北）、冀州（今河北冀县）、深州（今河北深县南）、瀛州（今河北河间）、永静军（今河北东光）等地，至乾宁军（今青县），经界河（今海河），最后由现在的天津入海。宋人称这条河道叫"北流"或"北派"。北流经大名府魏县第六埽（今南乐西）向东决出一支分流，东北流经一段西汉大河故道后，由今山东堂邑、夏津等地，下循笃马河（今马颊河），最后在冀、鲁之间入海。这段支流又叫"二股河"，宋人称它为"东流"或"东派"。熙宁十年（1077），从澶州决口后，汇入梁山泊，随后分为两支：一支由泗入淮，谓之南清河；一支合济至沧州入海，谓之北清河。

第四次重大改道是在南宋建炎二年（1128），女真人南下，朝廷为了阻挡女真人，以水代兵，于滑县李固渡人为决堤，导致黄河由泗入淮。古泗河原为淮河下游主要支流之一，当初泗河发源于今山东省泗水县东部山区，向南流经曲阜、济宁、鱼台。子在川上曰："逝者如斯夫，不舍昼夜。"这里的"川"指的就是泗河；朱熹的"胜日寻芳泗水滨，无边光景一时新，等闲识得东风面，万紫千红总是春"，亦是在泗河边上吟唱的。泗水容纳不下黄河，河水决堤又形成一些支流。最初河道由滑县—濮阳南—鄄城西—巨野东—嘉祥东—泗水—淮水。到金大定八年（1168），黄河再次决口于李固渡，形成南流，延长垣东北—东明南—定陶西—曹县南—砀山北—萧县北—经徐州，于邳县由泗入淮。金大定二十年（1180）黄河又在卫州决口，东南经延津北—封丘南—兰考北—睢县南—商丘南—砀山北—经徐州由泗入淮。从此，"北流绝，全河皆入淮"。

第五次重大改道又是人为原因导致的。当时，蒙古人进入中原，女真人迁都至开封，又南下至河南商丘一带。双方因信息不同，都想以水代兵。蒙古人先动手，于1232年人为决堤于归德凤池口（今商丘西北）。归德一带实际上高于黄河河床，所以决口后对女真军队没造成什么影响。这次改道形成

99

多条河道，主要有夺濉入淮、夺汴入淮、夺涡入淮以及夺颍入淮。此前黄河南徙不超过唐宋汴河一线，夺颍、夺涡入淮后，黄河下游河道大大地向西南方向扩展了。1351 年贾鲁治河，堵塞决口，疏浚下游河道，使之重回由泗入淮的故道，南流合淮入海，这就是"贾鲁河"。

最后一次重大改道是在清咸丰五年（1855），河决铜瓦厢，结束了下游700 多年由淮入海的历史，回到渤海湾入海。

除了下游外，历史时期黄河在上中游平原河段，其河道也曾有过演变，有的变迁还很大。如内蒙古河套河段，1850 年以前磴口以下，主要分为两支，北支为主流，走阴山脚下称为乌加河，南支即今黄河。1850 年西山嘴以北乌加河下游淤塞断流约 15 公里，南支遂成为主流，北支目前已成为后套灌区的退水渠。另外，龙门至潼关段河道摆动也较大。不过，这些河段演变对整个黄河发育来说影响不大，黄河的河道变迁主要还是发生在下游。

5. 高原出水山河改

　　说到黄河，不得不提起黄土高原。金朝元好问在《壬辰十二月车驾东狩后即事》一诗中写道："高原出水山河改，战地风来草木腥。"诗中巧妙地运用了起兴的手法，借黄土高原对地形地貌的影响，引出战争带来的血雨腥风。黄河"善淤、善决、善徙"特点的形成与黄土高原息息相关。黄河中游穿行于黄土高原，由于黄土高原水土流失严重，大量的泥沙流入黄河，成为黄河泥沙的主要来源地。

　　要搞清楚黄土高原与黄河之间的关系，首先得弄明白两个问题：一是黄土高原厚厚的黄土是怎样形成的？二是为什么这个地区水土流失严重？

　　黄土高原是世界上黄土覆盖面积最大的高原，大致位于北纬 34°～40°，东经 103°～114°，即东西跨度有 1000 多公里，南北跨度有 700 多公里。包括太行山以西、青海省日月山以东，关中平原以北、长城以南的广大地区，面积约 62 万平方公里。黄土高原位于我国地势的第二级阶梯，海拔多在 1500～2000 米。高原上覆盖深厚的黄土层，厚度在 50～80 米之间，最厚处可达 150～180 米。

　　黄土高原的成因目前有多种说法。关于其黄土的来源，长期以来，中外学者有过不同的争论，其中"风成说"相对占上风。这个学说认为黄土来自高原北部和西北部的广大干旱荒漠区，这些地区气候干旱，太阳辐射强，温差大，岩石易风化，从而形成大小不等的石块、沙粒和黏土。同时，西北地区风力大，尤其是冬半年，西北风盛行，在风力的搬运作用下，岩石的风化物被大量带离原来的地方，颗粒越小带离的距离就越远。最后的结果是，粗大的石块残留在原地成为"戈壁",较细的沙粒落在附近地区,聚成沙漠,更细小的粉沙和黏土,纷纷向东南飞扬,当风力减弱且遇秦岭山地的阻拦便停积下来,经过几十万年的堆积就形成了现在的黄土高原。

"风成说"运用了自然地理环境的整体性原理,能较好地解释西北地区的地貌景观,因此得到较多学者的认可,甚至还被写入了教科书当中。但近年来该说法也越来越受到质疑,因为科学家发现黄土许多现象是"风成说"无法解释的。譬如,黄土中粗粉沙含量由西北向东南递减,黏土的含量却从西北向东南递增,并且呈现出有规律的叠瓦状和阶梯状的分布,而不是平面层理的构造分布。这种叠瓦状和阶梯状的构造似乎更符合流水堆积地貌的特征,而不是风力堆积的结果。这样看来,对黄土高原最终的成因还有待于进一步探索。

另一个问题就是黄土高原为何水土流失严重。这里有自然方面的原因,也与人类活动有关。从自然方面看,黄土高原地区正好处于我国季风和非季风区、半湿润与半干旱区的过渡地带,降水集中,主要在七八月份,降水变率大,多降暴雨,这样的降水特征使得雨水对地面的冲刷作用就大。黄土土质疏松,多呈垂直节理构造,易受流水的侵蚀。因此,每当暴雨来临,大量的泥沙随流水进入黄河。

在人类活动方面,主要是人们对当地植被的破坏,使得植被覆盖率下降,地面失去了植被的保护,土层裸露,更容易被侵蚀。科学家们利用孢子花粉分析的方法来还原黄土高原地面植物群的面貌,在地层中找到了松、云杉、冷杉、铁杉、栎、菊科等数十种植物孢子花粉的记录。研究发现,在近5万年的历史中,有一半左右的时间,黄土高原的植被呈现出森林和草原的相互消长的现象。在这段时间里,黄土高原经历过多次快速的"变脸"——草原、森林草原、针叶林以及荒漠化草原和荒漠等多次转换。

黄土高原的"变脸"除了受气候变化的影响外,最主要的原因是受人类活动的影响。人类活动对植被的破坏,主要表现在垦荒、樵采、过度放牧和工程建设等方面。黄土高原地区人类活动历史悠久,发现的仰韶文化遗址不下数百处，主要分布在南部的渭河流域、汾河流域和西部的洮河流域。当时这些地区森林繁茂，采集、狩猎及采伐林木都较便利。"周原膴膴，堇荼如饴"，此诗句出自《诗经·大雅·绵》，译成现代文就是"周原土地真肥美，堇菜苦菜都像糖"，这是2000多年前的先祖对周原一带真实而又生动的描述。自从旧石器时代人类学会用火以后，林木一直是人类主要的生活燃料。从考古资料看，仰韶文化时期遗址都有残留的木炭，以及用木柱、木椽搭建房屋的遗迹。从新石器时代开始人类开始烧制陶器，烧陶的燃料也主要是木材。先周亶父迁歧后以周原为中心前后历时100多年，《诗经·大雅·皇矣》记述："作之屏之，其菑其翳。修之平之，其灌其栵。启之辟之，其柽其椐。攘之剔之，其檿其柘。"诗中生动地描写了周原的肥沃和先周人在周原砍伐树木、开辟农田的过程，也反映了当时周原森林繁茂的景象。

西周以前人类活动虽然对黄土高原植被有影响，但影响的范围和程度相对小。人们开垦土地，采伐林木的范围主要在聚落、城邑附近，所以对植被的破坏主要集中在河谷和台塬等地势相对平坦的地区。当时生产工具和生产力落后，人们对植被的破坏相当有限，因此黄土高原的生态环境保持较好，天然林茂盛。

我国历史上的第一次寒冷期发生在西周时期，受干冷气候的影响，自然带出现南移，黄土高原地区出现了大面积的草原。如《诗经·小雅·鹿鸣》："呦呦鹿鸣"，"食野之苹，食野之蒿，食野之芩"。又如《诗经·小雅·吉日》《史记·秦本纪》等文献中记述了周天子、秦文公驱车在陕北、陇东一带的草原狩猎的情景。前面说过，我国历史上北方游牧民族的大举南侵常与气候变冷、北方草场退化有关，西周的灭亡原因之一主要就是因为犬戎南侵造成的。犬戎的南侵与气候变冷、草原植被带南移有一定的关系。

由于铁器的广泛使用，战国时期的生产力有了较大程度的提高，农业发展较快，黄土高原南部如关中平原、汾河中下游平原被大量开垦成耕地，平原地区的森林、草原植被逐步为耕地所取代。据《史记·货殖列传》记载："关中自汧雍以东至河、华，膏壤沃野千里，自虞夏之贡以为上田。"尽管如此，但大量的事实表明，战国时期的黄土高原尤其是山地地区植被仍保持着较好的状态，《山海经·山经·西山经》写道："阴山（陕北黄龙山），上多柞（槠树）"；"中山（延河上游山地），其上多槠柞，其下多杻橿"；"鸟山（清涧河上游山地），其上多桑，其下多楮（漆树）"；"诸次之山（米脂佳县之间山地）……多木无草"；"号山（榆林东部山地），其木多漆、棕"；"白於之山（白于山），上多松柏，下多栎檀"。说明当时草木还是相当茂盛的。

总的来说，先秦时期黄河中上游地区植被覆盖率很高，生态环境还是不错的。植被对黄土高原土壤的保护作用明显，水土流失也不算严重，黄河水也较清澈，没有现在这么浑浊。当时的人们称黄河为"河"，而不是"黄河"。

战国后期，秦国的势力不断增强，向渭河上游和泾河流域扩张，两地天然植被因过度开垦而遭受严重破坏，关中平原地区的天然植被已不多见。战国中后期赵国向今山西北部、陕西榆林扩展，这些地区原有的游牧业逐步被耕作业所代替，原有的灌丛草原被大片开垦。

秦汉时期是有文字记载以来耕作业向黄土高原第一次大举扩展的时期。秦汉时期实行移民戍边政策，大量移民迁入。政府在该地区设置郡县，发展农业生产，大片森林、草原被开垦为耕地。以至于当时的农牧分界线一度北移至阴山以北与乌兰布和沙漠一带，河套及其以南地区因农业发达而被誉为"新秦中"。农耕的生产方式对黄土高原天然植被的破坏是非常严重的。

除了农业外，工程建设也对当地的森林带来严重破坏，例如秦统一全国后修直道，《史记·秦始皇本纪》记载："三十五年（前212），除道，道九原，抵云阳，堑山堙谷，直通之。"秦直道南起京都咸阳军事要地云阳林光宫，北至九原郡（今内蒙古包头市），穿越14个县，700多公里，路面最宽处约60米，一般亦有20米，所经之地的森林植被显然会被全部砍伐。还有就是修长城，加上长城沿线兵民屯田开荒，同样使植被遭受很大破坏。长城在当时不仅是一项军事工程，同时也是一条农牧分界线——长城以北的游牧民族主要从事畜牧业，以南的中原华夏民族从事的则是种植业。

　　到了汉武帝以后，由于农垦和滥砍滥伐，黄土高原水土流失日益严重，黄河含沙量也日益增多。"黄河"这个称呼也开始出现。

　　魏晋南北朝时期，北方战乱频繁，游牧民族入居，农牧界线南移，耕作业萎缩，黄土高原人口减少，天然植被得以恢复。南北朝初年郭仲产著《秦州记》，描写关中"登陇东望秦川，四五百里，极目泯然，墟宇桑梓与云雾一片"。五胡十六国之一的大夏国赫连勃勃在陕北靖边建统万城，赋文曰："美哉，临广泽而带清流，吾行地多矣，自马岭以北，大河之南，未之有也。"（《元和郡县志》卷4《夏州逆方县》）北魏郦道元在《水经注》中也记道，榆林东北尚有成片榆、柳，被称为"榆柳之薮"。

　　由此可以得出，秦汉时期黄土高原植被虽遭破坏，农耕业向黄土高原不断推进，但到魏晋南北朝时有所恢复，天然植被仍占较大比重，人类活动尚未改变黄土高原的植被面貌。但因当时气候转寒、变干，也无法恢复到秦汉以前的植被状况。

　　唐宋时期是黄土高原植被变化的历史转折时期。隋唐时期农耕业继秦汉以后达到新的高峰，并不断向黄土高原中北部、西部推进，原有的林地、草地大量被开垦为农田。同时唐朝都城长安人口达百万以上，建筑用材、生活柴薪需求量很大，除就近在终南山采伐外，还在关中西部的岐山和陇山、山西北部的离石和岚县，采伐木材，使黄土高原林草植被大范围遭到破坏。此外，随着唐末暖湿期的结束，黄土高原气候趋于干化，植被也发生很大变化。北部毛乌素沙漠南侵，森林界线南移，黄土高原植被覆盖度大大降低。据《全唐文》卷737《夏平》记载，唐朝晚期"夏之属土，广长几千里，皆流沙"，"其所产无农桑，唯畜马、牛、羊、橐驼"。"夏之属土"大致是现在靖边、榆林一带，这些地方已经受到了风沙的侵蚀，农业主要以畜牧业为主。当时的天然森林植被仅存留在太行山、吕梁山、芦芽山、云中山等山地中。唐朝时期，"黄河"这一名称也就正式确立，取代了之前的"河"了。

　　北宋时黄土高原自然环境状况进一步恶化。京城开封大兴土木，但附近的山地如嵩山、太行山南段、中条山已无林可伐，采伐区甚至向黄土高原的西北边缘推移。据《宋史》记载，北宋初年采伐中心西移到了现在的甘肃天水。北面的横山地处今陕西省北部，鄂尔多斯草原向黄土高原的过渡地带，是当时北宋与西夏的界山。横山本来是北宋政府的禁伐地，但驻守官兵为谋利仍任意采伐。横山植被被大量砍伐，等于将抵御西北风沙侵蚀的最后一道屏障彻底摧毁，使得气候更加恶化，水土流失更加严重，横山"暴雨之期，湍湍大石"（《范文正公集·上枢密尚书》）。

金代继续开采河东、陕西、陇东的木材以营建汴京。宋、金、西夏间长期战争，陕北、陇东一带为了修建军事堡寨，廓清视野，又大肆砍伐残存的森林。总之，到唐宋时期黄土高原的河谷、平原，甚至台塬、土塬区已基本没有了天然森林，少数的天然森林残存在黄土高原的石质和土石山地上。

之后的各朝代，上述的一幕依旧重演：一方面随着人口的增多，粮食不足，只好扩大耕地面积，毁林开荒。而毁林开荒直接加剧了水土流失，土壤肥力因而下降，最终导致粮食产量下降。为保证粮食供给，又只得扩大耕地，这样便形成了恶性的循环。另一方面就是营造宫室，这个对森林毁坏也很严重。我国古代建筑多为木结构，房屋的建造需要大量的木材，并且这种房屋易损毁，如腐烂、火灾等，存留时间较短。不像欧洲的建筑，多为石质材料所建，保留时间长。例如明代建都北京，城内官民竞起宅第，大同、宣化一带的大树尽被砍伐运往京师，从偏关至山海关原有一条绵延数千里的茂密林带，至弘治年间被采伐殆尽。

据推算，春秋战国时期黄河中游森林覆盖率为53%，秦汉时期下降为42%，唐宋时期下降至32%，明清时期下降至4%。与中华民族历史一脉相承的黄土高原历经沧桑，千疮百孔。庆幸的是，当代人们认识到该问题的严重性，生态保护意识增强，自20世纪50年代以来，黄土高原开展了大规模的水土保持工作，尤其是自八九十年代以来，采取了生态退耕、小流域综合治理等多种措施，使黄土高原的植被覆盖率有大幅度的提高，目前草地约占30.5%，森林覆盖率约为12.0%。但森林大多是灌木林和疏林，西北部地区受干旱气候的影响，森林覆盖率最低，像宁夏南部西吉、海原、固原一带，不到3%。让黄土重新披上绿装，任重而道远！

6.　绝塞三江天地远

　　"北大荒"，指我国黑龙江嫩江流域、黑龙江谷地和三江平原的广大荒芜地区。该地区自古以来就有少数民族群体居住，并非真的是荒无人烟，其中在该地区居住历史较长的民族群体是女真族。女真族，别称女贞或女直，3000 多年前叫肃慎，汉朝至魏晋时期称挹娄，南北朝时期称勿吉，隋唐时期称黑水靺鞨，到辽朝时期才叫"女真"。至于为什么又叫"女直"，当时是为了避辽兴宗耶律宗真的讳。女真生活的地方古时常称作为"白山黑水"之地，"白山"指的是长白山，"黑水"就是黑龙江，通常泛指我国东北地区。《金史·世纪》记载："生女真之地有混同江、长白山。混同江亦号黑龙江，所谓'白山黑水'是也。"古时因为人口稀少，当地又多以渔猎为生，生产力水平不高，对自然环境的破坏也就小，大多数地方近乎原始状态。

　　1615 年，建州女真首领努尔哈赤称汗建国，国号为"大金"，史称后金。努尔哈赤去世后，天聪十年（1636），皇太极受推举袭承汗位。同年，皇太极改女真族名为满洲，在盛京（今沈阳）称帝，建国号大清。1644 年，满族建立清朝，成为中国历史上第二个入主中原的少数民族。

　　清军入关后，实行民族等级与隔离制度，颁布"禁关令"，严禁汉人进入满洲"龙兴之地"垦殖。为了防止汉人入关，还修筑了 1000 余公里长的土城墙——用土堆成的宽、高各三尺（约 99 厘米）的土堤，并在土堤上种上柳条，所以又称"柳条边""条子边"。柳条边分为东、西、北三段。以今辽宁省威远堡镇为起点，向东南、西南、东北方向延伸，呈人字形。东段从威远堡镇向东南到辽宁省凤城市，西段自威远堡镇向西南至山海关与长城相连，这两段全长 975 公里，因修建时间较早而称"老边"。北段自威远堡镇向东北到吉林省吉林市北部的法特镇，全长约 345 公里，修建时间较晚一些，相对于"老边"而称"新边"。清当局之所以这么做，主要是想为自己留条后路，正如顺治曾告诫满洲贵族说"末路退往关东"。说到底是怕哪天政权不保，给自己留个容身之处。

满人倾族入关，加上清朝颁布"禁关令"，使得东北地区人口极其稀少，"百里无人断午烟，荒原一望杳无边"，主要的人口恐怕就是镇守边疆的"披甲人"。经常看清宫剧的人会注意到，剧中皇帝经常说的一句话："发配宁古塔，与披甲人为奴。"宁古塔是清政府设在盛京（沈阳）以北统辖黑龙江、吉林广大地区的军事、政治和经济中心，它有新、旧两城，按照现在的位置，分别位于黑龙江省的宁安市和海宁市。宁古塔同时还是清朝流放罪犯的地方，可见当时的环境是何等恶劣。如清同治年间（1862—1874），天津知府张光藻因"天津教案"蒙冤获罪，他在《庚午九月十一日定谳奉发黑龙江效力》一诗中写道："五月秋曹对簿来，罪干严遣众人哀。和戎暂变萧何律，御敌谁为寇准才。万里独行榆塞远，一樽共饯菊花开。荷戈绝域男儿事，不用思家首重回。"诗中"万里独行榆塞远"指的就是发配到宁古塔的事。黑龙江地处东北边陲，四月的天气还是阴冷的，如"绝塞三江远，边城四月阴"（《依韵和李铁帆去冬寄诗》）。对于当时的恶劣环境，张光藻在诗中也多有描述，如在《边外苦寒》中写道，"须冻成冰捻易断，口噤欲语气先吞"；在《行路难》中写道，"无风肌欲裂，见雪骨生寒"。

19 世纪，黄河下游连年遭灾，成千上万来自山东、河北、山西、河南及皖北、苏北等地的破产农民不顾禁令，冒着生命危险"闯"入关东。"闯关东"直接导致东北地区人口陡增。据胡焕庸、张善余的《中国人口地理》统计，到 1840 年，关东人口突破 300 万，比一百年前猛增了七八倍。鸦片战争后清政府对边疆控制日益削弱，沙俄不断侵蚀黑龙江边境，清政府采纳了黑龙江将军特普钦建议，实行移民实边，以振兴关外的经济。于是在咸丰十年（1860）局部"弛禁放荒"，1897 年全部开禁，柳条边随之完全废弃。至 1910

年，关东总人口增至 1800 万。民国 38 年间（1912—1949），仍有不少人由华北迁移到了东北。据统计，从清朝初年直至中华人民共和国成立之前的 300 多年间，先后有 3000 多万迫于生计的关内穷苦百姓背井离乡，相继踏上关东大地，其中山东人就占了 2000 多万。直到中华人民共和国成立后，这场人类历史上罕见的大迁徙才渐渐平息。

"闯关东"，有人说"可以算得上是人类有史以来最大的人口移动之一"，是"近代史上空前的大举"。电视剧《闯关东》讲述的就是从清末到九·一八事变爆发前，一户山东人家为生活所迫离乡背井闯关东的故事，很感人。日本人小越平隆 1899 年在《满洲旅行记》中记载了当年真实的历史画面："由奉天入兴京，道上见夫拥独轮车者，妇女坐其上，有小儿哭者眠者，夫从后推，弟自前挽，老媪拄杖，少女相依，踉跄道上，丈夫骂其少妇，老母唤其子女。队队总进通化、怀仁、海龙城、朝阳镇，前后相望也。由奉天至吉林之日，旅途所共寝者皆山东移民……"这段文字生动地记叙了闯关东的艰辛旅途。

人口迁移受推力和拉力双重因素的影响。尽管东北地广人稀，沃野千里，对以土地为生的农民来说是会产生较大的吸引力，但迁出地本身存在的问题才是人们背井离乡的根本原因。自古以来山东人就安土重迁，大规模移民现象的产生，有难以克服的客观原因，更有内在的社会经济因素在起作用。

首先是自然灾害频繁，民不聊生。清朝时期，山东历年水旱灾害频繁，几乎是无年不灾、无处不灾。据统计，在清代 268 年中，山东曾出现旱灾 233 年次，涝灾 245 年次，黄运洪灾 127 年次，潮灾 45 年次，各种自然灾害之严重超过全国其他各省。康熙四年（1665）的特大旱灾，更使全省 107 州（县）无一幸免，"草木皆枯""人多饿死""道多饿殍""人相食"的记载充斥大小县志。"山东人闯关东实质上是贫苦农民在死亡线上自发的、不可遏止的、悲壮的谋求生存的运动。"（《满洲旅行记》）

不仅天灾，人祸也接踵而至。咸丰年间（1851—1861），"鲁捻"、幅军、长枪会军、文贤教军等起义烈火烧得山东"大半糜烂"，受战乱的冲击，山东人的生存面临着更为严峻的形势，最终被迫到关东当"流民"就不足为奇了。

还有就是人口压力不断增加，人多地少，生活贫困。清朝初期，山东大地人口仅400万，大片土地无人耕种，"有一户之中只存一、二人，十亩之田只种一、二亩者"。后来社会恢复，招集流散，顺治十八年（1661），人口达到880万。再经过"盛世滋生人丁，永不加赋"的康乾盛世，山东人口更是在道光年间（1821—1850）突破了3000万，此后仍有增加，最高时为3778万。人口的增加使人均耕地大大减少，尽管"山峦海滩，开垦无遗"，但人均耕地早在乾隆年间就降到了"温饱常数"之下，只有三亩（1亩≈666.67平方米）多。于是，山东各地官吏同声呼吁："户口渐增，百病以人多为首。"

天灾人祸、人口压力、政策导向等构成了山东人"闯关东"的外因，但从更深层次看，移民壮举的产生还有其内在的文化心理因素。1860年法国人的炮车碾过烟台的大街，1895年日本人在威海接受北洋水师的投降约文，1897年德国人的铁甲战船驶进胶州湾……面对这一幕幕耻辱的历史情景，更促使山东人义无反顾地远走他乡闯世界。起初，闯关东的"流民"一般还是春往冬归，但后来越来越多的人扎根在关东大地了。

世界上有三大黑土区，分别是乌克兰大平原、北美洲密西西比河流域和我国松辽流域的东北黑土区。东北平原土质肥沃，有机质含量平均在3%～5%之间，有的地区高达10%以上。因此有"捏把黑土冒油花，插双筷子也发芽"的美称。著名的"北大荒"就是在东北平原上，以前多指在黑龙江省北部的三江平原、黑龙江沿河平原及嫩江流域广大荒芜地区。《山海经·大荒北经》："东北海之外……大荒之中有山，名曰不咸，有肃慎氏之国。""大荒"之名由此而来。

"北大荒"不仅有肥沃的土壤，还有丰富的水资源。这里大气降水充盈，地表江河纵横，地下水量可观，适宜农业发展。虽然纬度较高，热量不够丰富，复种指数较低，只能一年一熟，但可以种植玉米、春小麦、大豆、甜菜、高粱等作物。中华人民共和国成立后，国家对"北大荒"进行了有组织的开发，大批的复员转业军人、农民、知识青年加入垦殖大军，组建了黑龙江生产建设兵团，创建了一大批国营农场。20世纪50—70年代，北大荒进入了大规模开发时期。

"北大荒"原是大面积的低湿沼泽地，为了能种上庄稼，建设者们爬冰卧雪，排干沼泽，开垦荒原，为国家生产了大量的粮食，把过去人迹罕至的"北大荒"建设成为美丽富饶的"北大仓"。如电视剧《情系北大荒》讲述的就是解放初期十万转业官兵克服恶劣气候条件，在北大荒上开拓出一片新天地的英雄故事。又如《年轮》，讲述的是当年大批知识青年在这里战天斗地的感人事迹。

东北平原地形平坦，耕地成方成片，适合大型机械化生产；加上人口相对稀少，人均耕地面积多，因此农产品的商品率高。如今这片土地已是我国重要的商品粮基地，千里沃野上，耕地一望无际，盛产的作物如小麦、大豆、玉米、水稻等驰名全国。

人类活动对自然环境产生影响，自然环境也会对人类社会产生反馈作用。这种反馈取决于人们对自然影响的方式和深度。由于过度开垦，如今"北大荒"的湿地面积减少了80%，植被覆盖率降低，最终出现水土流失和土壤肥力下降等生态环境问题。同时大量稀有动物失去栖息地，生物多样性减少，生态平衡遭到一定程度的破坏。气候条件恶化，旱涝灾害增加，风害加重。如今国家已经决定停止开发三江平原的荒地，积极调整农业产业结构，实施退耕还林，建立沼泽景观和珍禽、名贵鱼种的自然保护区，大力保护生态环境。

7. 尽眼楚波连梦泽

　　"楚有章华台，遥遥云梦泽。"（唐·苏颋《饯郢州李使君》）意为楚地有云、梦二泽，云泽在江北，梦泽在江南。只可惜苏颋当时只能想象，因为楚地的云梦泽到了唐代早已不复存在。如唐代诗人孟浩然的《望洞庭湖赠张丞相》："八月湖水平，涵虚混太清。气蒸云梦泽，波撼岳阳城……"这里的云梦泽指的是洞庭湖。早先的云梦泽并不是专指洞庭湖，两者之间甚至没有直接的联系。早先的云梦泽泛指长江中下游地区众多的沼泽、湖泊湿地，它的主体在长江以北，多指江汉平原上的古代湖泊群。尽管洞庭湖位于长江南岸，从地质构造上看，与江北众多的湖泊一样，同属于江汉—洞庭凹陷带，但在历史时期，它是作为一个相对独立的水系而存在发展的，并不属于古云梦泽的范围。后人多将洞庭湖叫作云梦泽，与该地区的地质变迁有一定的关系。

　　"云梦"一词在先秦古籍中就早已出现，但那时候还不是专指云梦泽，如《战国策·楚策》："于是楚王游于云梦，结驷千乘，旌旗蔽天。野火之起也若云蜺，兕虎之嗥声若雷霆。"楚王在云梦游猎，可见当时的云梦指的应该是地名。打猎也不可能在湖沼池泽里打，那里只能打鱼。因而说，那时的云梦不只是指湖泊一类，而是包括山林、原野和湖泊等多种地貌形态在内的一个地区。为什么有了云梦泽一说，恐怕是由于先秦著作记述云梦多与薮泽有关，薮泽就是长满草的湖泽。"云梦多薮泽"，所以后人望文生义，把云梦一带的薮泽与当时楚王狩猎的云梦泽混为一谈，并一直沿袭至今。

　　那么云梦在哪，面积有多大？据汉朝司马相如《子虚赋》所描写，古代的云梦，范围大致东起今武汉以东的大别山麓，西至鄂西山地，北及大洪山区，南缘长江干流。这样算下来，东西约在四百公里以上，南北不下二百五十公里，面积在十万平方公里以上。而他所说的南部"则有平原广泽"，正是古云梦泽的所在。因此云梦泽位于云梦南部的长江干流沿岸一带，比云梦小得多。

云梦泽又叫云梦大泽，早期的面积很大，后因长江和汉水带来的泥沙不断沉积，江汉三角洲不断伸展，许多小湖泊逐渐淤积成平原。也有少数湖泊面积有所扩展，例如洪湖就是在清中叶以后迅速扩展成的大湖。如今的云梦泽，已消退为一些相互分离的湖泊。

先秦时期，云梦泽"方九百里"，北以汉水为限，南则"缘以大江"。其主体大致处于长江及其支流夏水和涌水冲积而成的荆江东岸陆上三角洲，以及城陵矶至武汉的长江西侧之间的平原地带。夏水和涌水是古河流名，《水经注》卷三十五载：江水"又东至华容县西，夏水出焉"，"又东南，当华容县南，涌水入焉"。这里的华容县不是现在湖南省的华容县，古华容县城位于现在湖北监利县城以北约六十里的周老嘴附近，当年曹操赤壁之战失败后就是从这里逃跑的。旧说夏水即今长夏河，据《水经注》载，夏水故道从湖北省沙市（今荆州市沙市区）东南分江水东出，流经今监利县北，折东北至仙桃市治附近入汉水。如今长夏河源出江陵县西北，东南流至仙桃市南入长江，与古代夏水经流大不相同。《水经注》卷二十八载："又东南过江夏云杜县东……"《禹贡》所谓"云梦土作乂，故县取名焉"。乂，耕作的意思。这句话的意思是，云杜县名称的由来，是因为云梦泽中亦有高平之地，水退时可以耕作。云杜县在今湖北京山市新市镇，辖境兼有今应城、天门二市，由此可见，先秦时期云梦泽的北面越过了汉水。但战国中期以后，应城、天门一带的云梦泽，为汉水所挟带的泥沙所湮没，云梦泽已略见缩小。

西汉时期，由于长江、汉水两河泥沙的淤积，荆江和汉水一带的内陆三角洲联为一体。汉水两岸的云梦泽因泥沙的淤积而被分割成路白、东赤、船官、女观等若干个湖泊，主体已南移至当时的华容附近。后来，随着江汉三角洲的进一步发展，又继续向南、向东推移，到东汉时，已移至华容东南。

随着长江、汉水泥沙的不断堆积，整个泽区日益缩小淤浅，很多湖泊最后变成了沼泽。

从地形上看，江汉一带总体上呈西北高、东南低的态势，因此荆江东岸分流夏、涌二水所塑造的三角洲也向东南方伸展。至魏晋南北朝时期，随着云梦泽主体向东南部的推移，形成"首尾七百里"的夏州。南朝时，云梦泽的主体逐渐东移至云杜、惠怀、监利一线以东，伸展到江畔的沌阳县境，也就是如今的武汉市蔡甸区南部一带。当时的州陵县（县治位于今嘉鱼县的江对岸）因为被水体所淹而撤销了。整个云梦泽被分割为大浐湖（今仙桃市西）、马骨湖（相当于今洪湖市西部的洪湖）、太白湖（今武汉市蔡甸区南）和若干大小不一的池沼，面积也仅有二百平方公里左右，比先秦时期小得多。

唐、宋时期，随着江汉内陆三角洲的进一步扩展，云梦泽的主体已大多填淤成陆地。比如在唐宋时期的方志中，见不到大浐湖的记载。又比如马骨湖，据《元和郡县志》记载："夏秋汛涨"，虽"淼漫若海"，然"春冬水涸，即为平田，周廻一十五里"。太白湖周围也逐渐沼泽化，南宋大诗人陆游在乾道六年（1170）曾经坐船经过这一带，他写道："自是复无人居，两岸葭苇弥望，谓之百里荒。"北宋初期，在今监利县东北六十里设置玉沙县，专门开垦和管理新生成的三角洲平原。

至此，历史上著名的云梦泽主体基本上消失，原来大面积呈片状的湖泊水体已逐渐退化为许多点状分布的小湖沼。在唐、宋时期的文学作品里，很少有"云泽""云梦泽"的描述，就算有的话也多是指洞庭湖。"梦泽"一词却频频出现，如唐宋之问的《在荆州重赴岭南》："梦泽三秋日，苍梧一片云。"唐韦庄的《夏口行寄婺州诸弟》："尽眼楚波连梦泽，满衣春雪落江花。"宋吕胜己的《瑞鹧鸪》："目静鲁邦心渺渺，气吞梦泽意闲闲。"宋姚述尧的《浣溪沙·赠王清叔县尉》："气宇棱棱吞梦泽，笑谭落落璀珠玑。"可见时过境迁，楚时江北的浩渺烟波一去不复返。正因如此，从唐宋起，人们多将"云梦泽"分开来称呼，江北的叫"云泽"，江南的叫"梦泽"。

明、清两代，由于荆江北岸许多小支流被堵塞，江汉平原又开始出现了众多的湖泊群。明代茅江口（今新堤镇）因修筑新堤而堵塞，江汉平原的地表径流大部分汇集于原已消失的太白湖，太白湖的面积一度达二百余平方公里。但最终抵不过泥沙的长期淤填，被分割成若干较小的湖沼。太白湖淤浅消失的同时，明嘉靖年间（1522—1566），在今洪湖市境开始有洪湖的出现，清末光绪年间已扩大成为周围二百里的大湖。目前，江汉平原上仍星罗棋布地分布着被称作"鄂渚"的二百多个浅小的湖泊群，它们正是古云梦泽被分割、解体后残留的遗迹。由于河流堆积作用的加强，内陆三角洲的逐渐扩大，加上人们围湖垦殖，这些湖泊也逐渐处于淤塞消亡之中。

再来看看被后人当作"云梦泽"的洞庭湖。从史料看，早先的洞庭湖地区主要以陆域为主。《山海经》云："又东南一百二十里，曰洞庭之山。""帝之二女居之，是常游于江渊，澧沅之风，交潇湘之渊。"又据《庄子·天运》所载："帝张咸池之乐于洞庭之野"。说明当时湘、沅、澧诸水在洞庭山（今君山）附近与长江交汇，这个地区不是一个大湖泊，只是一片河网交错的平原。1957 年安徽省寿县城东丘家花园出土了"鄂君启铜节"，这是战国时期青铜器物。铜节分舟节和车节两种，是楚怀王六年（前 323），楚怀王发给一个叫鄂君启的人用于货物运输的免税证件。铜节铭文详细记载了鄂君启运输货物所要经过的水路、陆路，以及运载额、运输种类和纳税情况等。其中舟节中有关西南水路的铭文为："自鄂（今湖北鄂城）往……徒（涉）江，内（人的意思）湘，内湘……沅、澧。"铭文中所描述当时的水系状况，与《山海经》《庄子》所载洞庭平原的自然景观也是一致的。

随着环绕君山的所谓"洞府之庭"面积不断增大，最后形成了一个大湖泊，洞庭湖因此得名。据《水经》记载，资水"又东与沅水合于湖中，东北入于江也"。说明在君山西南的资、沅二水交汇处，有湖泊的存在。如屈原《楚辞·九歌·湘夫人》："袅袅兮秋风，洞庭波兮木叶下。"这应该是洞庭湖的雏形。由于那时这一带在沅、资二水之间的湖泊水体很小，尚未为世人所注意，因而《尚书》《周礼》《尔雅》《吕氏春秋》《淮南子》等都未把它列入古代有名的泽薮之内。

东晋以后洞庭湖逐渐扩展。东晋南朝时期，由于荆江江陵河段金堤的修筑，加上荆江三角洲的扩展和云梦泽的萎缩，长江从荆江南岸的景口、沦口两处，将大量水流注入洞庭平原，使本已缓慢下沉的洞庭地区逐渐由沼泽演变为一片烟波浩瀚的巨大水体。北魏郦道元为《水经》作注时，详细描述了洞庭湖扩展的这一巨大变化。他指出，湘、资、沅、澧，"凡此四水，同注洞庭，北会大江"，并云"湖水广圆五百余里，日月若出没于其中"。盛弘之在《荆州记》中也有相同的记载："巴陵南有青草湖，周回数百里，日月出没其中。"当时青草、洞庭二名通有，都是指现在的洞庭湖。唐宋时期，洞庭湖水面进一步向西扩展，号称"八百里洞庭"。如《巴陵志》："洞庭湖在巴丘西，西吞赤沙，南连青草，横亘七八百里。"又如李白的《陪族叔刑部侍郎晔及中书贾舍人至游洞庭五首（其一）》："洞庭西望楚江分，水尽南天不见云。"足见当时的洞庭湖水域辽阔，气势雄伟。

明、清之际，洞庭湖仍有扩展。明嘉靖、隆庆年间（1522—1572），张居正为了保护在湖北安陆的"显陵"以及他自己家乡江陵的安全，采取"舍南救北"的方针，在荆江北岸筑起黄檀长堤，使北岸穴口基本堵塞，长江水沙多由荆南排入洞庭湖区。由于湖底淤积增多，加上来水有增无减，湖面水域面积不断扩展。"每年夏秋之交，湖水泛滥，方八九百里，龙阳（今汉寿）、沅江则西南之一隅耳。"洞庭湖向西南方向扩展的形势，一直延续到清道光年间（1821—1850）。当时的洞庭湖"东北属巴陵，西北跨华容、石首、安乡，西连武陵（今常德）、龙阳、沅江，南带益阳而襄湘阴，凡四府一州九邑，横亘八九百里"（《洞庭湖志》）。这是洞庭湖的全盛时期。

之后洞庭湖的面积逐渐缩小，主要原因还是泥沙的淤积。例如，清咸丰二年（1852）及同治十二年（1873），荆江南岸相继发生藕池及松滋决口，加上原有太平、调弦两口，形成四口分流局面，荆江泥沙大量输入洞庭湖，这使湖区沉积量远远超过湖盆构造下沉量。还有一个重要的原因就是盲目的围垦。围湖造田，古代有，现代更甚。例如，1958年"大跃进"，湖南省对洞庭湖围湖造田进入一个高峰期。当时大批农民迁移到洞庭湖区，围湖造田，修建了许多大坝，围堵洞庭湖湖水，使得历史上的"八百里洞庭"变成"三百里洞庭"。原本属我国最大淡水湖的洞庭湖，面积一度小于鄱阳湖，而退居到第二位。

　　湖泊是地球上重要的水体，具有很高的经济和生态效应。湖泊为人类提供水源和菱、藕、鱼、虾、蟹等丰富的动植物资源。更重要的是，它还有调节气候、调蓄水量、净化水质、美化环境、保护生物多样性等诸多生态功能。云梦泽和洞庭湖的变迁给人们以警示：湖泊的萎缩和消失，相应的是人们生存环境质量在恶化。例如湖北省的洪湖，1964 年尚有水面 83.2 万亩，经多次围垦，现存水面仅 53 万亩。湖泊萎缩，调蓄水流、防洪减灾的功能下降，以致汛期洪涝灾害频繁，湖区生态环境劣变，使经济效益最终下降。

　　1998 年，我国经历了世纪大洪水之后，政府认识到围湖造田的危害，适时做出了在长江中下游退田还湖的重大决策。这是中国自春秋战国以来，第一次从围湖造田主动转变为大规模地退田还湖。尊重自然，顺应自然，给洪水让路，也是为人类谋更好的生路。为此，湖南省开始实施"4350"工程（即恢复到 1949 年洞庭湖 4350 平方公里），但目前洞庭湖面积仍不足 3000 平方公里。期待"八百里洞庭"的宏伟景象能在不久的将来再现于世人面前。

第 四 章

千古足音

1. 荒野神话秦直道

　　嬴政，中国历史上的第一位皇帝，也是位颇受争议的帝王。有人说他残暴不仁，横征暴敛。如大兴土木，修建阿房宫；派遣徐福出海寻长生不老药，劳民伤财。尤其是"焚书坑儒"，更让他背上了千古骂名。也有人称赞他是千古一帝。始皇帝吞并六国，统一华夏，在位三十七年，实行"书同文，车同轨"，统一度量衡，对外北击匈奴，南征百越，把中国推向大一统时代，并且创立了中央集权制度，对中国和世界历史产生深远影响，奠定了中国两千余年政治制度的基本格局。

　　除了上述的政绩外，嬴政还办了两件举世瞩目的大事：一是修筑了长城；二是"治直（道）、驰道"。驰道最早是古代供君王行驶车马的道路，后来泛指供车马驰行的大道，相当于现在的"国道"。正如《孔颖达疏》所述："驰道，正道。如今之御路也。是君驰走车马之处，故曰驰道也。"中国历史上最早的"国道"始建于秦朝。秦始皇统一全国后第二年（前220），就下令修筑以咸阳为中心，通往全国各地的驰道。驰道的多数路段是在战国时各国原有道路的基础上，加以沟通、连接或进一步拓宽而成。据《汉书·贾山传》记载："（秦）为驰道于天下，东穷燕齐，南及吴楚，江湖之上，濒海之观毕至。道广五十步，三丈而树，厚筑其外，隐以金锥，树以青松，为驰道之丽至于此。""道广五十步"，约等于今天的69米。"三丈而树"，大约每隔7米栽一棵树。道两旁还用金属锥夯筑厚实，听起来很"高大上"吧？

　　著名的驰道有九条，如东方大道（由咸阳出函谷关，通河南、河北和山东）、西北大道（由咸阳至甘肃临洮）、秦楚大道（由咸阳经陕西、河南至湖北江陵）、川陕大道（由咸阳到巴蜀等）、江南新道（南通蜀广、西南达广西桂林），以及北方大道，等等。驰道的修建，基本上构建了全国交通网络的主干线。

除了驰道外，秦始皇还修建了一条专用的军事交通干线——秦直道。秦直道南起云阳（今陕西省淳化县北），北抵九原（今内蒙古自治区包头市西），因为路线大体南北相直，称为"直道"。据《史记·蒙恬列传》记载："始皇欲游天下，道九原，直抵甘泉，乃使蒙恬通道。自九原抵甘泉，堑山堙谷，千八百里。"这条道穿越了 14 个县，全长 700 多公里，从咸阳直达九原郡。路面最宽处约 60 米，一般亦有 20 米，它与长城、始皇陵、阿房宫齐名，被称为秦代的四大建筑之一。

欧洲有一句古老的谚语叫作"条条大道通罗马"，据史料显示，谚语中的罗马大道的宽度只有 5 米左右。罗马大道让欧洲人引以为豪了一千多年，若与秦驰道和直道相比，简直是小巫见大巫。秦直道的修建早于罗马大道二百多年，是古代中国乃至世界上名副其实的第一条"高速公路"。照此，谚语应该改为"条条大道通咸阳"更合适。

在赞叹这项伟大工程的同时，也有一些困惑。首先就是关于直道的具体线路。史书中关于秦直道的记载很少，《史记》中寥寥数语，并没有记录直道在云阳与九原之间所经的任何地点。秦直道具体线路是怎样的？这给后人留下了一个千古之谜。目前秦直道保存最好的是鄂尔多斯地区的路段，1974年，考古工作者田广金等人在鄂尔多斯高原东胜县境内发现了这条神秘的古道。直道是从北向南延伸的，起点在现在包头市西的麻池古城，经今达拉特旗的昭君坟渡口南渡黄河，穿过鄂尔多斯高原，进入陕北。这是直道的北段，约 200 公里长。

进入陕北之后，直道的路径就不太确定了，有人认为它向西偏，经过今陕西定边和甘肃华池、合水等县向南延伸。执这种观点的有著名学者史念海先生。也有人认为它向东偏，经过今陕西米脂、子长、甘泉等县向南延伸。靳之林、王开等人对秦直道不少路段进行了考察，根据所见直道遗迹及沿途地上、地下历史文物得出初步结论，认为后一种观点所认定的路线符合历史实际，即秦直道基本上南北相直。王开在《"秦直道"新探》一文中，阐述了这一观点。

第二个千古之谜就是秦直道是如何修成的。修路当然靠人，但在当时的条件下，投入的人力应该不少，困难程度不亚于修筑长城。司马迁曾在直道上行走过，当时感慨万千，在《史记》中写道："吾适北边，自直道归，行观蒙恬所为秦筑长城亭障，堑山堙谷，通直道，固轻百姓力矣！……"意思是说修这样的工程，没拿百姓当回事。秦直道从咸阳一直延伸到当时匈奴人的居住区，沿途要经过地势跌宕起伏、沟壑纵横的黄土高原，并且还要穿越高大的子午岭。北段经过的鄂尔多斯高原地区，虽说在地势上不像黄土高原那样千沟万壑，却也是丘陵延绵，起伏很大。

直道不像驰道，修建时可以利用原有的一些道路，它大多靠临时勘察和开挖，并且路线中约有一半是在秦人并不十分熟悉的鄂尔多斯高原。比如，从鄂尔多斯的地貌及秦直道的走向不难发现，现今秦直道路线是经过极为缜密的勘查后选定的——直道不偏不倚修在低丘陵地带，如往东偏，就是高丘陵的深沟地带；如往西偏，就是沼泽地带了。无论偏向哪边，道路都有被季节性洪水冲毁的危险。

两千多年前的秦人，是如何在这么短的时间内，掌握如此精确的地理学、地貌学知识的？按照现代人的思路，如果没有特定的技术支持，要在两年半的时间内，在一个无论是地理方位还是地质条件都十分陌生的区域内完成这么大的一项工程是难以想象的。这项浩瀚工程的顺利实施，难道凭借的就是蒙恬率领的那数十万内地百姓的智慧和力量吗？国内有部电视剧《大秦直道》，里面有个叫魏青山的人物，他是蒙恬手下的副将。魏青山是九原郡人，剧中讲当初就是他设计了这条路线。尽管魏青山是剧中虚构的一个人物，但这个故事给我们一个启示，就是秦直道的修建，单靠蒙恬率领的几十万军队和民工是难以完成的，世世代代生活在道路沿线的居民，可能在其中也发挥了重要的作用。

秦直道是何时完工的?《史记·蒙恬列传》记载:"始皇欲游天下,道九原,直抵甘泉,乃使蒙恬通道。自九原抵甘泉,堑山堙谷,千八百里。道未就。"这里司马迁明确说了"道未就",可见到秦始皇崩逝沙丘(今河北广宗),蒙恬含冤而死之时,直道并没有竣工。但是始皇三十七年夏第五次东巡时,本打算到达北方后经直道返回咸阳。在沙丘宫驾崩后,胡亥等人仍是由直道向南返回咸阳的。这又说明当时直道大部分路段已经修好,只是未完全竣工,比如有些地段只是打好了地基,有的地方还没有种上树。又据《史记·李斯列传》,秦二世矫诏僭立后,"法令诛罚日益刻深,群臣人人自危,欲畔者众。又作阿房之宫,治直道、驰道,赋敛愈重,戍繇无已"。说明直道与阿房宫工程一样,一直持续到二世时期。秦二世时期有没有修完呢?可惜在目前史料中难以找到确切的答案。

秦始皇修直道的目的,主要是为了抵御北方匈奴等游牧民族的侵扰。在军事上,长城是盾,而直道则像支箭,能快速地向北射出。打仗补给很重要,快速地调运军队和粮草,依赖于便捷的交通。之前,粮草从咸阳运往九原,历时数月,路途险恶,常遇山洪等灾害,因此抵达时常常消耗过半,所剩无几。电视剧《大秦直道》中就有北方戍边将士常因粮草不能及时运抵而忍饥挨饿的剧情出现。而当时秦始皇认为"亡秦者,必胡(人)也",因此下定了修建直道的决心,目的就是提高军队的反应速度和战斗力。有了宽阔平坦的直道,一旦边关有战事,情报很快便可送达京城,士兵、粮草可以快速地调往战场。当然,交通道路的完善,其意义不止体现在军事上,在政治、经济、社会等方面也发挥着重要的作用。例如强化了对北方地区的管辖,有利于边疆的稳定;加强了中原和北方的经济联系,带动沿线经济发展;促进了中原民族和北方少数民族的文化交流和融合;等等。这些虽然是直道修建带来的"副产品",但也未必不是秦始皇的初衷之一。

秦朝灭亡后,这条南北大道在维系、沟通中原地区与北方边陲地区中一直都发挥着十分重要的作用。西汉时期对匈奴进行过几次大规模用兵,并在战争中多次取得重大胜利,秦直道功不可没。后来,随着王朝政治统治中心的东移，直道的作用不断减退，明清以来，逐渐被荒废和遗弃。

秦直道经过两千多年岁月的洗礼，最终湮没在荒野之中。如今我们在崇山峻岭中依稀可见到它的一些遗迹，但已是面目全非。秦直道遗迹被破坏的原因是多方面的，其中最主要的是水土流失。由于道路大部分经过黄土高原地区，严重的水土流失使该段的道路尽毁。现在人们对秦直道线路的争议，主要也是集中在该路段。相比之下，鄂尔多斯境内的遗迹就显得完整和清晰。秦直道途经的地区大部分都是山岭或者高原，自然条件艰苦，环境恶劣，人烟也就相对较少，废弃后，由于自然植被的生长，也使得一些路段从人们的视野中消失了。庆幸的是，自 20 世纪 70 年代以来，不少学者和文物保护工作者投身到秦直道遗迹的发掘、保护和研究工作之中。相信在不久的将来，秦直道神秘的面纱会逐渐被掀开。

2. 驼铃古道丝绸路

丝绸之路是指起始于古代中国，连接亚洲、欧洲和非洲的古代商业贸易路线。这个商贸路线有陆上的，也有海上的，狭义的丝绸之路一般指陆上丝绸之路。丝绸之路形成于公元前 1 世纪与公元 2 世纪间，也就是中国汉朝时期，直至 16 世纪仍在使用。它不仅是一条连接中国腹地与欧洲诸地的陆上商业贸易通道，也是一条古代东西方经济、政治、文化交流的主要通道。

丝绸之路干线的起点是中国古代长安（今西安，东汉时为洛阳），经河西走廊到敦煌。从敦煌起分为南北两路：南路从敦煌经楼兰、于阗、莎车，穿越葱岭，也就是今天的帕米尔高原，到达大月氏、安息，再往西抵达条支、大秦；北路从敦煌到交河、龟兹、疏勒，穿越葱岭到大宛，往西经安息到达大秦。大秦就是古代的罗马帝国。

丝绸之路的形成与两位著名的人物分不开，一位是张骞，另一位是班超。这两位都是"牛"人，都出使过西域，为丝绸之路的开通立下了汗马功劳。当然，他们当初出使西域的主要目的不是为了开通什么商路，而是战争的需要。

先说张骞。张骞第一次出使西域是在公元前 139 年西汉的汉武帝时期，当时匈奴经常南下袭扰中原。汉武帝想联合西域的大月氏国，共同夹击匈奴。为什么想到联合大月氏国？因为大月氏与匈奴之间有世仇。在匈奴崛起以前，大月氏先祖月氏是居住在河西走廊、祁连山一带的古代游牧民族。公元前 2 世纪，月氏势力强大，当时的匈奴头曼单于为了交好月氏，将儿子冒顿送至月氏作为人质。秦末，冒顿从月氏逃回，杀父自立为单于，并多次举兵进攻月氏，于公元前 174 年前后（汉文帝初年）杀月氏王，并以其头骨制成饮器。这个仇恨就大了，可以说是家仇国恨，所以汉武帝认为如果能够找到大月氏，他们应该会与汉族一起打击匈奴。

问题是大月氏在哪？当时没人知晓，只知道他们西迁了。因此，汉武帝传旨招募出使大月氏的官员，但只有张骞应募。张骞当时官职很小，只是个侍卫长。后来有人推测，当初张骞之所以自告奋勇出使大月氏，与他的官职有一定的关系，因为他不仅职位低，而且这个官职还是用钱买来的，没有功勋，很难有上升的空间。因此，只有通过这样的冒险，才有可能出人头地。这种猜测难免有"以小人之心度君子之腹"之嫌，因为没有一定的勇气和胆略，谁敢去冒这个险？再说官职小、地位低的人多了去了，为何只有张骞应诏？

张骞的西域之行可谓是困难重重，险象环生。西域不比长安，那里干旱、缺水，沙漠广布，古时被称为"流沙之地"。还有就是，当时西域大多属于匈奴的势力范围，他们随时有可能被匈奴人抓走。张骞带了一百多人向西出发，刚出陇西，果然遇到匈奴骑兵，张骞一行人全被活捉。匈奴单于将张骞扣留在楼兰十年，逼他娶妻生子，希望借此消磨他的意志。但张骞始终记得他的使命，终于有一天趁机逃了出来，翻山越岭，向西走了几十天，来到了大宛。当时的大宛国大致位于帕米尔西麓，锡尔河上、中游，也就是今乌兹别克斯坦费尔干纳盆地。大宛国王听了张骞的述说后，非常高兴，很想和汉朝通好，就派向导把张骞领到康居。康居大约在今巴尔喀什湖和咸海之间，与大月氏相邻，在大月氏的北部。这样，在大宛国王的帮助下，张骞总算找到了大月氏。

大月氏怎么跑到现在的中亚去了？原来月氏被匈奴打败后被迫迁移，大部分西迁至伊犁河流域，称为大月氏；而往东南迁至今日中国甘肃及青海一带的，叫小月支。据《汉书·张骞传》记载："月氏已为匈奴所破，西击塞王。塞王南走远徙，月氏居其地。"说明大月氏最初占据了塞族的领地，塞族被迫南迁到兴都库什山以南。兴都库什山在哪？大部分位于现在的阿富汗境内。后来乌孙国西击大月氏，夺取伊犁河流域等地，大月氏再次被迫向西南方向迁移，过大宛，定居于阿姆河北岸，就是现在乌兹别克斯坦和土库曼斯坦交界的地方。这些之前的情况是张骞他们无从知晓的。

大月氏是找到了，可是此时的他们在水草肥美的阿姆河畔安居乐业，加上时间久远，已经不再有向匈奴报仇的心思了。更何况大月氏觉得他们离汉朝和匈奴太远，也很难帮上忙。因此张骞在大月氏停留并游说了一年，最终无功而返。在回来的途中，又被匈奴捉住，押回至楼兰。所幸的是，两年后，匈奴发生内乱，张骞趁乱逃脱，得以返回长安。从武帝建元二年（前139）出发，至元朔三年（前126）归汉，相隔已有十三年之久。出发时是一百多人，回来时仅剩下他和堂邑父两人。张骞这次出使西域虽没达到预期的目的，但将西汉王朝的影响力扩大到了葱岭以西。自此，西汉王朝不仅加强了与西域之间的联系，而且也建立了与中亚、西亚，乃至南欧的直接交往，后人将此行称为"凿空"之旅。

张骞第一次出使西域，不仅是一次极为艰险的外交旅行，同时也是一次卓有成效的科学考察。张骞第一次对广阔的西域进行了实地的调查研究工作，他不仅访问了地处西域绿洲中的各小国和中亚的大宛、康居、大月氏和大夏等国，而且从他们那儿又初步了解到乌孙（巴尔喀什湖以南和伊犁河流域）、奄蔡（里海、咸海以北）、安息（即波斯，今伊朗）、条支（又称大食，今伊拉克一带）、身毒（又名天竺，即印度）等国的许多情况。回到长安后，张骞将其见闻向汉武帝做了详细报告，对葱岭东西、中亚、西亚，乃至安息、身毒诸国的位置、特产、人口、城市、兵力等，都做了说明。这个报告的基本内容被司马迁写入《史记·大宛传》，这是中国乃至世界上对于上述地区的第一次最翔实可靠的记载，至今仍是世界上研究这些地区和国家的历史和古地理最珍贵的资料。

元狩四年（前119），汉武帝任命张骞为中郎将，率三百多名随员，携带大量金币丝帛和牛羊牲畜，第二次出使西域。此次出行分别访问了中亚的大宛、康居、大月氏、大夏等国，进一步扩大了西汉王朝的政治影响，增强了相互间的了解。

张骞两次出使西域，促进了中西经济文化交流。此后，汉朝和西域各国经常互派使者，多的时候数百人，少时也有百余人，从而促进了双方贸易的发展，形成了"商胡贩客，日款于塞下"的景象。此后汉朝和西域的经济文化交流频繁，天马、汗血马等良种马的引入，葡萄、核桃、苜蓿、石榴、胡萝卜等果蔬的引种，及地毯等的贸易，丰富了汉族人的经济生活。汉族的丝织品、金属工具等物品，以及铸铁、开渠、凿井等技术传到了西域，促进了西域的经济发展。

班超出使西域发生在东汉明帝时期，此时匈奴已分裂成南、北匈奴。南匈奴归顺了东汉，北匈奴则经常率领骑兵南下掠夺，曾一度控制了西域各国，切断了西域与东汉的交往，并向各国勒索繁重的赋税。永平十六年（73），汉明帝命窦固等人率大军打击北匈奴，取伊吾地，屯田置兵，建立起玉门关外的立足点。班超就在这一年带着三十六人出使西域，在鄯善国（今新疆若羌附近）杀匈奴使官，在于阗国（今新疆和田县）杀匈奴监督官。鄯善、于阗等国王最后都派儿子到洛阳做侍子，一心归附汉朝。班超在得到于阗、疏勒（今新疆疏勒县）等国的支持后，与匈奴争夺西域的统治权。

建初元年（76），匈奴联合龟兹（今新疆库车县）、焉耆（今新疆焉耆回族自治县）等国滋扰汉朝西域边境。汉章帝召回汉官，准备放弃西域，伊吾再次被匈奴夺去。班超也奉召将归国。闻此消息，归顺汉朝的西域诸国大震，疏勒国大官黎弇怕班超走了，龟兹来报复，竟拔刀自杀，以死挽留班超。于阗国王侯大臣抱住班超所骑马的脚，号泣不让走。班超与所率三十六人决定留下来，打击与汉为敌的焉耆、龟兹等国。

建初五年（80），汉章帝派徐韩率兵1000人支援班超。章和元年（87），班超率西域诸国大破龟兹等国。永元二年（90），班超率军又大破葱岭西月氏国。永元六年（94），班超率龟兹等八国攻破焉耆国。从此葱岭东西路通，西域五十余国全部归附东汉王朝。班超在西域一共待了三十一年，运用高超的外交手段，武力与怀柔并济，使得隔绝五十八年的西域，再一次与汉朝交流了。真是一个了不起的英雄！

丝绸之路不仅是古代亚欧互通的商贸大道，还是促进亚欧各国与中国友好往来、沟通东西方文化的友谊之路。历史上一些著名人物和故事，除了张骞出使西域、投笔从戎的班超外，永平求法［即指东汉永平七年（64），明帝刘庄遣使西行往天竺求取佛经、佛法的事件］、玄奘的西天取经等，都与该线路有关。丝绸之路的主要交通工具是马匹、骆驼，输出的商品主要是中国古代出产的丝绸。至于瓷器、玉石等，因笨重、易碎，不便长途运输，交易量相对小。因此，在 19 世纪 70 年代，当德国地理学家李希霍芬（Richthofen Ferdinand von，1833—1905）将该线路命名为"丝绸之路"时，即被广泛接受。在此之前，人们习惯上叫"通西域"。

丝绸之路所经地区沙漠广布，各国的繁荣与水源密切相关。天山与昆仑山脉融化的雪水是西域的主要水源补给之一。然而收集这些雪水并不是件容易的事，融化后积聚在山脚的雪水很短时间就会被蒸发或渗入地下。自汉朝派遣军队屯驻在西域发展农业时，流传于山区的坎儿井和井渠技术也被军队广泛使用于西域，并逐步流传至更远的国家。东汉以后，中国古代造纸术、印刷术等也是沿着丝绸之路逐渐西传的。

历史上长期选择丝绸之路作为中西交往的重要通道是有其地理原因的。从地理位置上看，中国位于亚欧大陆的东部，太平洋的西岸，东南面临广阔的海洋，在当时航海技术条件不够成熟的情况下，通过海运到达西方的风险很大。北面与大漠接壤，西伯利亚地区气候条件恶劣，加上长期以来与北方游牧民族的关系紧张，因此陆上通西域，若往偏北方向走也是困难重重。若从南方往西走，这样就得翻越青藏高原，那里海拔高，大气稀薄，高寒的高原山地气候同样十分恶劣；再加上高山峡谷众多，道路崎岖险峻，要翻越青藏高原也绝非易事。因此，经河西走廊到达西域，是当时最合适的选择。

从 9 世纪末到 13 世纪，由于中国政治和经济重心向东南沿海转移，以及阿拉伯世界的兴起，东西方海上往来逐渐频繁起来。同时，中国西北地区各民族政权的分裂对立，使丝路上的安全难以保障，于是这条陆上通道的重要性有所降低。明朝建立后，以郑和下西洋为标志的东西方海上交通发达起来，陆上丝路已远不如海路重要。如今，随着铁路的连接，东方货物从中国连云港可以直达荷兰鹿特丹，亚欧大陆桥在很大程度上标志着新"丝绸之路"的诞生。2013 年 9 月，中国国家主席习近平在上海合作组织成员国元首理事会比什凯克第十三次会议上倡议，用创新的合作模式，共同建设"丝绸之路经济带"。这个倡议得到世界许多国家的积极响应，将为世界的合作与发展注入新的动力。

3. 高山峡谷茶马道

去云南旅游的人，通常都会选择骑会儿马，在茶马古道上走上一小段，如去丽江拉市海骑马体验所谓的茶马古道。别当真，那并不是当年真正的茶马古道，那只是在平地上的一小段，玩玩而已。而穿行于滇、川、藏地区的真正的茶马古道，是古代该地区的重要商路，其艰难险阻不是我们所能想象的。

茶马古道源于古代的茶马互市。所谓茶马互市，就是以茶换马，或者以马换茶的一种市场交易形式。在古代，马既是重要的交通工具，也是重要的武器装备。在冷兵器时代，骑兵比步兵的战斗力要强得多。古时历代中原王朝之所以把边防重心放在北方，与北方游牧民族的生活习性有关。北方少数民族是马背民族，来无影去无踪，经常南下袭扰中原王廷。如果遇上灾年，他们更是大规模南下侵犯。因此，古代疆域中，南面相对稳定，而北面变化很大，甚至会出现少数民族政权取代汉民族政权的现象。

马主要生活在草原草甸区，在我国主要是当时的西北、青藏等牧区。其他地区主是以农耕为主，马匹产量少。我国南方的丘陵山区是茶叶的主要产地，茶叶是个好东西，尤其是对于以肉食为主的群体来说更加需要。例如，康藏属高寒地区，海拔都在三四千米以上，糌粑、奶类、酥油、牛羊肉是藏民的主食。在高寒地区生活的人们，需要摄入含热量高的脂肪，但由于缺少蔬菜，糌粑又燥热，过多的脂肪在人体内不易分解。而茶叶既能够分解脂肪，又防止燥热，因此藏民在长期的生活中，形成了喝酥油茶的高原生活习惯。不仅在康藏地区如此，像西欧国家也一样，肉类在饮食中占的比重较大，近代欧洲殖民国家大量从东方国家，如印度和中国获取茶叶和香料，就是因为茶叶可以用来解油腻，香料可用于肉类保鲜。

在内地，民间役使和军队征战都需要大量的马匹，马匹供不应求。以肉食为主的藏区和川、滇西部等地区产良马，但不产茶叶。于是，具有互补性的茶和马的交易即"茶马互市"便应运而生。茶马互市起源于隋唐，一直延续到明清时期，其中最盛的时期是宋代。宋代朝廷为此还专门设立了叫茶马司的管理部门，专门管理茶马互市事务。宋朝之所以如此重视茶马互市，主要与当时的历史有关。后晋开国皇帝石敬瑭反唐自立后，把燕云十六州割让给契丹，这样不仅使得中原失去了北部屏障，赤裸裸地暴露在北方少数民族的铁蹄下，同时也失去了重要的产马地。这与宋朝的衰弱和灭亡有着直接的关系。

如今我们所说的茶马古道通常指滇、川、藏地区茶马互市的通道。照理说茶马互市不仅在南方有，北方也有，但因北方长期处于对立和战争状态，茶马互市大多不能持久和稳定。茶马古道的线路主要有两条：一条从四川雅安出发，经泸定、康定、巴塘、昌都到西藏拉萨，再到尼泊尔、印度，国内路线全长3100多公里；另一条路线从云南普洱茶原产地（今西双版纳、思茅等地）出发，经大理、丽江、中甸、德钦，到西藏邦达、察隅或昌都、洛隆、工布江达、拉萨，然后再经江孜、亚东，分别到达缅甸、尼泊尔、印度，国内路线全长3800多公里。两条主线的沿途，密布着无数大大小小的支线，将滇、藏、川"大三角"地区紧密联结在一起，形成了世界上地势最高、山路最险、距离最遥远的茶马文明古道。

茶马古道绵延盘旋在横断山脉的高山峡谷，蜿蜒于滇、川、藏"大三角"地带的丛林草莽之中，它是中国西南民族经济文化交流的走廊，是世界上地势最高的文明传播古道之一。通过这条神秘的古道，藏区和川、滇边地出产的骡马、毛皮、药材等和川、滇及内地出产的茶叶、布匹、盐和日用器皿等等，在横断山区的高山深谷间南来北往，川流不息。历经岁月沧桑一千余年，茶马古道就像一条大走廊，连接着沿途各个民族，搞活了商品市场，促进了边贸地区农业、畜牧业的发展。与此同时，借助这条古道，沿途地区的艺术、宗教、风俗文化、意识形态也得到空前的繁荣和发展。

马帮是茶马古道上重要的交通运输组织。历史证明，茶马古道不仅是一条民间国际商贸通道，更是一条人文精神的超越之路。马帮每次踏上征程，就是一次生与死的考验之旅。清人对茶马古道之险峻崎岖有生动的描述，焦应旂的《藏程纪略》记："坚冰滑雪，万仞崇岗，如银光一片。俯首下视，神昏心悸，毛骨悚然，令人欲死……是诚有生未历之境，未尝之苦也。"沿途壮丽、崇峻的高山峡谷足以考验一个人的勇气、力量、意志和忍耐力，同时也可以激发人的潜能，使人的灵魂得到升华。

茶马古道之所以如此艰险，与途经地区的地质、气候、水文等地理环境是分不开的。青藏高原是世界上海拔最高、面积最大的高原，被称作"世界屋脊""地球第三极"。茶马古道所穿越的青藏高原东缘横断山脉地区是世界上地形最复杂和最独特的高山峡谷地区，其崎岖险峻和通行之艰难亦实为罕见。从地形上看，该区域山河相间、山高谷深，地形崎岖，难以逾越。在气候方面，茶马古道沿线多属高山高原气候，海拔越高，气温就越低，氧气也越稀薄，严重缺氧常会导致高原反应，是对人的生理极限的挑战。山地气候变化莫测，一日之中可同时经历大雪、冰雹、烈日和大风等天气现象，有"一日有四季"之说。一年中气候变化则更为剧烈。民谚曰："正二三，雪封山；四五六，淋得哭；七八九，稍好走；十冬腊，学狗爬。"在水文方面，青藏高原是我国许多河流的发源地，茶马古道穿越了金沙江、澜沧江、怒江等众多水流湍急的江河。

据统计，经川藏茶道至拉萨，"全长约四千七百华里，所过驿站五十有六，渡主凡五十一次，渡绳桥十五，渡铁桥十，越山七十八处，越海拔九千尺以上之高山十一，越五千尺以上之高山二十有七，全程非三四个月的时间不能到达。"西南地区处在印度洋板块和亚欧板块交界处，地壳不稳定，属地震多发区；云、贵、川等地受季风气候影响，夏季降水多，加上地表崎岖，地形坡度大，易发生滑坡、泥石流等自然灾害。

茶马古道在"二战"时期还曾发挥重要的作用。日本占领东南亚后，盟国援助国民政府的军用物资通道一度被切断。当时很多战略物资，就是通过人扛马驮的方式，经茶马古道从印度等地输入我国西南地区的。中华人民共和国成立后，修建了滇藏、川藏等入藏公路，茶马古道也逐渐失去了它原有的价值。

4. 梅关古道入岭南

1934 年 10 月，中央主力红军长征后，留在苏区坚持斗争的红 24 师和地方武装共一万六千余人，遭到国民党军队的残酷围剿，大部损失。项英、陈毅等带领余部从中央苏区突围，转移到赣南，继续开展游击斗争。1935 年冬，陈毅被叛徒出卖，险遭逮捕，脱身后被围困在梅岭。"余伤病伏丛莽间二十余日，虑不得脱，得诗三首留衣底。"这三首诗就是著名的《梅岭三章》。

陈毅诗中所写的梅岭，又叫大庾岭，位于江西与广东两省交界处。梅岭名称的来源，有两种说法。一种说法是，战国时期，中原战乱不堪，大批越人迁往岭南，其中一支以梅绢为首的越人翻山越岭来到大庾岭上，被南岭风光吸引，最后在梅岭一带安营扎寨，因此当时这座山就以南迁越人首领梅绢的姓氏命名为梅岭。另一种说法是，因为山上多梅树，每到冬天，漫山遍野梅花绽放，因而得名梅岭。

大庾岭与骑田岭、都庞岭、萌渚岭、越城岭合称为"五岭"，毛泽东在《长征·七律》一诗中写道："五岭逶迤腾细浪，乌蒙磅礴走泥丸。"这里的"五岭"指的就是这五座山脉。"五岭"横亘在江西、湖南、"两广"之间，自古以来，它还有另外一个重要的称呼，那就是南岭，现在教科书上通常都是这样叫。相对应的，我国古时还有一座常称作"北岭"的山脉，那就是南、北方分界线的秦岭。秦岭是长江水系与黄河水系的分界线，这一点广为人知；而五岭是长江水系与珠江水系的分界线，虽然也很重要，却往往被人忽视。

南岭以南的广东、广西一带常被称作岭南地区。先秦时期，对长江中下游及以南地区的民族常统称为"越"，比如称苏南和浙北一带为"吴越"，闽北和闽东为"闽越"，广西为"西瓯越"，广东为"南越"。现在广东省的简称"粤"，其实就是来自"越"。受南岭的阻隔，南粤地区长期与中原隔绝，成为中原势力难以染指的地区。秦统一六国后，北面"北击匈奴"，并修筑长城，巩固边防。南面则平定南越，但当时中原通往南越地区的交通十分不便，为了实现平定南越的目标，秦始皇下令修建了两项大的工程：一是开凿灵渠，直接沟通长江和珠江水系，通过河运调运军队和粮草；二是打通大庾岭，修建梅岭驿道，从陆路进军岭南。因此可以说，秦始皇是打开南越的第一人。

可惜的是，秦时期修建的梅关古驿道如今已不复存在，只留下了一个关隘，那就是如今的"小梅关"。现在很多游人去看的"大梅关"以及梅关古道是唐朝时期修建的。从位置上看，"大梅关"比秦时期的古驿道东移了数公里。唐朝时期，南北交往十分频繁，尤其是"广州通海夷"后，内地大量的商品必须通过梅关驿道运往广州港口，然后再进行海上贸易。这样一来，秦时期相对狭窄、险峻的古驿道已不能满足当时的需求。唐朝开元年间（713—741），张九龄曾一度辞官返乡。张九龄是韶州曲江（今广东省韶关市）人，见当地山路险峻难以通行，便向唐玄宗谏言开凿梅岭。其建议得到朝廷批准，唐玄宗下诏由张九龄负责开凿梅岭驿道。新的驿道长达 30 公里，宽达 5 丈，北起江西大余县境内的梅岭脚下，向南穿越梅岭直达广东的南雄。"坦坦而方五轨，阗阗而走四通"，由于梅岭的凿通，梅关古道从梅岭向南北两边蜿蜒而下，北接江西章水，南连广东浈水，像一条纽带，把长江和珠江连接起来。

梅关古道的修通，使得南北交通大为改观，不仅为唐代南北交往做出巨大贡献，而且造福子孙后代，被后人誉为"古代的京广线"。正因为梅关古道在南北交通中的重要性，唐以后的历代当地官府都重视对它的维护和修葺，使得今天的梅关古道是全国保存得最完整的古驿道。在古道的梅岭之巅，我们可以看到一座砖石结构、古朴雄伟的关楼，这就是梅关。关楼所处的位置正好是江西与广东的交界处，它的一侧是岭北，而另一侧就是岭南。现存的梅关不是唐代时期所建，而是建于宋嘉祐年间。在梅关南、北面的门额上分别可看到"岭南第一关"和"南粤雄关"的题字，这些字是明万历年间南雄知府蒋杰所题。南雄的县名也与梅关有关，南雄即"南粤雄关"之意，而

"雄关"指的就是梅关。在梅关的北侧,可见一块刻有"梅岭"两个楷体字的石碑,这块碑是清康熙年间南雄知州张凤翔所立。足见唐以后历代王朝对梅关驿道的重视。

秦始皇最初修建梅关驿道主要是出于军事的需要,梅关也成为重要的军事要塞,是兵家必争之地。随着时间的推移,梅关古道不仅在军事上发挥重要的作用,更成为一条商贸通道。最初的岭南,因经济文化相对落后,被称为"南蛮之地"。秦朝时期,虽然在南越设立了郡县,但当时主要的精力还是放在巩固北方边防上,对岭南疏于开发。秦末天下大乱,赵佗封锁梅关,自立为南越王。但不久向汉王朝称臣奉贡,南越国成为汉朝的一个藩属国,接受中原的管理,同时向中原敞开胸怀,接受中原文明。赵佗治理岭南的七十余年,其间由于一直实行"和辑百越"的政策,促进了汉、越民族的融合,并把中原地区的先进文化带到了南越之地,使南越得到了更好的发展。

汉武帝再次统一岭南后,南粤大地与中原联系更加紧密。中原各种先进的生产技术,像铁制工具、牛耕等,通过梅关古道这条纽带,传入岭南地区。例如在两晋时期,岭南地区普遍使用了牛耕,这大大提升了当地生产力水平,促进了岭南地区经济的发展。早先珠江三角洲大部分是河流、沼泽、浅滩和森林,由于北方人口的大量迁入,加上生产技术的提高,人们开始围堤造田,从而提高了土地的生产力。

"桑园围"就是当时珠江三角洲著名的大型围垦工程。这项工程始于宋代,位于珠江干流之一西江的下游,主要在广东省南海和顺德境内。当时人们巧妙地利用地形、河床等自然条件,针对不同的地貌特点,筑堤围田。由于大规模兴修水利,宋代珠江三角洲农业发展很快,耕地面积大大增加,加上有堤围捍水护田,使得"潮田无恶岁",粮食生产得到大幅度的提升。据史志记载,宋代堤围共二十八条,堤长共达66000余丈,捍卫农田面积达24000多顷。后经几代的不断完善,"桑园围"在当时发挥了巨大的效益,对促进珠江三角洲农业生产发展起到极大的作用。我们现在说的基塘农业是一种生态农业,觉得它很"高大上",其实珠江三角洲的桑基鱼塘农业生产模式早在明朝中期就已形成,不是什么现代化的东西,而是祖辈的发明。

　　张九龄当年之所以提议要开凿新的通道，就是因为旧驿道不能满足经济发展的需要。新开凿的梅关驿道与秦时代不同，不仅是军事通道，更是当时南北经济的大脉。广东省南雄市有个叫珠玑巷的地方，它是梅关古道的必经之路，也是当时商品贸易的集散地。唐开元时期，这里就已经相当繁荣。当时珠玑巷道两旁的茶坊、酒肆林立，商号客栈鳞次栉比，古道上商旅络绎不绝。广州等地客商货物由水路北上到雄州，经古道往岭北。岭北南下客商货物则由陆路经古道到雄州，然后转水路运往广州等地。据记载，宋代时期，来自岭南和海外的象牙、犀牛角、珍珠和药材等，在珠玑巷中转交易，然后输往北方。中原、江南的丝绸、茶叶和瓷器等物产也源源不断地运到这里，中转南下。明代诗人黄公辅在《过沙水珠玑村》诗云："长亭去路是珠玑，此日观风感黍离。编户村中人集处，摩肩道上马交驰……"足见当时珠玑巷的繁华。"梅关古道蕴珠玑"，珠玑巷正是因梅关古道而兴。

　　除了在经济、商贸上发挥重要作用外，梅关古道还是我国古代的一条移民通道。战国时期，越国被楚国所灭，部分越国人为躲避战乱而迁徙到赣粤交界的大庾岭。没多久，秦始皇的五十万大军开到岭南。公元前209年，一万五千多名年轻女子在军队的护送下，过梅岭一直南下到广州，沿途分配给将士们做妻子，尽管僧多粥少，但也使得部分将士在岭南安定下来，成为当地的居民。如今的广东，除了近、现代移民外，主要由广府人、客家人和潮汕人三大民系组成。当年的越族土著到哪去了呢？至今还是个谜。主流的说法是，在秦始皇五十万大军的追杀之下，越族土著逃到广西、云南等西南地区，有的甚至逃到越南等东南亚地区。据推测，如今生活在我国西南地区的一些少数民族可能就是当年从南粤迁移过去的。

　　梅关古道的开通，使岭南纳入中原王朝的版图，为中原人的南迁提供了便利，岭南成为我国古代主要的人口迁入区之一。南迁的原因主要是躲避战乱和灾年岁荒，也有少数是被流放。古时，岭南地区为烟瘴之地，常成为官宦贬谪之所。珠玑巷则是中原南迁氏族的驻足地和发祥地。为什么又是珠玑巷？这与它的地理位置有关。通常南行的人群沿长江支流章水南下，在大余上岸。清晨从大余出发，沿梅关驿道经过大梅关，就进入岭南。中午时分到达中站村（中站村也由此得名），傍晚抵达珠玑巷。从大余到珠玑巷，大约二十多公里，刚好是一天的行程。据《南雄文物志》记载，从唐代开始，特别是从宋代至元代二百多年间，中原地区南下移民达数百次之多，其中大规模的移民有三次。最初的先民在兵荒马乱中，扶老携幼，历尽艰险，来到南雄珠玑巷。他们不熟悉岭南各种情况，不敢贸然再南下，只好在此安顿下来，重新创业。后来由于商品贸易的往来，珠玑巷也就成了商业重镇。

随着南迁人口的不断增多，珠玑巷人满为患，南宋时期达到了最高峰，人们开始谋划迁往更南的地广人稀的地方。南宋末年，南雄一度成为中原战乱的前沿。以宋末咸淳至景炎间（1265—1277）为例，元兵三占雄韶，两过大庾，宋元势力在闽、粤、赣边界反复拉锯，抗争长达七年。造成珠玑巷和南雄盆地居民大批逃亡，众多家族纷纷南迁，珠玑巷十室九空。

南宋绍兴元年（1131），时任珠玑巷的里长罗贵代表九十七户居民向当地官府递交了南迁的文书，很快得到批准。他们伐竹扎竹排，于正月十六启程，由沙水河进入浈水，再入北江，一路顺水南下。据说这是珠玑巷居民南迁历史上最大的一次，这九十七户人家中，共有三十六姓一千多人。当然，这次迁移不是逃难，而是自发组织，并在官府支持下进行的。他们带有生产资料，是一次生产的大转移。广东省佛山市南海区九江镇有个叫"破排角"的地方，那里有块纪念碑，记载了此次南迁：关氏兄弟携父母骨殖从南雄珠矶巷南迁，乘竹排南行至九江时，排破登岸，破排角因此得名。关氏兄弟登岸后，在此结庐开村，繁衍子孙。同行的罗贵一家，经过两个多月的跋涉，来到现在江门市新会区棠下村的良溪村。当时这里还是一片沼泽，他们挖塘修渠，围垦造田，在此繁衍生息。后来，珠江三角洲的人口也迅速增加，罗贵的后代更是审时度势，择土而居，六个儿子后来又迁往南海、顺德和番禺等地，更有后世子孙迁往东南亚、欧美各国。

据统计，自北宋中后期至元初的二百多年间，中原及江南氏族自珠玑巷南迁的后裔共有一百五十三姓，遍及珠江三角洲二十七个县市的六百八十八个乡、镇、村，广府人后裔达七千万人之众，不少人后来又迁至港、澳及海外。"歇住南恩蕃十系，马来玑巷衍万村"，广东恩平市圣堂镇的歇马村古祠门前的这副楹联，颂扬了其先祖南迁开村的功绩。歇马村村民大多姓梁，先祖曾居南雄珠玑巷，后迁徙至广州、阳江等地，大约在元成宗末年（13 世纪末）移居到恩平。

人口的迁移和商贸的往来，促进了中原与岭南地区的文化交流，因此梅关古道同时也是一条文化通道。现在的广东人，除了近代的内地移民外，主要由广府人、潮汕人和客家人三大民系组成。从语言上看，他们的方言分别是粤语、潮汕语和客家话。之所以有这种差别，主是这三大群体在不同时期，由内地不同地区南迁的结果。简单地说，广府人是在唐宋之前就从中原移居岭南。像早先赵佗他们这批秦军将士，还有就是从西晋开始，为避"八王之乱""五胡乱华""南北朝混战"等一系列的战乱而南迁的汉人。"北人避胡多在南，南人至今能晋语。"今日的粤语还保留着较多中古时代的汉语发音，我们现在读唐诗，发现很多不押韵，原因就是汉唐时期的汉语发音和现在的普通话有较大的差别，如果用粤语一念，韵自然就押上了。例如唐代诗人刘禹锡的代表作《竹枝词》："杨柳青青江水平，闻郎江上踏歌声。东边日出西边雨，道是无晴却有晴。"这是一首情诗，运用了古汉语内"语意双关"的表现手法，用天气的"晴"的有无，来代表男女之间的"情"的有无。在粤语里"青""平""声""晴"均是同一个韵母的，读来完全符合诗词的韵律，用粤语一读就能体会出诗词的意境了。但在普通话里面，"声"字的韵母却变了，第二句完全不押韵，连诗词最基本的韵律要求都达不到，大煞风景。现在有些北方人说粤语像"鸟语"，听不懂。"鸟语"是古时中原对蛮夷少数民族语言的一种戏称，认为他们没开化，"通鸟兽语"。殊不知，在目前各地的方言中，粤语才称得上是汉语的"嫡传"。

潮汕人指历代从中原南下福建，而后再迁入粤东地区的早期汉人后裔，因此潮汕语与闽南语是同一语系。客家民系的形成则相对要复杂，他们先是从中原迁往江南，之后再往闽、粤、赣等地迁徙，到宋朝时期才形成相对稳定的族群。相对南方的原住民和早先迁入的中原汉人来说，他们属于"客籍"，因此称为"客家人"。如今广东的客家人多分布在粤东北与江西、福建交界的梅县山区，因为当时广东的平原地区大多已被之前南迁的广府人及潮汕人占据。受北方少数民族的影响，南宋之后，中原的汉语已被"胡化"，与汉唐时有明显区别，因此客家人的语言与粤语和潮汕语又有很大的差别。先前提到的由珠玑巷南迁到珠江三角洲等地的民众，他们虽然大多是在南宋之后才向南迁的，但他们由中原迁入岭南的时期较早，在语言上受北方少数民族的影响较小，这个群体其实也是广府人。

无论是广府人、潮汕人还是客家人，他们都是在不同时期从不同的地方南迁而来的中原汉族人，传承着不同时期和地域特点的中原文化。岭南文化是悠久灿烂的中华文化的有机组成部分，吸取了由中原相继传入的儒、法、道、佛等各家思想，并进行本土化的改革与创新。2004 年，歇马村村民在修路时，意外地挖掘出一百多块功名碑。在明、清两代，歇马村共有四百三十多人考取功名。笔者曾带学生到广东省佛山市南海区西樵镇的松塘村进行野外考察。一进村，就看见村祠堂前面也竖立着一排长达几十米的各种功名碑，上面写着谁谁谁考取进士，谁谁谁考中举人。这个村在清朝就有四人入职翰林院，因此，被当地人称为"翰林村"。由此看来，古代"耕读传家"的传统家风在岭南得到很好的继承。松塘村的区氏先祖是在南宋时期从珠玑巷迁来此地的，距今已有近八百年。同时，基于其独特的地理环境和历史条件，还吸收了海外文化，逐步形成了务实、开放、兼容、创新的独特文化特色。

粤汉铁路的开通，封存了一个肩挑背扛的时代。如今更有多条高速公路穿过南雄，梅关古道上曾经的繁荣与喧嚣，随着岁月的流逝，渐渐地从人们的视线中淡出。现在的珠玑巷只有三百多户，一千四百多人，大多数是清末从大余迁来的客家人的后裔。当你走进珠玑巷，漫步在曲直有致的鹅卵石巷道上，两旁古楼、古塔、祠堂林立，古朴清悠，像是在向人们述说着世事的变幻、人间的沧桑。

5．烽火线上滇缅路

滇缅公路，即我国云南省到缅甸的公路，又叫昆瑞（昆明至瑞丽）公路，全长950多公里。按照我国云南省今天的行政区划来说，滇缅公路穿越了昆明市、安宁市、禄丰县、楚雄市、南华县、祥云县、大理市、漾濞彝族自治县、永平县、保山市、龙陵县、芒市、瑞丽市等。

滇缅公路最初是在抗日战争背景下修建的。"七·七事变"以后，日军迅速占领了中国北方的京津地区，以及南方的广东、汉口、上海、南京等华中、华东和华南地区东部的一些主要大城市；中国沿海港口除广州湾（湛江旧称）外，几乎所有的港口都落入了日军手中。早在战争初期，当时国民政府考虑到可能出现的危机，为了保障长期战争物质的供应，就有了修建滇缅公路的想法。随着香港的沦陷，以及澳门被日本封锁，广州湾这个唯一的出海通道也变得岌岌可危。

武汉会战以后，中日双方进入战争的相持阶段，一场消耗战拉开帷幕。对于中国来说，物资供应问题此时显得异常严峻起来。1937年8月，当时的云南省主席龙云向蒋介石提出《建设滇缅公路和滇缅铁路的计划》，建议修筑从昆明出发，经云南西部到缅甸北部，最后直通印度洋的铁路和公路。由于战时财政吃紧，最后决定先修建一条公路，与缅甸的中央铁路连接，直接抵达缅甸原首都仰光港。太平洋战争爆发后，随着日军进占越南，滇越铁路中断，竣工后的滇缅公路就成了中国唯一与外部联系的运输通道。

滇缅公路修建困难重重。

首先是沿线恶劣的自然环境。滇缅公路走向偏西，必须穿越滇西横断山

143

脉的沟壑和江河，要在悬崖峭壁和湍急水流上筑路、搭桥，对于当时的技术条件来说，异常艰难。整条公路近八成路段穿行在崇山峻岭之中，穿越的主要山脉有点苍山、怒山山脉和高黎贡山山脉等。跨越的主要河流有螳螂川、绿汁江、龙川江、漾濞江、澜沧江、怒江等。

1943年美国随军记者拍摄了一张举世闻名的"二十四道拐"的照片：一条险峻山道，沿着陡峭大山蜿蜒而下，连转二十四道急弯，一辆辆货车满载援华物资在上面奔驰，场面十分震撼。数十年来，人们都有一个误解，以为"二十四道拐"位于滇缅公路上，甚至在当年的许多报刊、资料上，都认为"二十四道拐"属于滇缅公路。其实真正的"二十四道拐"不属于滇缅公路，而是在滇缅公路延伸到大后方的滇黔公路上，具体地说是位于贵州的晴隆，所以又叫"晴隆二十四拐"。之所以有这种误解，主要原因就是当时大量的援华物质必须经过这里才能到重庆，且当时的滇缅公路的艰险程度一点也不逊色于滇黔公路。如今的滇缅公路经过改造后，已看不到其本来的面貌了。

其次是气候方面，滇西南每年雨季达六个多月，给施工带来极大的不便。特别是澜沧江和怒江两旁，不仅山陡谷深，而且这里"瘴气"特别厉害。不少民工白天筑路，晚上睡在低洼潮湿的山坳里。如此之环境，给瘴毒和疟疾的肆行提供了温床。因此，当时因疾病而死的劳工都不在少数。

再次是修建滇缅公路缺乏机械设备。现在修路，借助大型的工程机械，像打隧道、架桥梁等，都不是什么难事。可在当时，这些工程主要依赖于数以万计的劳工，靠肩扛手提来完成。因为战局恶化，时间紧迫，工程建设不得不采用最原始的方法，在几乎所有的路段上，劳工们都是用自己家里带来的锹头、背篓、绳索、扁担等简陋的工具，像蚂蚁搬家似的来完成开山凿石、搬运泥土石块等工作。没有压路机，就用大石碾子来夯实路面。这种石碾子一个就有三至五吨之重，如果采石场就在附近还好点，可以就地取材，但更多的时候是要到较远的地方去寻找石料制作。这种情况下，将石碾子搬运到工地上本身就很艰难，许多都是靠劳工们肩扛手推来完成的。这是很危险的一件事情，例如搬运过程中，下坡时若石碾子失去控制，来不及躲避的劳工们常常被失去控制的石碾子压死。

最后是人员的缺乏，修筑公路既缺乏技术人员，也缺乏普通劳工。

一方面是技术人员缺乏。当时负责各工程的技术人员都是 20 世纪二三十年代刚毕业不久的大学生。如总设计师李温平是唐山交通大学（今西南交通大学）1935 届的毕业生，参加工作不到三年，毛头小伙一个，就这个年轻小伙还兼任副总工程师、副总队长（代行总队长）等职。桥工处设计股股长嵇储彬是唐山交通大学 1937 届毕业生，刚走出校园。工务科长周赞邦算是年龄最大的，是唐山交通大学 1911 届毕业生。这群年轻人边设计边指导施工，之所以能在不到一年的时间就完成了整个工程，我想除了扎实的专业基础之外，还有那份拳拳的爱国之心。

另一方面是普通劳工的缺乏。1937 年底开工伊始，滇缅公路沿线近三十个县约二十万人被征集来修路。这二十万劳工大部分由妇女、儿童和老人组成，是典型的"386199"部队，因为青壮年大部分都应征入伍了。这是支世界上最奇特的筑路大军，他们来自各个民族，青壮劳动力很少，大多数是老、弱、妇、幼。其中，有的甚至倾家出动，把家里饲养的狗、鸡等带到工地上；还有带宠物的，例如有小孩子带上长尾鹦鹉，在傣族地区，那些跟着大人来做工的孩子还带着猴子。这说明不少家庭是"倾家而出"，因为家里没人了，这些动物搁家里没人喂养，只好带着。由于受地理环境、人力、物力等因素的制约，修筑滇缅公路付出了极为沉重的代价。

1938 年 8 月，滇缅公路全线通车，比一年限期提前了三个月。当时轰动了世界，不仅国统区内所有报纸都报道了这一鼓舞人心的消息，世界各国也对其大为赞叹。英国《泰晤士报》赞道："只有中国人才能在这样短的时间内完成这样浩大的工程。"不少外国友人感叹"这是用手指刻出来的公路"，并把滇缅公路与巴拿马运河、苏伊士运河相提并论，称作是世界工程史上的奇迹。日本人最初认为，中国的抗战坚持不到滇缅公路修通的那一天，根本不相信能在这么短的时间内完工。但事实告诉他们的是，正是中国的二十万老人、妇女和孩子，他们用双手在崇山峻岭间开凿出了埋葬日本军国主义的交通大道。

这条滇西各族人民用血肉筑成的国际通道，在第二次世界大战中扮演着重要的角色，它支撑着中国抗日战场全部战备物资以及大后方的经济供应，对抗战的胜利发挥着重要的作用。抗战时期，几百万军队所需要的武器装备，维持经济运转所需要的各种物资，无数迁移到大后方的人们所需要的基本消费品，等等，大部分依赖这条生命线运进大后方。

从战略意义上看，滇缅公路还起到了另一个重要作用，就是改变了战争的进程。日本本想从正面快速地打败中国军队，迫使国民政府屈服，但由于有了滇缅公路这条重要的对外通道，大量的国际援助物质可以源源不断地进入抗战大后方，使得日本的这种梦想彻底成为泡影。要封锁中国的对外通道，日本就必须占领东南亚的越南、缅甸等国，这样一来，正面战场上本已疲惫不堪的中国军民的压力就减轻了许多，有了休整、反击的机会。

其实从一开始，日本人就处心积虑地要把滇缅公路切断。因为他们认为，只要切断了这条国际交通线，就可以断绝中国的物资供应，迫使国民政府投降。1940 年，日军占领越南，便以此为基地，并专门成立了"滇缅路封锁委员会"，对滇缅公路全线进行狂轰滥炸。1940 年 10 月起，在不到六个月的时间里，日军共出动飞机四百多架次，对公路沿线尤其是桥梁进行轰炸，给滇缅线造成严重的破坏。为了保证物质的供应，当时国民政府不得已一度启用了更为艰险的运输通道，那就是穿越青藏高原的驼峰航线和茶马古道，从印度将物质输入到大后方。

日本侵略者的行为吓不倒勇敢的中国人民，每次轰炸之后，驻守在桥边的工程抢修队就及时对大桥进行抢修。这些抢修桥梁的负责人很多都是当年建桥的工程技术人员，有时爆炸、空袭还没有结束，他们就开始了抢修工作。例如，1941 年 1 月 23 日，日军飞机第十四次轰炸昌淦桥，并把大桥彻底炸断，为此东京的电台洋洋得意地宣称："滇缅公路已断，三个月内无通车希望。"但是戏剧性的一幕出现了，日本飞机刚飞走不久，滇缅公路上的车队就再一次地越过了波涛汹涌的澜沧江，整个公路全线畅通。原来，早在两个月以前，当地的工程技术人员就预计到大桥有可能会被彻底炸断。因此他们准备了许多空汽油桶，将这些空汽油桶拼接在一起，上面铺上木板，制成了一艘简易的渡船。汽车开上渡船之后，依靠人力，用钢缆将渡船拉过河。就这样，一边抢修大桥，一边用简易的渡船将车辆送到河对岸。

时过境迁，如今的滇缅公路发生了翻天覆地的变化。中华人民共和国成立后，滇缅公路国内段改称昆畹（昆明至畹町）公路，1990 年成为 320 国道中的一段。当地政府对一些重点路段进行改造，与刚通车时的滇缅公路相比，总里程缩短了 250 多公里。目前，云南境内的滇缅公路已实现全线高速化，如昆明至龙陵段现已建成高速公路，属于 G56 杭瑞高速（起点杭州，途经安徽、江西、湖北、湖南、贵州，终点云南瑞丽）的一部分。如今行驶在高速公路上的人们，是否知道当年那段烽火连天的岁月？是否会想起当年那支为了民族的命运，不畏艰险，与天地抗争的筑路大军？

6. 千里龙脉大运河

　　我国古代的交通运输方式有"南船北马"一说，指的是南方交通工具以船为主，北方以马为主。形成这种交通运输格局的原因是多方面的：一是气候。南方气候湿润，降水丰富，地表河网密布，因此为适应"水乡"的船舶运输便应运而生。而北方降水少，气候相对干旱，草场广布，畜牧业相对发达。马匹耐力好、速度快，除了提供乳肉产品外，还被北方人民驯化为代步工具，成为早期北方大地的重要交通工具。二是地形。南方多山地丘陵，平原面积小，地形较崎岖，道路不宽广，多是弯曲小道，加上土地多以水田为主，不大适合车马驰骋。北方平原广阔，土地多以旱地为主，道路平坦宽阔，因而适合马、车这一类的交通工具行驶。

　　在江苏省淮安市大运河文化广场的东南，有块"南船北马舍舟登陆"碑，这里曾是"南船北马"的交汇之地。古时候，清江浦以北的京杭运河迂缓难行，危险较大，断缆沉舟的事常常发生。因此在明清时期商人行旅凡是由南向北的，一般都是到清江浦码头舍舟登陆；而由北向南的，则在此地登舟扬帆。这种方法速度既快，而且安全。

　　与马相比，船作为交通工具最大的特点就是运输量大，但它的缺点也很多，比如速度慢、机动性差等。船离不开水，必须沿着河道航行，但不是所有的河道都能通航。河流能否航行必须有一定的条件：一是河道要够深够宽，二是流速要相对平缓。水流太湍急，漂流可能行，航行风险大。因此，适合内河航运的通常是一些大江大河的下游河段，这些河段一般水量大，河面宽，并且地势平坦，流速稳定。如此一来，内河航运的局限性就大，不同水系、不同支流，甚至同一支流的不同河段之间往往不能相互通航。为解决这一问题，自古以来就有利用人工的方法开挖河道，以沟通不同的航道，运河就因此应运而生了。

我们常听到一句话，那就是"京杭大运河是世界上开凿最早、流程最长的一条人工运河"。这个说法其实是不对的。如果说京杭大运河是目前世界现存的最长运河，应该问题不大。但在历史上它不是最长，历史上最长的是隋唐大运河，长约 2700 公里，而京杭大运河全长约 1790 多公里。此外，整条京杭大运河的开通是在元朝时期，肯定不是世界最早。之所以说它最早，是因为京杭运河其中的一段叫作邗沟，它开凿的时间很早，大约是在公元前 486 年。据《左传·衰公九年》记载："秋，吴城邗，沟通江淮。"意为吴王夫差为了北上称霸，在灭了江北的邗国后，在该地筑城挖沟以备军需，该沟被称为"邗沟"。邗沟是不是世界最早开凿的运河呢？恐怕也不是。至于哪条运河才是世界最早，目前说法不一，争议不断，归纳起来大致有百尺渎、胥河、灵渠、云梦通渠、荆汉运河和巢肥运河……

百尺渎。它从吴城通往古钱塘江北岸的河庄山侧（今浙江海宁市盐官镇西南），是一条沟通吴、越的人工渠道。《越绝书·吴地传》记载，公元前 495 年，越王勾践的军队曾循百尺渎北上攻吴，"吴师败于槜李（今浙江嘉兴市南五里）"。

胥河。公元前 506 年，吴王阖闾伐楚，命伍子胥开堰渎运粮，即凿通今江苏南京市高淳区东长江支流水阳江和太湖分水岭的东坝，使西面的水阳江与东面的荆溪连接起来。这条运河叫胥河，古代又名胥溪、胥溪河。

荆汉运河和巢肥运河。据《史记》《水经注》等记载，公元前 613 年楚庄王即位后，因晋楚争霸战争以及北上会盟"问鼎中原"的需要，开凿了荆汉运河和巢肥运河。其中，荆江运河把发源于荆山流入长江的沮水，与发源于郢都附近流入汉水的扬水连接起来；巢肥运河则把淮河的支流肥水，与流入巢湖，经濡须水入长江的施水连接起来。

云梦通渠。其开凿的时间和线路，史书上并无明确记载，但《史记·河渠书》载有："于楚，西方则通渠汉水、云梦之野，东方则通邗沟江淮之间……此渠皆可行舟，有余则用溉浸，百姓飨其利。"推测其大约开凿于公元前601年前后。

像上述记载的运河多如牛毛，这还只是史料记载的，没有记载的恐怕也不少。这仅仅是我国的，国外记载的也不少，例如古埃及时代就已经开凿运河，远早于邗沟。

有文献资料可查，照理说推断运河开凿时间的早晚不是一件难事。之所以众说纷纭，出现这么多的最早、最长运河，主要原因恐怕是对运河的认识还不统一。

从狭义上讲，运河是人工开凿的通航河道，这也是国际上通用的看法。凡是全部由人工开凿的并用于通航的河道才叫运河。至于自然水道，哪怕是后来经人工疏通也不算。比如说邗沟，全长约150公里，呈S形。为什么不是直的？主要是为了充分利用自然湖泊，以便减少工程量。邗沟从邗城西南引长江之水，经过现高邮市，又折向东北，穿过博芝、射阳两湖，再折向西北，从淮安附近进入淮河。因此，这150公里不全是人工开挖的河道。像苏伊士运河、巴拿马运河，几乎全程都是人工开凿而成，所以被认为是真正的运河。

为什么有人认为灵渠是我国甚至世界最早的运河？从时间上看，它一点也不早，主要是它更符合狭义上的运河特征。灵渠，古称秦凿渠、零渠、兴安运河、湘桂运河，位于广西兴安县境内，全长约34千米，于公元前214年凿成通航。灵渠流向由东向西，将兴安县东面的海洋河（湘江源头）和兴安县西面的大溶江（漓江源头）相连，等于是沟通了长江和珠江两大水系，从而打通了中原和岭南地区的水路交通。灵渠是出于军事需要而开凿的。秦始皇统一六国后，北面继续抵御匈奴，南面则进军岭南。当时岭南山高路险，交通不便，军队和粮草运输成了一个大问题。灵渠的开通解决了这一难题，为秦朝平定南越发挥了重要的作用。

从广义上讲，凡是沟通地区或水域间的水道，只要有人工开挖或疏通的痕迹，都叫作运河。例如京杭大运河长约 1790 多公里，它其实包括了自然水道和人工开挖的河道在内。此外，广义上的运河除航运外，通常还包括灌溉、分洪、排涝、给水等功能。因而，有人认为我国古代有些开挖的灌溉水渠不能称为真正的运河，这是有道理的。2014 年 6 月 22 日，中国大运河（The Grand Canal of China）获准列入《世界遗产名录》。不少人纳闷，当初提出申遗的京杭大运河，后来怎么改成了"中国大运河"？这就是认识上的差异。我们一讲到京杭大运河，一般指从北京到浙江（杭州）的全部河道，但国际上不这样认为。因为整个河道包括了许多的天然河流，并且有些地方现在已经不能通航了，不属于狭义上的运河范畴，所以如果以京杭大运河申遗，从理论上讲是说不过去的。此外，中国运河很多，如果单以京杭大运河申遗，反而不能反映中国古代水利建设的全貌。因此，中国大运河最终列入《世界遗产名录》的有十段河道，分别是隋唐大运河中的中卫河、通济河段，京杭大运河中的通惠河、北运河、南运河、会通河、中河、淮扬运河、江南运河段，以及浙东运河，这些河道总长 1011 公里。上述申报的系列遗产也不全是河道，还有很多重要的遗产点，像闸、堤、坝、桥、水城门、纤道、码头、险工等运河水工遗存，和仓窖、衙署、驿站、行宫、会馆、钞关等大运河的配套设施和管理设施，以及一部分与大运河文化意义密切相关的古建筑、历史文化街区等等。

虽说京杭大运河是目前世界上最长的运河，但在历史上还有比它更长的，那就是隋唐大运河。隋唐大运河最早开凿于隋朝。603 年，为了更有效地管理江南广大地区，方便长江三角洲的丰富物资运往洛阳，于是隋炀帝下令开凿"永济渠"。永济渠从洛阳经山东临清至河北涿郡（今北京西南），长约 1000 公里。据史料记载，当时"发河南诸郡男女百余万，开通济渠，自西苑引谷水、洛水达于黄河，自汜水引河通于淮水"。又于 605 年下令开凿洛阳到江苏清江（今淮安市）约 1000 公里长的"通济渠"。608 年，又沿洛阳东北方向开凿永济渠，沟通沁河、淇水、卫河，通航至天津，接着溯永定河而上，通涿郡。610 年开凿江苏镇江至浙江杭州长约 400 公里的"江南运河"，使得镇江至绍兴段通航。同时对邗沟进行了改造，这样，洛阳与杭州之间全长1700多公里的河道，可以直接通航。

隋炀帝在历史上长期以来被人评价为暴君，说他横征暴敛，不顾百姓死活。我想他可能是做事太急了，短短几年，光修建运河就得动用多少人力、物力？这么重的赋税、徭役，老百姓哪受得了？但修建运河弊在当时，功在千秋。隋朝大运河以洛阳为中心，北到涿郡，南到余杭，通过通济渠、永济渠两大渠道，沟通了海河、黄河、淮河、长江、钱塘江五大水系，总长2700公里的中国南北大动脉全线贯通；并把洛阳、涿郡、汴州（今开封）、宋州（今商丘）、宿州、淮北、楚州（今淮安）、江都（今扬州）、润州（今镇江）、余杭（今杭州）、会稽（今绍兴）等区域中心联系在一起，从而加强了各地区间的联系，并造就了沿线城市的繁荣。据记载，当时运河上"商旅往返，船乘不绝"。运河对隋唐时期南北经济、文化交流，维护全国统一和强化中央集权制度，都起了重要的作用，是中国古代劳动人民创造的一项伟大的水利建筑工程。可惜的是，随着历史的变迁，运河的许多河段逐渐被废弃，最终消失在茫茫原野之中。

京杭大运河的最终形成，是在13世纪末。元朝定都大都（今北京）后，为了使南北交通更便捷，不再绕道洛阳，花费了十年时间，先后开挖了洛州河和会通河，把天津至江苏清江之间的天然河道和湖泊连接起来，清江以南接邗沟和江南运河，直达杭州。而北京与天津之间，因原有运河已废，又新修通惠河。这样，新的京杭大运河比绕道洛阳的隋唐大运河缩短了九百多公里。但从整个河流里程来看，京杭大运河全长仍有1794公里，比苏伊士运河长十倍，比巴拿马运河长二十倍，是世界上最长的运河。它北起北京通州区，南到杭州，途径北京、天津、河北、山东、江苏、浙江六省市，沟通海河、黄河、淮河、长江、钱塘江五大水系。

最初的京杭大运河全程都能通航，历来为漕运要道。作为古代纵贯南北的水上交通大动脉，对促进南、北方间的经济、文化发展与交流有着巨大贡献，特别是对沿线地区工农业经济的发展起了巨大作用。19世纪海运兴起，后来随着津浦铁路等陆上交通的发展，京杭大运河的作用逐渐减弱。黄河改道后，山东境内河段因水源不足，河道淤浅，南北断航，甚至水量较大、通航条件较好的江苏省境内一段，一度也只能通行小型木船。

中华人民共和国成立后，对部分河段进行拓宽加深，裁弯取直，新建了许多现代化的码头和船闸，航运条件有所改善，季节性的通航里程已达 1100 多公里。江苏邳州市以南的 660 多公里航道，500 吨以下的船队可以畅通无阻。"十一五"期间，交通部及京杭大运河沿线各省份投巨资建设运河航道，使其通航能力提高 40%，千年古运河重新焕发了青春，成为仅次于长江的第二条"黄金水道"。目前，京杭大运河还担负着另一项重任，就是南水北调东线工程的输水。借助现有的运河河道，大大地减少了南水北调的工程量。前人栽树，后人乘凉，感谢古代劳动人民的辛劳付出！

7. 万里西洋水茫茫

　　尽管我国古代的经济活动以农耕为主，中华文明是建立在农业文明的基础上，但中华民族的发展离不开水域，离不开航海。据考古发现，大约在新石器时代古人就有了海上活动。例如，北京的山顶洞人、山东的大汶口人以及浙江的河姆渡人，都是傍河面海而居的。近代在山顶洞和北京昌平区的雪山文化遗址中，均发现了由海贝或海螺壳串制的装饰品，在浙江河姆渡百越文化遗址中，还发现了海鱼骨。受生产力水平的限制，当时的水运工具非常简陋。据《物原》一书记载："燧人氏以匏济水，伏羲氏始乘桴。"上古时期人们就是借助像树干、葫芦这样一些漂浮物来进行水上活动的，活动的范围显然极其有限。

　　我国是一个临海国，海域面积辽阔。现在我们将近海命名为渤海、黄海、东海和南海，古时不这么称呼，而是大致以东南海域为参照，以东的叫"东洋"，主要指日本；以南的叫"南洋"，多指东南亚地区；以西的叫"西洋"，多指印度洋及以西地区；"北洋"一般指我国的北部海域，主要包括渤海、黄海、朝鲜半岛附近。先秦时代我国南方的百越民族拥有优秀的航海经验和冒险精神，史前时代起即开始向远洋迁徙，足迹遍及太平洋和印度洋。秦始皇重视航海，统一六国后，曾五次巡视各地，包括渤海沿岸的一些港口，在芝罘（今山东省烟台市芝罘区）刻立石碑。他最后一次巡视是从镇江附近乘船出海，扬帆北上，再次到达芝罘。秦朝还有过几次较大规模的航海活动，著名的徐福东渡日本，就是其中之一。

通往西洋的海上贸易和交流的通道最初形成于秦汉时期。秦始皇统一岭南后，当地经济发展很快，当时番禺地区已经有了规模较大、技术水平较高的造船业。先秦和南越国时期，岭南地区的海上交往为海上丝绸之路的形成奠定了基础，当时主要的贸易港口有番禺（今广州）和徐闻。这一点从南越王墓出土的文物中可找到证据。汉武帝除了在陆上开疆拓土，同时还积极打通通往西域的商路，开辟海上贸易，多次派船队穿过马六甲海峡进入印度洋，远达印度半岛的南部和斯里兰卡。当然，那时造船和航海技术与今天甚至后来的唐宋时期都无法相比，一艘船不可能从中国沿海一直驶向印度洋西岸地区，中途需多次停靠进行修整和补给。

西汉海上丝绸之路西行线的终点多是斯里兰卡和印度。据《汉书·地理志》记载，当时的丝绸之路大体行程如下：自日南（今越南中部）或徐闻、合浦（今属广西）乘船出海，顺中南半岛东岸南行，经五个月抵达湄公河三角洲的都元（今越南南部的迪石）；再沿中南半岛的西岸北行，经四个月驶抵湄南河口的邑卢（今泰国的佛统）；接着南下，沿马来半岛东岸，经二十多天驶抵湛离（今泰国的巴蜀）；在此弃船登岸，横越地峡，步行十余日，抵达夫首都卢（今缅甸之丹那沙林）；再登船向西航行于印度洋，经两个多月到达黄支国（今印度东南海岸的康契普腊姆）。回国时，由黄支南下至已不程国（今斯里兰卡）；然后向东直航，经八个月驶抵马六甲海峡，泊于皮宗（今新加坡西面之皮散岛）；最后再航行两个多月，由皮宗驶达日南郡的象林县境（治所在今越南维川县南的茶荞）。以南亚地区为跳板，将当时世界上两大帝国——东方的汉帝国和西方的罗马帝国联结起来，构成一条贯通欧、非、亚的海上航线。

从航线上看，当时的航行大多是贴近海岸线的。这样做一方面可以随时躲避风浪，同时可以随时上岸补充给养；另一方面是在航行过程中容易找到参照物，不致迷失方向。在指南针没有发明之前，人们主要通过海岸轮廓和山形水势来引航，这就要求船只尽可能靠岸航行。这种引航方法在航海学上称为地文航海或引航术。如果船舶航行时不得不航行在长期见不到陆岸的大洋中，就只能借助天体来导航了。《汉书·艺文志》中就有"海中占验"之说，通过星宿划分对应地面区域来定位，以保证海上船舶航行时不至于迷航。

尽管汉武帝打通了陆上通往西域的"丝绸之路"，但要全线贯通整个亚欧大陆，中间还是有些阻碍，比如说波斯（安息）。波斯正好处在罗马和中国之间，控制着东西方的贸易，从中渔利，是当时名副其实的丝绸"倒爷"。为了获得更多的利润，波斯想方设法阻挠汉朝与罗马的直接交往。据《后汉书·西域传·安息传》记载，汉和帝永元九年（97），都护班超派遣甘英出使罗马，抵达西亚，正准备渡海西行时，安息人就劝阻甘英："海水广大，往来者逢善风三月乃得度，若遇迟风，亦有二岁者，故入海人皆赍三岁粮。海中善使人思土恋慕，数有死亡者。"这是什么风啊，得等两年？反正安息人就是不想让他人往来。我们现在知道，波斯就在现在的波斯湾西亚一带，离地中海地区没多远。

受波斯中介商的控制，当时到达地中海地区的丝绸价比黄金，即一两丝绸几乎等价于一两黄金。罗马的贵族们以穿中国丝绸为荣，那是身份的象征。据记载，凯撒大帝登基时，穿的就是用中国丝绸织成的丝袍。因此，当时像罗马这样的地中海国家，很希望直接与中国交往。陆上有波斯的阻挡怎么办？那就从海上走。116年，罗马派使者通过海路到达中国，具体线路就是从红海出发，经印度洋和马六甲海峡，在当时的日南郡（现属越南）登陆，然后从陆路到达西安。这是东汉同罗马的第一次直接联系，也是中国同欧洲的第一次直接联系。这样一来，海上贸易通道在中国和地中海地区之间真正开通。在东汉以及之后的三国时期，在中外航海贸易商的努力下，两个大国终于直航了。从广州到印度、斯里兰卡的中国商人，开始与在这里的罗马商人发生直接的贸易关系。中国丝绸源源不断地输入欧洲，同时也从地中海、印度洋地区换回象牙、犀牛角、香料等物产。

唐宋时期是古代东西方海上贸易的高潮时期。唐代著名地理学家、宰相贾耽曾详细描述过当时"广州通海夷道"航线，这一记载收录于《新唐书·地理志》中。据《新唐书·地理志》记载，当时最长的路线是：由广州经海南岛和越南中部、南部沿海地区和附近岛屿，过爪哇岛、苏门答腊岛，渡马六甲海峡，经尼科巴群岛到达狮子国（今斯里兰卡），再沿印度半岛西岸经波斯湾至幼发拉底河口的乌刺。海船到这里需要换乘小船，溯河而上，两天后到末罗（今伊拉克巴士拉），当时大食国的重镇。又往西北陆行千里，抵达大食国的首都缚达城（今伊拉克首都巴格达）。另一条线路，同样由上述海路到达印度半岛西岸，再横跨印度洋至非洲东部的三兰国（今坦桑尼亚的达累斯萨拉姆一带），向北经数十个小国可通乌刺，同第一条路线会合。从广州到波斯湾全程一万四千多公里，途径国家难以准确计算。这条航线是 16 世纪以前亚非各国最长的航线，也是当时世界上最长的航线。它延伸了汉代由徐闻出海的广州海上丝绸之路，在中西交通史上占有重要地位。

到了宋代，随着海洋运输量的增大，以及航海技术的进一步提高，到各国的航线基本上都是直达，相当于现在讲的货运专线。比如，到阇婆（印度尼西亚爪哇岛中部）的航路，从泉州港"率以冬月发船，盖借北风之便，顺风昼夜行，月余可到"，这是条横穿南海的直达航线。往阿拉伯及东非的航路也是横渡直达，船从广州出发，经三佛齐（大巽他群岛）到达蓝里（今马六甲海峡西口的班达亚齐），航期四十天。从蓝里到故临（今印度西南沿岸奎隆一带）三十天，到大食六十天，全程航期需要一百天左右。贾耽在《通海夷道》中所记这段海路的航期是九十多天，如果考虑气象变化等条件的话，唐宋两代的航速大致相当，说明这个时期我国航海技术已经相当成熟。当然，这一百天的航程特指海上航行时间，不包括靠岸停留、货物转运，以及等待季风等所耽搁的时间在内。实际上，当时一个往返通常需要一年左右的时间。宋朝政府为了加大对外贸易，提高货运量，还特别制订了"饶税"奖励政策，规定凡南洋航线的船舶如在五个月内、大食航线在一年内能返回国内，将给予一定的奖励。

　　唐宋时期海上贸易繁荣景象的形成，原因是多方面的。首先，大唐帝国本身就是一个开放的帝国，对外交往主动而频繁。其次，唐朝自安史之乱后，尤其是到了宋朝，中原王朝基本上失去了对西北地区的控制权，通西域的陆上通道被切断，这样客观上也只能通过海路进行对外贸易。

　　唐宋时期是我国古代造船史上的第二个高峰时期，是我国古代造船业的成熟时期。汉代，我国造船航海技术已经相当成熟，能制造高达十余丈的三层"楼船"，并且使用了桨、橹、船尾舵、风帆、横隔舱等造船工艺技术。到了唐宋时期，这些技术得到了进一步的完善和提高，而且创造了许多更加先进的造船技术。与之前相比，唐宋时期的船体不断增大，制造工艺也越来越复杂，结构也更加合理。据记载，宋朝建造了所谓的"神舟"，它的载重量竟达 1500 吨以上。有的大海船载重数万石，舵长达 3～5 丈（合 10～17 米）。唐朝舟楫已采用了先进的钉接榫合的联结工艺，使船的强度大大提高。宋朝造船、修船已经开始使用船坞，这比欧洲早了 500 年。宋代工匠还能根据船的性能和用途的不同要求，先制造出船的模型，进而设计图纸再进行施工。欧洲在 16 世纪才出现简单的船只设计图，落后于中国三四百年。宋朝时期，船舶制造已普遍采用了水密隔舱技术，大船内隔有数舱乃至数十舱。由于舱与舱之间严密分开，因此在航行中，特别是在远洋航行中，即使有一两个舱区破损进水，水也不会流到其他舱区。从船的整体来看，仍然保持有相当的浮力，不致沉没。当时这项技术蜚声中外，而西方船只，直至 18 世纪才有水密隔舱。

　　指南针在北宋时发明以后，很快就在航海上得到了应用。在未采用指南针前，航海是白昼依靠太阳和夜里依靠星宿的位置来确定方向的，但是天文导航受天气影响很大。正是由于造船技术的发展，以及罗盘广泛地应用于航海，加上前人积累的牵星术、地文、潮流、季风等航海知识，使得这个时期的船只不再像以前那样循岸走弧线，而多是直线航行，并且可以长年在海上远行。

唐宋时期海上贸易的商品也发生了一些变化。1987 年，在广东阳江东平港以南约二十海里处的海域发现了一艘南宋时期的木质古沉船，后来将它命题为"南海一号"。"南海一号"是一条满载货物的沉船，船长 30.4 米、宽 9.8 米，船身（不算桅杆）高约 4 米。船内现存的货物以瓷器、铁器为主，钱币亦有相当数量，纸张、丝绸等有机质货物可能因受海水腐蚀而彻底分解了。截至 2016 年 1 月 5 日，总共打捞出文物 14000 余件套，其中瓷器 13000 余件套、金器 151 件套、银器 124 件套、铜器 170 件，铜钱约 17000 枚以及大量动植物标本、船木等。据推测，该船是从我国的东南沿海港口装货后，在前往南亚、西亚地区进行贸易活动的途中沉没于海底。说明那时海上贸易的商品除了丝绸外，还有大量的瓷器、铁器等。唐宋以来，中国的瓷器已是享誉世界。除此之外，纸张、印刷术、火药等，也传入了西方。

元朝十分重视航海事业，专门由国库拨款建造海船与海外各国进行航海贸易，与上百个国家进行海上交往。民间航海家汪大渊曾于 1330—1390 年间两次从泉州出发航海远游，历经南洋群岛、阿拉伯海、波斯湾、红海、地中海、非洲的莫桑比克海峡及澳大利亚等地。他于 1349 年写成《岛夷志略》一书，书中记述亚、非、澳各洲的国家国名、地名达 220 余个，其中 99 个为其亲历。

明朝航海家郑和在 1405—1433 年，率领远洋船队七次下西洋，目前已知最远曾达东非、红海，遍访亚非各国，甚至有学者认为郑和船队还到过美洲。郑和船队规模之大、船舶之巨、航路之广、航技之高，在当时是无与伦比的。据《明史》记载，郑和船队光"宝船"（最大类型的船只）就有六十三艘，船只最大的长四十四丈四尺（151 米），宽十八丈（62 米），"高大如楼，底尖上阔，可容千人"。"宝船"分四层，船上九桅，挂十二帆，锚重上千斤，每次起锚要动用二百人。郑和每次下西洋人数在 27000 人以上，船只 240 多艘，每次出访时，船队樯橹如云，云帆蔽日，堪称中国航海史上前所未有的一大壮举。

郑和下西洋比欧洲国家航海时间早了将近一个世纪，像后来闻名于世的麦哲伦、哥伦布、达·伽马等航海家，那时还没出生呢。不妨将郑和与哥伦布两人的航海做个比较：郑和首航时间是 1405 年；哥伦布是 1492 年。郑和每次航行的船队是二百多艘，其中宝船六十多艘，哥伦布只有三艘小船，长约 24.5 米，宽只有 6 米；随行人员，郑和 27000 多人，哥伦布只有 88 人。

令人惋惜的是，随着古代中国晚期封建统治者的逐渐保守与僵化，明晚期及清王朝对外闭关锁国，对内实行海禁，"郑和之后，再无郑和"，中国航海业继而由盛转衰。之后的欧洲各国，尽管航海业起步晚，水平低，但他们"一哥伦布之后，有无数继起之哥伦布"，最终称雄于各大洋。

第五章

空间力量

1. 北风航海南风回

　　古代航海，除了人力之外，主要就是借助风力。帆船的产生，大大地提升了航海的速度，但同时也给人们提出一个难题，那就是要准确地掌握风向。我国位于亚欧大陆的东部，太平洋的西岸，受海陆热力性质差异的影响，东部属季风气候区，一年中盛行风向有明显的季节变化：冬季亚欧大陆形成一个强大的冷高压区，其中心在蒙古至西伯利亚一带，东部海域则是低压区，所以东部地区盛行偏北季风；夏季则相反，海洋上是高气压，陆地上是低气压，东部地区则盛行偏南季风。

　　我国古人很早就掌握了利用风力航海的技术。唐宋时期，中国的航海家们已经非常准确地掌握了季风规律，并利用季风的更替规律开展远洋航海活动。南宋著名政治家、诗人、爱国名臣王十朋曾在《提舶生日》一诗中写道："北风航海南风回，远物来输商贾乐。"王十朋曾任泉州知州，泉州是当时著名的港口。这里的提舶是官职名，全称应是"提举市舶"，专门管理航海事务及海上对外贸易。诗句生动地描述了当时商船利用季风航海，进行海外贸易的盛况。

　　《萍洲可谈》是宋代记述有关典章制度、风土民俗及海上交通贸易等内容的笔记体著作，书中对当时的航海有详细的描述。据书中记载，东南亚的太平洋航线，"船舶去以十一月、十二月，就北风；来以五月、六月，就南风"。类似的记载在当时还有很多，像《云麓漫钞》对当时的航海路线也有记载："去朝鲜乘夏至后南风，北风方回"；去日本一般利用初夏的西南季节风，回舶则利用春季的东北季节风；等等。这说明古代劳动人民在同大自然的斗争

163

中，积累了丰富的远洋航行经验。宋时的海员已经熟练地掌握海洋不同季节风向的规律，并利用季风的规律来开展航海活动。

明代郑和七次下西洋（如表5-1所示），每次大致都是冬季出航，夏季返航，航行过程中充分利用季风规律。

表5-1　郑和七次下西洋大致时间

项目	第一次	第二次	第三次	第四次	第五次	第六次	第七次
出发时间	永乐三年六月十五日（1405年7月11日）	永乐五年九月十三日（1407年10月13日）	永乐七年九月（1409年10月）	永乐十一年十一月（1413年11月）	永乐十五年五月（1417年6月）	永乐十九年正月三十日（1421年3月3日）	宣德五年闰十二月初六（1430年1月）
返回时间	永乐五年九月初二（1407年10月2日）	永乐七年（1409年）夏	永乐九年六月十六日（1411年7月6日）	永乐十三年七月初八（1415年8月12日）	永乐十七年七月十七日（1419年8月8日）	永乐二十年八月十八日（1422年9月2日）	宣德八年七月初六（1433年7月22日）

除第五次外，郑和船队历次下西洋都是在冬季利用东北季风出海，而在夏季利用西南季风回国。如果单从出发日期来看，似乎看不出这种规律，这是因为出发和返回的地点不同所致。例如，祝允明的《前闻记》记载了郑和第七次下西洋出发、所经各地及返程的日期，为分析船队利用季风航行提供了重要的史料。《前闻记》记载："宣德五年闰十二月六日龙湾开船……二十一日到刘家门，六年二月二十六日到长乐港，十一月十二日到福斗山，十二月九日出五虎门，二十四日到占城……"航海的回国日程是："……（占城）（宣德八年）六月一日开船，三日到外罗山，九日见南澳山，十日晚望见望郎回山……二十日过大小赤，二十一日进太仓。"从上述描述可知，船队从南京

龙湾出发的时间是宣德五年闰十二月六日，而从太仓至长乐的航行时间是从闰十二月二十日至次年二月二十六日。这两个月东海正是东北季风盛行的季节。船队到长乐港已是冬末春初，东北季风将结束，为此船队在长乐停留了九个多月，至冬季来临，东北风劲吹时才重新出洋。而回国的日程，自占城经南海，东海到大仓，正是夏季西南季风盛行之时。另外，跟随郑和第七次下西洋的巩珍，在其所著的《西洋番国志》中有过这样的记载：派往各地的船舶完成任务后，都按期在满剌加（马六甲）集中，"停候五月中风信已顺"，然后返航。可见郑和船队的返航日期，也是根据季风确定的。

郑和下西洋远至波斯湾及非洲东海岸，在整个航程中还利用了印度洋一带的南亚季风。印度洋赤道以北水域是世界海洋最显著的季风区，夏季盛行西南季风，风力较强；冬季盛行东北季风，风力较弱。四、五月和十月为季风交换期，风力较弱，风向不定。《前闻记》记载，郑和第七次下西洋在印度洋航行的简要日程是："……满剌加（宣德七年）八月八日开船，十八日到苏门答剌。十月十日开船，十一月六日到锡兰山。十日开船，十八日到古里国。二十二日开船，十二月二十六到忽鲁谟斯。八年二月十八日开船回洋，三月十一日到古里……四月六日到苏门答剌……二十日到满剌加国。"在此航程中，自苏门答剌（位于今苏门答腊岛西北端）至锡兰山（今斯里兰卡）是横渡孟加拉湾，该湾是典型的季风区。第七次下西洋时，往程是冬季，正是利用东北季风；返程（农历四月）是初夏，利用西南季风。而自古里（印度西海岸今卡利卡特）至忽鲁谟斯（位于今霍尔木兹海峡）是穿越阿拉伯海，该海域也是季风区。第七次下西洋时往程是冬季，基本是东北风，船队侧面受风；返程（农历二月中旬至三月中旬）是季风转换期，阿拉伯海沿北岸及东岸风向大致为西北，对船队航行十分有利，故往程行 35 日，返程仅行 23 日。通过以上分析，可以得出这样的结论：郑和下西洋是在掌握中国近海及印度洋季风规律的基础上，科学地安排往返的航行日期。

海船启碇出港，扬帆翔风，还要受到波浪、潮汐、洋流等的影响。洋流又叫海流，它长时期沿一定的方向大规模流动。大多数洋流的形成与盛行风有关，洋流的流向与盛行风方向大体一致，例如在东北信风和东南信风的吹动下，分别形成北赤道暖流和南赤道暖流。远距离的航海，受洋流的影响大，如果航向与洋流流向一致，则顺风顺水，既提高了航行速度，又节省了航行时间。

著名航海家哥伦布先后四次出海远航，开辟了横渡大西洋到美洲的航路。第一次航行始于 1492 年 8 月 3 日，当时哥伦布一行 88 人，分乘三艘木帆船从西班牙巴罗斯港出发，10 月 12 日到达并命名了巴哈马群岛的圣萨尔瓦多岛。除去在欧洲沿岸逗留的时间，实际跨越大西洋共费时 37 天。然而当哥伦布第二次横渡大西洋来到巴哈马群岛时，全程只用了 20 天，比第一次足足少花了 17 天。究其原因是两次航行的线路略有不同。第一次前往美洲，有相当长的路程是逆着盛行西风带和北大西洋暖流航行的，逆风逆流，耗时费力。第二次则是先顺着加那利寒流南行，之后顺着东北信风带和北赤道暖流向西行，一路顺风顺流。哥伦布应该在第一次航海中就发现不同纬度地带风向和洋流流向的规律，所以此后的几次航行，出程都是先沿欧洲和非洲沿岸南行，到达低纬地区后，再折向西行，最后抵达美洲。返程则是沿中纬度航线，顺着盛行西风带和北大西洋暖流。

哥伦布发现美洲新大陆后，随之而来的是葡萄牙、西班牙、英国、法国等国家开始殖民扩张，他们在美洲创建种植园，开采矿产。新大陆的开发需要大量的廉价劳动力，在利润的驱使下，殖民者将贪婪的目光投向了非洲大陆，开始了罪恶的奴隶贸易。欧洲商人将廉价的工业品（枪支、纺织品等）运到非洲换取奴隶，把黑人奴隶运到美洲卖掉，再从美洲购回生产原料（金银、工业原料等），在欧洲制成工业产品再运到非洲出卖，如此循环往复。航线往返于欧洲西部、非洲的几内亚湾附近及美洲西印度群岛之间，构成三角形状，所以被称作"三角贸易"。由于贩运的是黑人奴隶，故又称"黑三角贸易"。

如果对"三角贸易"航线稍作分析，发现它不仅考虑到欧、非、美三大洲的贸易需求，同时也充分利用了大西洋风带及洋流的规律。先从欧洲出发，主要顺着加那利寒流，到达非洲黄金海岸一带，这叫"出程"。在非洲用价值很低的商品与黑人部落的酋长交换年轻力壮的黑人，完成了第一次交易。接着，满载黑人的运奴船沿着中央航路横渡大西洋，到达美洲，这叫"中程"。装载黑人奴隶的船只顺着北赤道暖流和东北信风带，横跨大西洋，到达西印度群岛一带。到达目的地后，黑人被卖到矿山或种植园做奴隶。完成交易后，欧洲商人再装上从美洲掠夺的特有热带农产品，如糖、烟草等，还有许多贵重金属矿产品，比如来自墨西哥、秘鲁的银。最后，满载金银和原料的船只返回欧洲，这叫"归程"。归程时船只依旧顺风顺流航行，顺着墨西哥暖流、北大西洋暖流，以及中纬的盛行西风带。运回来的金银和原料对资本主义的发展起了极大的推动作用，这也是奴隶贸易得以顺利进行的重要原因。马克思曾说过，"资本来到世间，从头到脚，每个毛孔都滴着血和肮脏的东西"，这从"黑三角贸易"可见一斑。

我们通常讲的洋流多指表层海水的流动，有些海域，底层海水的流动方向也有一定的规律，其中最常见的就是密度流。直布罗陀海峡两侧的海水就是这样子，表层海水自西向东由大西洋流入地中海，底部海水则从地中海往大西洋流。密度流的形成，主要是由不同海域海水的密度差异所致。地中海因蒸发旺盛，降水相对少，周围又无大河流入，海水的盐度较高，密度大，水面相对较低，大西洋则相反，因此就出现上述洋流规律。

二战期间，纳粹德国曾将直布罗陀海峡两侧的洋流特点运用到战争当中。当时的北非战场，有"沙漠之狐"之称的德军元帅隆美尔指挥非洲军团，多次打败英国军队。为了扭转战局，英国调集舰队攻击在地中海上的德军运输补给线，使得本打算饮马尼罗河，把英军彻底赶出北非的隆美尔陷入了困境。二战期间的纳粹德国一度在陆军和空军上占有优势，但薄弱的海军一直是第三帝国的软肋。由于受限于一战后的限制性条款，德国海军的大型水面舰艇总吨位低，型号老旧。当时德国海军作战主要利用小吨位的 U 型潜艇，作战方法多采用"狼群战术"，即用多艘潜艇组成小分队，像狼群一样轮番对敌方军舰和运输船发起水下攻击。德国海军的"狼群战术"屡屡得手，破坏了盟国在大西洋上的运输线，使盟军蒙受重大损失。

拥有大量 U 型潜艇的德国海军，为何不采用"狼群战术"打击英国舰队，从而控制地中海水域呢？因为这一办法很难实施，当时从大西洋进出地中海的咽喉——直布罗陀海峡被英国人牢牢控制住。英国人在那里建有海军基地，一旦潜艇经过海峡，会立刻被基地的声呐系统捕捉到。后来德国人还是想到了一个巧妙的办法进入地中海。1941 年 9 月的一个傍晚，德国潜艇部队悄悄地来到了直布罗陀海峡附近，按照计划，潜艇在海峡入口外下潜到水下70 ~ 80 米左右，然后全部关闭发动机。让所有人都感到惊奇的是，潜艇的发动机虽然被关闭，但仍然能平稳地向前行进。第二天凌晨，潜艇浮出水面，水手们打开舱门，惊奇地发现已经来到了地中海的水域了。"这真是上帝的杰作！"这个上帝的杰作就是直布罗陀海峡的密度流，潜水艇在关闭发动机的情况下，仍顺着密度流穿过海峡。由于关闭了发动机，又潜于水下，因此巧妙地避过了英军的监视。

德国潜艇部队进入地中海后，虽然击沉了不少英国军舰，但并没有达到打通补给线的目的。英国为了防止德国再次"偷渡"，加强了在直布罗陀海峡的水下巡航。随着 1942 年英军在北非的阿拉曼战役取得的决定性胜利，"沙漠之狐"最终带着他的残余部队撤出了北非，而那些德国潜艇也灰溜溜地撤出了地中海，并在再次通过直布罗陀时，遭到了沉重的打击。看来纳粹德国非正义的战争到头来还是得不到"上帝的支持"。

同样是在二战期间，日本偷袭珍珠港的线路设计，则是将洋流、海洋气象规律的应用发挥到了极致。为了保证偷袭成功，日本在行动之前进行了充分而又缜密的研究，制订出三条偷袭路线。第一条是北方线路，从泽捉岛北上，再向东，最后向南进行偷袭；第二条是中部线路，从泽捉岛出发，经过中途岛，直接对珍珠港进行偷袭；第三条是南部线路，就是南下经过菲律宾北面，向东进行偷袭。但日本最后选择了补给最困难的北方线路。1941 年 11 月 25 日，一支由六艘航空母舰、两艘战列舰、三艘巡洋舰和九艘驱逐舰等共六十艘各种型号的舰船和四百二十三架舰载飞机组成的编队，从千岛群岛启航东进，经过十二天的航行，于夏威夷时间 12 月 7 日凌晨到达珍珠港以北 230 海里的海域。舰队在该海域停留，利用舰载飞机向珍珠港发起进攻，并以较小的代价获得了成功。

与其他两条线路相比，北方线路的劣势很明显，一是中途没有基地提供补给，二是大部分在西风带洋面航行，天气恶劣。但它也有许多优势，首先是航程较短，球面上两点间的最短距离是通过这两点大圆的劣弧；其次是航速快，此线路处于盛行西风带和北太平洋暖流所在的位置，既顺风又顺水；三是正因为该航线天气较恶劣，所以往来船只航行少，美军也忽视了对该海域的监视，日军的行踪不易被发现。还有就是，受北太平洋暖流的影响，海水升温，在冬天，海洋上空气温较低，海水蒸发后的暖湿水汽遇冷后易形成雾。因此，冬季该海域多浓雾，这样舰队的隐蔽性较强。正是基于这些优势，日军最终采用了北方线路。

如今，帆船大多已退出了历史舞台，远洋航行不用等待季风的到来，大功率的动力设备，可以使船艇快速破浪前行。但海洋的威力仍不可小觑，如何掌握并运用好海洋的特性仍是现代航运中的重要课题。

2. 南枝向暖北枝寒

　　出行要辨认方向，这是常识。有的人方向感强，容易找到路。有的人则是典型的"路盲"，转几圈就不知东南西北了。现代人认路，主要依靠周围的地物，如建筑物、店铺的招牌等，真正分得清东南西北的人并不多。一次，一位朋友来我家做客，车行驶到附近的一条街道时迷路了，打电话问我怎么走。我告诉他往东南方向大概行驶一公里就可看到我居住的小区。没想到朋友来了一句："哪个方向是东南方向？"这又是一个"找不着北"的人。

　　感受自身和空间环境的关系，是人类对自然认知的重要组成部分。要定位，就必须有合适的参照物。在古代传统方位观念中，以观察者为中心，根据太阳位置而确定四方：日出之向为东，日落之向为西，朝阳之向为南，背阳之向为北。"東"（东）字的形状是"日在木中"，意思是旭日初升，旭日初升的地方就是东方。"舀"（西）是个象形字，意思是鸟在巢上。太阳西沉而鸟归巢栖息，鸟归巢就成了方位字"西"。"南"字用来表示方向，它的外框是木字的变形，内框里的字符是指向的意思。《说文解字》上说："南，草木至南方有枝任也。"草木承受充足的阳光，枝叶就长得繁茂，所以向阳处就是南方。"北"字即两人相背，背就是背面，古代宫室多坐北朝南，背面就是北面。

　　现代人分不清东南西北，很大程度上是因为从小就缺乏练习。身处都市环境，平时出行都是依靠交通工具，很少有徒步远行的机会，也就很少会用到东南西北这种"绝对方向"来处理问题，反而用前后左右这种"相对方向"的机会比较多。很多人对方向的认识只停留在小学启蒙教育的层次，如

170

小学课本上的描述"早上起来，面向太阳，前面是东，后面是西，左面是北，右面是南……"那中午的时候怎么办？见不到太阳的时候怎么办？很多人就不知道了。就算借助太阳辨认方向，也不是简单的"东升西落"，小学启蒙的也只是个大致方向。一年中只有春分和秋分太阳才从正东方向升起，正西方向落下，其余时候要么是东偏北，要么是东偏南。例如北半球夏季，太阳是从东偏北升起，从西偏北落下，离夏至日越近，偏得越大。这跟太阳直射点所处的位置有关。至于正午时刻就更复杂了，那得看这天太阳直射点与当地的纬度位置如何，是在南面还是在北面。

　　不少人从中学地理课上，了解到地图的方向是"上北下南，左西右东"。那是一种简单的方向标识方法，一般用于大比例尺地图中。像中国地图、世界地图这种小比例尺地图，就得用经纬网来表示方向了，因为地球是个球体，地球表面准确的方向不是直线，而是像经纬线一样的曲线。为了使用方便，地图上有时还用指向标来指示方向，比如一些景区的地图。这些是地理基础教育中需要掌握的内容，但真正掌握的人不多，主要原因还是一个，就是除了考试外，平时用得少。

　　有趣的是，北方人似乎比南方人方向感更强。比如你在北京问路，得到的回答常常是"往南走，第一个路口再往东走"之类的回答。如果你是南方人，常常会被搞得一头雾水。因为在南方人眼里，方向没有东南西北，只有前后左右。这种现象的出现，可能跟地理环境有关。北方多平原，地形平坦，视野开阔，容易借助太阳、北极星等天体来判断方向。由于地形平坦，加上河流相对少，水系不发达，道路和建筑也容易根据方向来布局，例如房屋通常坐北朝南，道路沿正北、正南或正东、正西方向延伸。因此，在北方人的日常语言中，经常出现东南西北这样的词语就不足为怪。儿童从小在这种口口相授、代代相传的环境中长大，他们的方向感经常得到锻炼，也就能比较轻松地指出东南西北。况且用东南西北来表示方向比前后左右要方便得多，比如一说到村东头的李大爷家，人们立马就知道是谁家了，否则你得比划半天。就像我前面提到的那位朋友，最后只好用前后左右给他指路了，但前提是你要知道他前行的方向是哪个啊。

南方则不同，地形以丘陵山地为主，地势起伏较大，加上水网密布，道路和建筑物就难以按照正南、正北这样的方向来布局了。因此你看南方农村的房屋，其朝向大多是杂乱无章的，并且受山地、森林的阻挡，视野也不开阔。在这种环境下，方向的辨别也就比较困难。但也有个好处，就是可参照的地物较多，表示位置常常可以借助一些典型的物体，如树木、水体、山丘等。例如说村子前面池塘边的李大爷家，你也马上知道指的是谁家了。

辨别方向的能力，古人比我们强，这是由于当时人类生存所需造成的。现代人由于科学技术的发展，可以通过电子设备来辨别方位。古人则不同，只能依靠自然地理环境，就算后来发明了指南针，使用的范围也是很小，不是人人都用得上。古人很早就知道利用天体及其运动规律来判定方向，最常见的就是借助太阳、北极星等天体。尽管古代人们对宇宙的认知很有限，比如中国古代只有天圆地方的概念，但他们却能发现并确定东西南北的准确方位，并与现代理论的结论是一致的。不少人认为古代的方向与现代刚好相反，如古时的江左指的是江东，左是东面而不是西面。这是由于视角的不同。我们现在绘制和察看地图，通常是"上北下南，左西右东"。古人坐北朝南，所以是"前南（上）后北（下），左东右西"，其实方位都是一样的。不仅如此，东方文化和西方文化中，对方向的确定，其结果也是一致的。这是一种巧合还是必然？我想这是必然的，因为无论是古今还是中外，在方向的确定上，所选择的参照系几乎是一样的。

古时很多地名是用方位来表示的，比如山东、山西、河南、河北、江东、江北、岭山、漠北等等。当然，有些地名与现在有所差别，比如说山东、山西古时指的是崤山以东和以西地区，而现在变成了两个省份的名称。江东的"江"指的仍是长江，但不是整个长江，长江干流整体上自西向东流，只有南北之分。这里是指长江在自金陵（今南京）以上至九江一段，该段为南北流向，以东地区被称为江东。岭南的"岭"指的是南岭，古时也有北岭，就是现在的秦岭，这个恐怕早已被人们遗忘了。

　　除了东南西北外，古代表示地理方位的方法还有很多。一是以左右表示，古人习惯以东为左，以西为右，东西与左右常可互相替代。例如江东常称作江左，魏禧《目录杂说》云："江东称江左，江西称江右，自江北论之，江东在左，江西在右耳。"钟会《檄蜀文》曰："姜伯约屡出陇右。"陇右即陇西，指陇山以西地区。

　　二是以阴阳表示。阴阳原指日光向背，向日为阳，背日为阴。"南枝向暖北枝寒，一种春风有两般。"（唐·刘元载妻《早梅》）我国位于北半球，且大部分位于北回归线以北，因此正午的太阳大多数是从南面照射过来的。山坡的南面向阳，北面背阳；而河谷却正好相反，东西流向的河流，北岸大部分时间可照到阳光，为阳，南岸则相反。因此有"山南水北为阳"的说法。许慎《说文解字》："阴，暗也；水之南，山之北也。"带有"阴"或"阳"的地名，往往体现其地理方位，如"华阴"在华山之北，"衡阳"在衡山之南。"江阴"在长江之南，"淮阴"在淮水之南，"汉阳"在汉水之北，"洛阳"在洛水之北……咸阳，位于渭水北面、嵕山南面，山水俱阳，因此而得名。"咸"就是"都""俱""全"的意思。另外还有以五行、四兽（即青龙、朱雀、白虎、玄武四神兽）、八卦、星宿、天干地支等许多方法来表示方向，此处不一一赘述。

　　东、西、南、北、中不仅表示方位，还可表示座次的排序、地位的尊卑。例如白居易的《效陶潜体诗》之十五就形象地反映了方位与地位之间的关系："贵人居南苍，寒士栖北里，富翁为东临，贫者在西舍。"

　　就南北而言，古时以南向为尊，北向为卑。南向即坐北向南，是尊者之位，接见下属南向体现了尊卑主从，如天子坐北向南，臣子居南向北面见国君。如贾谊《过秦论》："秦并海内，兼诸侯，南面称帝，以养四海。"北面则是古代臣子、卑者之位。又如《资治通鉴》："若不能，何不按兵束甲，北面而事之！"意思就是向曹操投降。因此，"北"后来又引申出"溃败"之意，军队打败仗背向对方逃跑就叫"败北"。如《过秦论》："秦有余力而制其弊，追亡逐北，伏尸百万，流血漂橹。"这里的"北"指溃败的军队。

就东西而言，则是东尊西卑。"东主""东家""财东"等古代称呼就包含着尊敬的意思。类似的尊称现在有时还在用，如"房东""股东""东道主"等。据《称谓录》卷八记载："汉明帝尊桓荣以师礼，上幸太常府，令荣坐东面，设几。故师曰西席。""东面"就是面向东方，表示尊敬。面向东方的座席又叫"西席"，就是"坐西面东"的座次。明帝这样安排是表示对老师的尊敬，因此后人也把老师尊称为西席。

那么东南西北合起来，到底哪个最尊呢？这就要看场合了。一般来说，在厅堂之上，座位尊卑顺序依次为：南面、东面、西面、北面。值得注意的是，这里的"南面"按现在的理解，应是"面南"或"南向"，其余类推。古代帝王召见群臣议事，是坐在坐北朝南的位置，高高在上。臣子朝拜或有事上奏君主，则是面向北方。如果坐下来，一般则按官位高低从上往下，从东向西排列。但在宴会上，则是以东向最尊，次为南向，再次为北向，西向为侍坐。如宾主之间相对时，则宾东向，主西向，表示对客人的尊敬；同理，长幼之间相对时，长者东向，幼者西向。如《史记·项羽本纪》："项王、项伯东向坐，亚父南向坐，沛公北向坐，张良西向侍。"项王、项伯"东向坐"，傲居最上位，范增"南向坐"是第二位，刘邦（沛公）"北向坐"为第三位，张良则为侍坐。这是描写当时《鸿门宴》的场景，刘邦本是项羽宴请来的宾客，竟然被安排在最次的座位上，项羽自高自大、王者至尊的形象就跃然于纸上了。

左右也可以表示地位的尊卑。如《史记·魏公子列传》中："公子于是乃置酒大会宾客。坐定，公子从车骑，虚左，自迎夷门侯生。""虚左"，指信陵君留出左边上位，表示对侯生的尊敬，成语"虚左以待"即缘于此。古人外出乘车，车上座次也有尊卑之分的。如颜师古《汉书注》："乘车之法，尊者居左，御者居中，又有一人处车之右，以备倾侧。"兵车则不同，古代三人战车，中间位子坐的是驭手，主帅在左指挥战斗，在右边陪乘担任警卫的是车右，也叫"参乘"或"骖乘"。如《左传·崤之战》："子墨衰绖，梁弘御戎，莱驹为右。"说的是梁弘驾驭战车，莱驹担任车右。

在官职上，则多数以右为尊，右丞相比左丞相的职位要高。如《史记·廉颇蔺相如列传》："以相如功大，拜为上卿，位在廉颇之右。"是说蔺相如的官职比廉颇大。"右迁"是升职，"左迁"是贬职。如王安石《李端悫可东上阁门使制》中，"非专为恩，以致此位，积功久次，当得右迁"。白居易的《琵琶行·并序》："元和十年，予左迁九江郡司马。"说明白居易当时被贬。

以上所说只是古代座次尊卑最常见的排列方式，但随着时间的变化，地点和目的的不同，也时有改变。例如明朝余继登在《典故纪闻》卷一中记载："国初习元旧，俱尚右，至正元年十月，太祖令百官礼仪俱尚左，改右相国为左相国，余官如之。"这就是说，元朝时官职以右为上，明朝建立后则以左为上。元之前的唐宋又如何呢？也是以左为上。如唐太宗的两位名相合称"房谋杜断"——房玄龄在前而杜如晦在后。房玄龄的官职是尚书左仆射，杜如晦是尚书右仆射，显然左比右尊。南宋文天祥被任命为右丞相兼枢密使，都督诸路军马，其地位也次于当时担任左丞相兼枢密使、都督诸路军马的吴坚。

如此看来，古时的方位不仅仅是一个地理概念，也包含着丰富的文化内涵，与中华民族文化、宗教思想、风俗习惯密切相关。

3. 岐路东西竟若何

　　在古时候，座次有尊卑之分，建筑的布局同样也有贵贱之分，不同方位的住宅可反映不同群体的社会地位。比如古代北方传统民居四合院，就蕴含着深刻的文化内涵。四合院无论规模大小，通常都由正房、东西厢房和倒座房组成，将庭院合围在中间，故名四合院。住上房的通常是一家之主，地位最高，其次是东厢房，再次是西厢房。倒座房是临街的，坐南朝北，通常是下人居住的地方，如《红楼梦》里的焦大是宁国府仆人，就住在这样的房子里。

　　古代一栋房子不同的房间也体现地位的差异，一个聚落不同方位的建筑往往也如此。秦汉时期，贵右贱左，就有"闾左"和"豪右"的称呼。闾就是里的意思，相当于村落、村庄。古代二十五家为一闾，住在闾巷左边的是贫民，住在右边的是贵族。如《张衡传》："又多豪右，共为不轨。""豪右"就是豪族大户。又如高启《书博鸡者事》："即入闾左，呼子弟素健者，得数十人，遮豪民于道。"意思是到贫民聚居的地方，招来一批向来勇健的小兄弟，共有几十个人，在路上拦住那个土豪。再如《史记·陈涉世家》："发闾左谪戍渔阳，九百人屯大泽乡。"陈胜就是"闾左"之一，后人发现，他似乎与一般的贫民有所不同。为什么这么说？那得从陈胜的身世和大泽乡起义说起。

　　先说陈胜的身世。《史记·陈涉世家》说："陈胜者，阳城人也……少时尝与人佣耕。"陈胜是阳城人，这点可以确定。但阳城是现在的什么地方？据有关史料记载，阳城仅作为县名就有九处之多。至于说陈胜出生地的那个阳城在哪，史学界颇有争议，主要有四种说法：一是河南商水（当时属陈郡）说，比如郭沫若的《中国史稿》、周予同的《中国历史文选》和苏诚鉴的《陈胜生地阳城应属陈郡》等文中，均持这种说法。二是河南登封（当时属颍川郡）说，赞同这种说法的人也很多，例如范文澜的《中国通史》、吕振羽的《简明中国通史》、白寿彝的《中国通史纲要》以及《辞海》《简明历史辞典》与现行中学课本等都持这种观点。三是今河南方城（当时属南阳郡）说。"方城说"赞成者的代表是谭其骧先生，谭先生在《陈胜乡里阳城考》一文中主张陈胜故里应该在今河南方城县境内。四是安徽宿县（当时属泗水郡）说，例如冯道魁、黄丰林在《陈胜究竟是哪里人》一文中提出这一观点。

对史实的认定，首选的是出土文物，只可惜目前在这方面找不到任何的证据，四种说法均源自文献资料。四种说法中，最不靠谱的应该是"宿县说"。宿县说的依据是地方志，据《大明一统志》的凤阳府古迹条下记载："阳城，在宿州南，秦县，陈胜生于此。"此外，清光绪年间的《宿县志》也记载："阳城，古地，在州东南，与蕲近。"宿县说似乎证据确凿，但可惜的是，安徽的这个阳城始建于东晋，秦汉时期行政区划中，当地根本就没有这个地名。县志中的记载，恐怕是后人以讹传讹，添加上去的。

从地理位置上分析，剩余三个最可靠的应该是"商水说"。秦汉时期，河南确实有三个阳城，分别是现在的登封、方城和商水，但只有商水是楚国故地。陈胜原是楚国人，这是不争的事实。公元前209年，陈胜、吴广起义，就明确提出了"大楚兴，陈胜王"的口号。入陈之后，陈胜自立为王，国号"张楚"，为什么是"张楚"，而不是"张齐""张赵"？《史记·陈涉世家》中，三老、豪杰也称赞道："将军（指陈胜）身被坚执锐，伐无道，诛暴秦，复立楚国之社稷，功宜为王。"这都说明陈胜在战国时期本是楚国人。因此阳城是否属于楚国故地，应该说是判定陈胜出生地的前提。

三国时学者韦昭和唐代学者司马贞、张守节等赞成"登封说"。据史料记载，河南登封的阳城原来属于郑国，后又属韩，秦灭韩后置颍川郡，该地从未属于楚地。南阳地区的方城一带也不是楚国故地，如《史记·六国表》记载："韩釐王五年（前291）秦拔我宛。""魏安釐王四年（前273）秦攻韩，取南阳。"又如《史记·秦始皇本纪》："秦始皇十六年（前231），发卒受地韩南阳，假守腾。"说明南阳地区原分属韩、魏两国，而后直接被秦国占领。再如《史记·李斯列传》中载，赵高曾经在秦二世面前诬告陷害李斯父子："丞相长男李由为三川守，楚盗陈胜等皆丞相傍县之子，以故楚盗公行，过三川，城守不肯击……"李斯原籍上蔡，商水阳城距上蔡故城仅二十余公里，正是邻县关系，而登封、方城离上蔡很远。陈胜起义后定都陈郡，陈郡大致在今河南淮阳一带，与商水隔沙河相望。据《史记》的描述，陈胜定都称王后，"其故人尝与庸耕者闻之，之陈……陈王出，遮道而呼涉"。当年和陈涉一起庸耕的老乡来看他，说明陈涉的老家距陈郡不远。登封、南阳与淮阳相距近三百公里，短时间内成群结队地赶来，在那时是很难办到的。

另外就是陈胜、吴广他们被发配戍边的行军路线也很诡异，渔阳位于今北京的密云区，大泽乡位于今安徽的宿县，如果陈胜一行是从河南出发，去北京应该直接北上，没理由先向东去安徽，再向北到北京。况且河南的登封和南阳距离安徽的宿县将近五百公里，如果是从这两地出发，等于多走了近千里的冤枉路。那么从商水去渔阳，是否要经过大泽乡？商水虽然离大泽乡要近些，但也将近三百公里，这样走似乎也说不通。最大的可能就是，陈胜一行还是从安徽出发。但陈胜明明是商水人，怎么会从安徽出发？这里有两种可能：

一种就是陈胜、吴广等九百名戍卒是从周围各地征召后，集中到安徽宿县附近出发。但这样做的可能性还是很小，吴广是阳夏（今河南太康）人，太康离宿县三百余公里，将两三百公里范围内的人集中到一处，费时费力。

另一种可能就是陈胜他们就是从宿县附近被征召并出发的。辛德勇先生在《闾左臆解》一文中提出过大胆的猜测，认为陈胜、吴广是在宿县一带被作为罪犯而充军的。秦时期的户籍管理是相当严苛的，民众不许擅自迁徙。陈胜、吴广"少时尝与人佣耕"，有出卖劳力挣钱的前科，有前往安徽打工的可能。《宿县志》之所以记载陈胜是当地人，很可能是因为他长期寄居此地，民间世代相传的缘故。陈胜擅自移徙，触犯了刑律，以致"谪戍"渔阳。如此一来，"闾左"不单是指居住在闾巷左侧的贫弱民众，而应该是各类违法犯罪分子的总称。不然的话，贫弱又不是罪，谈何"谪戍"？早年卢乔南先生也提出过类似的看法，他在《"闾左"辨疑》一文中，干脆把"闾左"解释为"流徙他乡的亡命之人"。从以上分析可得出，闾左表示社会底层群体是毫无争议的，《陈涉世家》里面的闾左肯定是一群贫苦大众，并且可能是一群触犯了刑律的农民。

陈胜到底是一个什么样的闾左，目前仍众说纷纭，但德勇先生他们的观点，为陈胜他们的行程线路找到了一个较为合理的解释。否则的话，如果陈胜一伙真的是从河南出发，途经安徽去北京，那就走了个大大的"＞"号，令人匪夷所思。

历史上还有更诡异的行程，那就是关羽的千里走单骑。故事出自古典小说《三国演义》第二十七回"美髯公千里走单骑，汉寿侯五关斩六将"。关羽、刘备下邳战败后失散，关羽陷身曹营。关羽虽然投降曹操，但身在曹营心在汉，当他得知刘备大哥的消息后，就不辞而别，单枪匹马保护二位兄嫂千里寻兄，并且过五关斩六将，最后在古城相会。"挂印封金辞汉相，寻兄遥望远途还。马骑赤兔行千里，刀偃青龙出五关……"罗贯中对关公的此次义举给予了高度的赞扬。

如果按照《三国演义》中的描述，关羽骑着赤兔马行走千里，走的恐怕多是冤枉路。刘备当时在河北（黄河以北）袁绍的帐中，关羽从许昌离开曹操，经过禹州（东岭关）到洛阳，再向东经过汜水关到荥阳，然后往东北，在滑州（今河北滑县）渡过黄河。按照这种走法，全程将近六百公里。从许昌去滑州，可直接向北，经开封即可到达，这样不到三百公里。所以关羽这一趟，称得上是史上最牛的"兜圈运动"，与陈胜他们不同的是，他走了个大大的"＜"号。

古代知识分子都"晓天文，知地理"，辨别个方向更是不在话下。司马迁的问题在于"简略"，他只是说陈胜是阳城人，被发配去渔阳戍边，在大泽乡起义。至于如何从河南来到安徽的细节则没有提及，以至于引起后人的种种猜测。罗贯中恐怕是有意为之，他没理由不知道这样走是不合理的。罗贯中之所以设计了一条错误的路线，恐怕多是为了故事发展的需要，目的是为了塑造关羽忠义勇猛的高大形象。

关羽千里寻刘备，历史上倒真有此事，西晋陈寿所著《三国志》的《关羽传》《先主传》《武帝纪》均有记载。据《三国志·关羽传》所述："乃羽杀颜良，曹公知其必去，重加赏赐。羽尽封其所赐，拜书告辞，而奔先主于袁军。左右欲追之，曹公曰：'彼各为其主，勿追也。'"可见曹操并未派兵追赶或设卡拦阻，"过五关斩六将"不过是《三国演义》中的杜撰罢了。

为了杜撰好这个故事，罗贯中也是煞费苦心，首先是将西安（古代的长安）的灞陵桥来了个"乾坤大挪移"，搬到了许昌。古人长安送别，如果感情好的话，送出的路也远，往东送到灞陵桥，李白《灞陵行送别》："送君灞陵亭，灞水流浩浩……"灞陵桥边多古柳，古人送别亲友，并折柳相送，黯然神伤。往西送到渭城，王维的《送元二使安西》："渭城朝雨浥轻尘，客舍青青柳色新。劝君更尽一杯酒，西出阳关无故人。"可见，灞陵桥在长安这是不争的事实。许昌现在虽然也有个灞陵桥，但这桥原来叫"八里桥"，因距许昌市八里而得名。后来为何叫"灞陵桥"呢？一是"八里"和"灞陵"谐音，最主要的恐怕与关羽《灞陵挑袍》的故事有关了，也是后人以讹传讹，沿以为习。这个与安徽宿县的阳城如出一辙。

其次就是虚构了一个东岭关。五关中其他四关都可考证，唯独东岭关在历史上从未有过。元代的《三国志平话》里，关羽辞曹的地点就定在长安，后面的洛阳、汜水关、荥阳、黄河渡口等也一一出现，也唯独没有东岭关。历史上，汉朝的都城先由长安迁到了洛阳，后来曹操"挟天子以令诸侯"，又迁到了许昌。曹操迁都许昌一事，平民百姓不知道还说得过去，罗贯中不可能不知道。可能是他对《三国志平话》中关羽过五关斩六将的故事情有独钟，于是将错就错，还是将关羽出发地定在许昌，再在许昌和洛阳之间加上一个东岭关，《三国演义》中那个传奇故事就这样诞生了。

　　"性沉静，独处一室，左图右史，凝尘满席，澹如也。"（《新唐书·杨绾传》）"左图右史"除了形容典籍图史收藏之丰富外，还应该有更深层次的意思，那就是图与史是不能分离的。图、史分列左右，可以互相参补印证，史地并称，正是这个道理。如果把历史比作是一幕戏的话，那地理则是演戏的舞台。治史者如果没有地理知识，缺乏历史空间的方位感，几乎是不可想象的。治史如此，文学创作、研究，以至生产、生活，舆图之学也是极为重要的。

4. 东风不与周郎便

　　"火烧赤壁"的故事几乎是家喻户晓。建安十三年（208），平定北方的曹操为实现全国统一开始率兵南下，在长江赤壁（今湖北省赤壁市西北）一带与孙、刘联军隔江对峙。因为北方士兵大多不习水性，也坐不惯船，曹操命令将舰船首尾连接起来，这样人马在船上就如履平地。当时周瑜采用了部将黄盖计策，决定用火攻。黄盖先派人送信给曹操，谎称打算投降曹军。约定投降的那天，周瑜选取艨艟战船十艘，装上干荻和枯柴，上面浇上油，船外面裹上帷幕。在离曹军还有二里多时，同时点燃了那十艘艨艟战船，火烈风猛，船像箭一样向前飞驶，烈火把曹军战船全部烧光。火势还蔓延到曹军设在陆地上的营寨，顷刻间，浓烟烈火，遮天蔽日，曹军人马烧死和淹死者不计其数。

　　赤壁之战是以弱胜强的著名战役，此役奠定了三国鼎立的局面，周瑜也因此役一战成名。唐代杜牧诗云："折戟沉沙铁未销，自将磨洗认前朝。东风不与周郎便，铜雀春深锁二乔。"为什么说"东风不与周郎便，铜雀春深锁二乔"呢？因为"凡用火攻，必借风力"，当时正值隆冬时节，我国东部盛行西北季风，赤壁也不例外。而曹军在北岸，风向对孙、刘联军极为不利。"欲破曹公，必用火攻；万事俱备，只欠东风"，就是这个道理。《三国演义》将此功劳归到了诸葛亮身上，第四十九回"七星坛诸葛祭风，三江口周瑜纵火"，说是诸葛亮登坛祭天，请来了东风。"七星坛上卧龙登，一夜东风江水腾。不是孔明施妙计，周郎安得逞才能？"其实诸葛亮没这么神，周瑜才是赤壁之战的主帅及决策者。"遥想公瑾当年，小乔初嫁了，雄姿英发。羽扇纶巾，谈笑间樯橹灰飞烟灭。"英雄当属周公瑾。

　　盛行西北风并不等于不会有其他风向的出现，这得等待时机。如果此时赤壁一带出现数日温度较高的大晴天，当地的气压就会相应降低。当东面或南面的气压高于赤壁地区时，必定会产生短时间的东南风。这一点当地人恐怕都知道，所以当部下程昱提醒曹操"今日东南风起，宜预提防"时，曹操笑道："冬至一阳生，来复之时，安得无东南风？何足为怪？"可见，周瑜他们正是抓住了"冬至一阳生"这个难得的机会。

　　忽必烈则没有周瑜那么好的运气，他在两次攻打日本时都遇上恶劣的天气，最后无功而返。第一次征战日本是在 1274 年（元至元十一年、日文永十一年），史称"文永之役"。忽必烈征服高丽后，多次派遣使者携国书赴日本，要求日本效法高丽来朝"通好"，否则将"用兵"，均遭日本拒绝。1274 年忽必烈发动征日战争，10 月 3 日，任命征东元帅忻都、右左副帅洪茶丘和刘复亨统率军队 3 万余人，兵船 900 余艘，从高丽合浦出发。10 月 5 日至 14 日相继袭击对马、壹岐。16 日逼近肥前沿海诸岛，歼灭日本武士数百人。19 日元军兵船驶进博多湾，翌日登陆，双方激战到天黑。日军撤至大宰府水城，元军撤至船上。不幸的是，元军当夜遇到台风，200 多艘兵船被刮翻，忻都连夜率剩余船只撤退回国。第一次战争就此结束。

　　但元政府不甘心失败，在 1279 年灭南宋后再次谋划攻打日本。第二次征日兵分两路。东路军 4 万人由忻都、洪茶丘统率；江南军 10 万人由范文虎指挥，兵船共 4400 艘，于 1281 年（元至元十八年、日弘安四年）浩浩荡荡开赴日本，史称"弘安之役"。1281 年 5 月初，东路军仍然从合浦起锚，一路扫荡对马、壹岐守军后，6 月初兵船驶抵博多海面，占领志贺岛。7 月初江南军到达，两军在日本平户附近汇合，下旬两军主力到达鹰岛。就在即将发动全面进攻时，8 月 1 日，台风袭来，元军船毁人溺，军队损失了一大半，第二次征日又告失败。从此，元朝再也不敢贸然发动对日本的袭击。我国历史上唯一攻陷日本本土的机会，都被两场台风给搅没了。日本人认为是上天挽救了他们，于是对这场台风顶礼膜拜，谓之"神风"。二战时日军"神风突击队"名字中的"神风"就来自这里。

古人做事，讲求"顺天应时"，上要遵从天命，下要适应时机。按现在的话说，就是要遵循自然规律。周瑜的成功，就是充分利用好瞬息万变的天气变化。忽必烈的运气显然差多了，两次都遇上台风。同时也说明当时元军没能掌握好海洋的天气变化规律，如果能避开台风多发的夏、秋季节，结局就完全不一样了。

古代战争如此，现代战争同样也要考虑天气和气候因素。1940 年 5 月，德军绕过马其诺防线突袭西欧，一举击溃了强大的英法联军。5 月底，40 万英法联军被德军挤压在 50 公里宽的敦刻尔克海滨，情形万分危急。为挽救联军，英国发起了代号为"发电机"的撤退计划，即著名的敦刻尔克大撤退。可要让如此大规模的联军渡过风高浪急的英吉利海峡，谈何容易！希特勒则将绞杀联军的重任交给了德国空军。德国空军很快把敦刻尔克港炸成了废墟，联军撤退进展极为缓慢。就在联军陷入困顿之时，敦刻尔克突降大雾，使这一区域的能见度骤降。大雾使德军空袭的效率大大降低，出动次数也大幅减少，持续九天的大撤退中，德军空袭仅维持了两天半就草草收场。正是这场大雾，让 30 多万英法联军创造了奇迹，为后面的反攻保存了力量。

同样的一幕继续上演。1944 年 6 月，为开辟"第二战场"，盟军集中四十五个师，一万多架飞机，几千艘舰船，准备在诺曼底登陆作战。这时，传来了令人沮丧的消息：近期英吉利海峡将受低压槽的控制。如果受低压槽的控制，英吉利海峡将会出现风高浪急的海况，舰船出航十分危险。盟军统帅艾森豪威尔将军为此一筹莫展，因为这种天气在六月份的英吉利海峡是常见的。推迟登陆时间，恐延误战机，如果不推迟，冒着恶劣天气强行渡海，可能会使部队造成很大的损失。正当大家举棋不定的时候，英国顶级气象学家詹姆斯·斯塔格领导的气象小组向联军提交了一份预报：有一个冷峰正在向英吉利海峡移动，而在冷峰过去和低压槽到来之前，会有短暂的好天气出现，这一天可能是 6 月 6 日。接着气象小组对 6 日的天气又做了更加详细的预报：上午晴，夜间转阴。这种天气虽不是很理想，但起码满足了登陆的基本条件。

盟军当机立断，选定 6 月 6 日登陆作战。然而此时德军方面的气象人员却没能做出准确的预报，他们仍认为法国西部地区连续数日将仍是暴风雨的天气，盟军不可能在这样恶劣的天气下发起全面进攻。德军西线司令官隆美尔对部下交代说："天气恶劣，可以考虑休整一下。"他自己也于 5 日早晨回国，去为夫人庆祝生日。德军在诺曼底地区放松了戒备，甚至连一些例行的海空巡逻也都取消了，使得盟军诺曼底登陆一举成功。

无论是赤壁之战还是诺曼底登陆，都告诉我们一个道理：尽管说天有不测风云，但人可以在难以捉摸的自然条件下，最大限度地运用自己的智慧和胆略，创造一个又一个的奇迹。

二战时期，天气似乎总是跟德军过不去。1941 年 6 月 22 日，纳粹德国实行"巴巴罗萨计划"，对苏联发动闪电战，三路军团直指苏联的各大要害——北路围攻列宁格勒（今圣彼得堡），中路进军莫斯科，南路直指斯大林格勒（今伏尔加格勒）。战争的头几个月里，德军进展异常顺利，连战连捷，占领了苏联西部的大部分国土。相比，苏军则损失极为惨重，几百万军队被歼。9 月底，德国中央集团军完成了对莫斯科的全面包围，莫斯科的主要防线已被撕开一道大大的缺口，德军攻取莫斯科似乎指日可待。

就在德军摩拳擦掌，眼看着快要将纳粹军旗插上克里姆林宫的时候，天气突然发生了变化。10 月 6 日，莫斯科降下了第一场雪，这场雪比以往提前了差不多一个月，10 月中下旬又阴雨连绵。雨雪交织在一起，道路泥泞不堪，德军的机械化部队几乎停滞不前。11 月初，第一次寒潮降临俄罗斯，莫斯科的气温骤降，大地出现冰冻。之后，气温持续下降，到 11 月中下旬，一度降到零下四十多度。虽然俄罗斯大部分国土属于温带大陆性气候和亚寒带针叶林气候，冬季十分漫长和寒冷，但在莫斯科，像这种严寒的天气还是少见的（莫斯科 1 月平均气温为 −10.2℃）。

在风雪的肆虐下，德军几乎处于瘫痪状态——坦克无法启动，机枪和自动步枪也无法使用，光学瞄准器失去了作用，车辆陷入雪地或在冰面上打滑……总之部队无法动弹。至 1941 年 12 月 5 日，德国中央集团军的 74 个师失去进攻能力，被迫在加里宁、克留科沃、图拉以南至叶列茨长达 1000 余公里的地带转入防御。可怕的严寒不仅使车辆和枪械无法正常使用，更摧残着德军的肉体。生活在温带海洋性气候区的德国人也许没有预料到俄国冬天会有如此寒冷，或许他们以为凭借"闪电战"，战争在冬季来临前就会结束。总之，当时的德军根本就没有准备御寒物资，很多士兵甚至还穿着单衣。早在战争初期，苏军在撤退时就施行了坚壁清野的焦土政策，将沿途的居民撤走，村庄焚毁。这样一来，也就没有给德军留下一粒粮食、一件衣服。苏军这样做，显然是为了加大德军补给的难度，因为随着战线的拉长，补给如果跟不上，则会大大迟滞部队进攻的速度。这一招在当时是很管用的，尤其是在寒冷的冬天。

冰天雪地，寒风萧萧，德国士兵无处避寒，也无衣食御寒。由于"西线"战事吃紧，加上天气恶劣，德军的补给无法跟上，最后发展到靠大量宰杀马匹来充饥。无数的士兵先是蜷缩在风雪之中瑟瑟发抖，接着横七竖八地倒毙在雪地上，他们已经完全失去了作战能力。苏军则不同，他们长期生活在这样的环境中，武器装备也适应这种严寒的气候，因此战斗力丝毫未减。屋漏偏遭连阴雨，正当德军在痛苦哀鸣的时候，苏军又从西伯利亚调来一支雪地师。这支雪地师当初布局在东西伯利亚地区，主要是防范日本用的。后来日本实施"南进"政策，苏联东线防御压力减小，雪地师正好被抽调回来对付德军。雪地师是一支训练有素、专门适应在寒冷地区作战的部队，能边滑着雪橇边向敌人开枪扫射。最终，举世闻名的莫斯科战役以德国的失败而告终，苏联也由当初的战略防御进入全面反攻。在这场战役中，德军损失兵力将近 100 万人，其中仅冻死冻伤者就高达 60 多万人。

如果没有这次如此严重的寒潮，或者寒潮像往年一样晚些到来，苏军能否守住莫斯科？这很难说。历史总是惊人地相似，1815 年 6 月 18 日，比利时布鲁塞尔南部的滑铁卢小镇，拿破仑率领的军队和英国威灵顿公爵率领的军队在此展开决战。在决战的前夜，小镇下起了大雨，道路泥泞，兵马很难前行。决战当天更是倾盆大雨、雷电交加，法军很多火药被淋湿，作战主力火炮队在泥沼中挣扎，前行十分缓慢，迟迟进不了阵地。又因为大雨，援军没有及时赶到，拿破仑最后战败。法军失利和这场大雨不无关系，火炮一直是法军的看家武器，正如维克多·雨果所说："滑铁卢是一场一流的战争，而得胜的却是二流的将军……如果没有那场大雨，进攻炮提早打响，大战在普鲁士人围上来之前就结束，历史会不会是另一种写法？"这一战，不仅彻底结束了拿破仑的军事生涯和政治生命，也改变了欧洲的历史进程。

"长使英雄泪满襟，天意高难问。"历史的"必然"总是由许多"偶然"构成的，这也许就是所谓的天意。

5. 天开函谷壮关中

孟子曰："天时不如地利，地利不如人和。""天时"指的是时令、气候，"地利"指的是地形。时令、气候是会变化的，所以要利用好它，除了要有相当的洞察力外，还要有一定的运气成分。而地形在短时间内是不会有大的变化的，是可控的，占领有利的地形，往往会取得主动权，使自己立于不败之地，所以占据"地利"常常比适逢"天时"更为可靠。

从地形来看，我国有两个地区地理位置极佳，一个是关中平原，另一个就是四川盆地。这两个地方的共同点就是四周有天然的地形作为屏障，内部则地形平坦，沃野千里。在冷兵器时代，甚至是常规战争中，如能占据这样的地方，出可攻，退可守，伺机而动，多能成功。

关中平原又叫渭河平原，介于秦岭和渭北山系（老龙山、嵯峨山、药王山、尧山、黄龙山、梁山等）之间，在地质构造上属于地堑式构造平原，海拔 323~800 米。关中平原西起宝鸡，东至潼关，东西长约 350 公里，大致包括现在的宝鸡、咸阳、西安、铜川、渭南等地，面积约 3.6 万平方公里，号称"八百里秦川"。之所以称作"关中"，是因为它处在几个关塞之间——东有函谷关（潼关），西有大散关，北面是萧关，南面是武关。这就是所谓的"关中四塞"。从战国起，关中地区就有"四塞之国"的说法。

古时进入关中，必须经过以上几个关口，其中函谷关最为重要，因为它是连接中原地区的咽喉要道。函谷关西据高原，东临绝涧，南接秦岭，北塞黄河，是中国历史上建置最早的雄关要塞之一，扼守着洛阳至西安的"两京古道"。古道中间的崤山至潼关段多在涧谷之中，深险如函，故称"函谷"。

我们现在说的函谷关多指历史上的秦关和汉关。

秦关位于今河南省灵宝市北的王垛村。战国时秦孝公从魏国手中夺取崤函之地，在此设立关塞。汉朝贾谊在《过秦论》中所说的"秦孝公据崤函之固，拥雍州之地"，讲的就是这事。秦关的关城东西长约7.5公里，最窄处只有2～3米，仅容一车通行，素有"一夫当关，万夫莫开"之说。

汉关位于今洛阳的新安县，与秦关相比，东移了150公里。汉朝时期为什么要将关塞东移？这事与当时的楼船将军杨仆有关。汉朝建立时，定都长安（今西安），关中作为帝都所在地，人们都以自己是关中人为荣。函谷关（秦关）以东则被称为关外。杨仆原籍函谷关以东的新安县，因此别人都说他是关外人，对此他感到很不爽，于是捐尽家资，于汉元鼎三年（前114）在新安县城东也修起了一座雄伟的城池，这就是后人所说的汉关。为了成为关内人，杨仆也是蛮拼的。从这个故事也可看出，当时关中在人们心目中是何等重要的地位。

秦人最初生活在甘肃渭河、羌水上游一带，世代为周王室养马，长期在西北边陲与西戎对抗，生存环境恶劣。后来因为抗击西戎，保护周王室有功，直到公元前770年，才被封侯建国。稍有历史常识的人都知道，秦国的日益强大，商鞅功不可没。商鞅变法固然是好的顶层设计，但如果没有关中这块风水宝地作为坚实的基础，秦国恐怕也不会发展得这么快。秦经过九次迁都，不断东移，最后定都咸阳，占领关中，夺取崤函，从此秦国在军事上拥有了一个相对安全的环境。当时，各诸侯国多次"合纵"，"尝以十倍之地，百万之众，叩关而攻秦"，"秦人开关延敌，九国之师，逡巡而不敢进"。最后，"秦有余力而制其弊，追亡逐北，伏尸百万，流血漂橹"。秦军利用有利的地形，以逸待劳，轻松制敌。

扼守"四塞"及蒲坂，关中则固若金汤。一旦出击，则对周边形成进攻威逼态势。军出武关，逼南阳盆地，抵中原大地；出萧关，可威逼陇西；出大散关，可进取汉中，以图巴蜀；蒲坂"扼蒲津关口，当秦晋要道"，出蒲坂可进攻晋西南。函谷关就更不用说了，"天开函谷壮关中，万谷惊尘向北空"，占崤函之险，出可取洛阳三川河谷，直插中原心脏。"双峰高耸大河旁，自古函谷一战场"，函谷关自古为兵家必争之地。"刘邦守关拒项羽"，"安史之乱"的"桃林大战"，1944 年中国军队与日本侵略军的"函谷关大战"等诸多著名的战争，都发生在这里。

关中平原还是一片富饶之地，利于养兵安民。早先苏秦向秦惠王陈说"连横"之计时，就称颂关中"田肥美，民殷富，战车万乘，奋击百贸，沃野千里，蓄积多饶"。"此所谓天府，天下之雄国也。"

谁拥有了关中这块"金城千里，天府之国"之地，谁就为今后称霸天下创造了条件。历代王朝的演替中，还创造了所谓的"关中模式"：就是以关中为基地统一天下，又以关中为基地治理天下。这个模式最初为秦所创。秦以关中为基地，最后横扫六合，吞并八荒，"执敲扑而鞭笞天下，威振四海"，直至"南取百越之地……百越之君，俯首系颈，委命下吏"。后来的西汉、隋、唐也正是沿着这个模式完成统一大业的。比如楚汉相争，最初刘邦退居巴蜀，后来出汉中，率先占领关中，最终取得胜利。当然，事情总有正反两面，如果一个王朝在政治上无所作为，闭关守成，纵有四塞之险，也只是作茧自缚。像前秦、赫连的夏政权，最初也占据了秦的故地，但终究未能取得成功。前秦还算好，符坚实现了北方短暂的统一，最后因刚愎自用，在淝水之战中遭到惨败。赫连勃勃视民如草芥，除了掠夺、杀戮之外，就没干过什么好事，搞得人人自危，最终人心尽丧。

秦不以四塞为限制，积极进取，伺机外扩，另一重要的举措就是抢在楚国之前占领了巴蜀。公元前 316 年，秦王采纳司马错的主张，借机灭蜀，之后又灭巴、苴等各小国。司马错认为，占领巴蜀，"得其地足以广国"，"取其财足以富民缮兵"。"得蜀则得楚，楚亡则天下并矣。"秦攻取巴蜀，就占据了有利的战略位置，日后可顺长江东下进攻楚国，为吞并楚国创造了重要条件。秦接着大量移民，开发巴蜀之地，达到了进一步富国、广地、强兵的目的。

司马错很有远见。四川盆地与关中平原在地形上极其相似，四周险峻，内部平坦，同样是易守难攻。"蜀道之难，难于上青天"，四川盆地西面为青藏高原控扼；北有秦岭巴山绝壁悬崖，屏障重重；南面有云贵高原拱卫，金沙江奔腾咆哮于其间；东面通道是长江三峡，但此地"两岸连山，略无阙处，重崖叠嶂，隐天蔽日"，正所谓"黄鹤之飞尚不得过，猿猱欲渡愁攀援"。直到现在，交通仍然是制约我国西南地区发展的瓶颈，主要原因就是受地形所限制。川蜀内部以平原、盆地为主，水热充足，土壤肥沃，素有"天府之国"之称。

所以说，秦得关中、巴蜀两地，等于同时拥有了西北、西南两个稳固的大后方，控制了古代中国陆地上的两个制高点，占尽天下之地利。东出函谷，可剑指中原；出三峡，则是"王浚楼船下益州，金陵王气黯然收"。

三国时期，刘备的势力是最弱的，后割据蜀地几十年，与魏、吴成三角鼎立之势，为何？关键是采用诸葛亮的计策。正如《隆中对》中所述："荆州北据汉、沔，利尽南海，东连吴会，西通巴蜀，此用武之国，而其主不能守，此殆天所以资将军，将军岂有意乎？"之后刘备向孙权借荆州的南郡，这样有了荆州南郡、长沙、零陵、桂阳、武陵等五郡。这是第一步，最终的目的是占领益州。正如诸葛亮分析："益州险塞，沃野千里，天府之土，高祖因之以成帝业。"诸葛亮为刘备分析了天下形势，提出先取荆州为立足点，再取益州成鼎足之势，继而图取中原的战略构想。最后如何才能统一天下呢？"天下有变，则命一上将将荆州之军以向宛、洛，将军身率益州之众出于秦川……则霸业可成，汉室可兴矣。"这是刘邦夺天下的翻版，同时也与秦统一六国的套路是相似的，不同的是，秦先有关中，然后入蜀，而蜀汉的意图是先占领蜀地，然后进驻关中。可惜魏蜀力量悬殊太大，蜀汉六出祁山，九伐中原，最后都是无功而返。

中国历史上有两个奇特的现象：

第一个现象，就是各朝代的统一战争，基本上都是从北往南取胜的多。从南往北发起的统一战争也很多，但打赢的极少。如元末朱元璋率领的义军把蒙古统治者赶回了漠北草原，算是从南向北打，但这里面也有很多影响因素，主要是当时元军主力在对付北方的红巾军，还有陈友谅的义军也起了相当大的作用，等于是群起围攻，元军没有不失败的道理。近代北伐战争也算，但不彻底，只是表面上实现了统一，实际上仍是军阀割据。

从北向南为什么更容易实现统一？原因是多方面的。我们经常用所谓的"正义和非正义""先进生产力和落后生产力"来解释朝代的更替，这样做很省事，但难以服众。例如元取代宋，谁正义谁非正义，谁的生产力更先进？决定战争的胜负的因素是多方面的，军队的实力是最主要的，同时天时地利人和也很重要。比如从气候上看，从北往南气候越来越暖，对作战的影响不大，甚至更有利于行军打仗。如果从南往北进攻，气候越来越冷，生活在温暖地区的士兵到了寒冷地带，战斗力必然大大减弱。冷兵器时代，战马是重要的作战武器，骑兵面对步兵有绝对优势。燕云十六州的失去，使得中原王朝失去了马匹的来源，这对宋朝的衰变乃至灭亡有着重大影响。汉武帝为了抗击匈奴，鼓励民间养马，并且从外邦大量购进马匹，就是这个道理。我国北方地形以平原为主，天然屏障较少，某些军事要点一旦被突破，大军容易长驱直入。可见地理环境的因素非常重要，有时甚至起决定性作用。

第二个现象，就是统一北方容易，统一南方难。南方气候炎热，温暖有利于军队行动，但过于炎热常常使北方士兵水土不服。长江流域还好些，到了岭南，气候湿热，北方军队进入所谓的"烟瘴之地"，战斗力可想而知。此外，从地形上看，南方多山地丘陵，森林茂密，且河网密布，自然屏障很多，有利于防御和游击战争。南宋坚持了四十多年与元军的抗衡，除了军民的奋争外，不得不说地理环境也起了很大的作用。

再看近代的抗日战争，日军在北方势如破竹，国军节节败退。主要原因不是国军不抵抗，而是军事实力相差太大。当时国民军队几乎没有飞机大炮，最好的步枪是汉阳造，有效射程 300 米，远小于日军三八大盖的 460 米，并且射击精度也不如三八大盖。日本陆军的机械化装备中，炮兵、坦克占有绝对优势，空军和海军的力量就更不用说了。在北方平原作战，国军没有飞机、没有大炮、没有装甲部队，枪支射程都比敌人短，唯有靠血肉之躯去抵挡了。因而当时有一种说法，要消灭一个日军，需付出五个国军将士的生命。

之后，国民政府不得已迁都。早在 1932 年，当日本军舰从长江上炮轰首都南京时，国民政府就考虑过迁都，并且首先想到的就是迁往关中一带。最早选择洛阳，但觉得无险可守，后来又改为西安，不过最终都没有真正成行。1935 年，随着四川和西南各主要省份的统一问题得到解决，南京国民政府逐渐将国防中心转向西南。10 月 6 日，蒋介石在成都的一次讲演中指出："四川在天时、地利、人文各方面，实在不愧为中国的首省，天然是民族复兴最好的根据地。"当时四川人口众多，物产丰富，在人力、物力、财力上有利于长期坚持抗战，因此南京政府最后选择迁都到重庆。重庆当时是属于四川省下属的一个市，南京政府迁入后，改为特别市，后来又改为行政院院辖市。如今重庆作为直辖市，那是 1997 年以后的事情。

历史总是如此的巧合，从秦朝到民国，跨越两千余年，关中和川蜀始终是人们眼中的战略要地。日本侵略者当初也想占领关中，构成由关中入川夹击民国军队的态势。1944 年，灵宝战役在崤函之地打响，中国军队利用有利地形进行顽强抗击，日军伤亡惨重，最后被迫撤退。早在卢沟桥事变之前，民国政府就开始计划打淞沪战役。虽然我们目前对蒋介石为何一改以往作风，主动打响淞沪会战的目的不是十分清楚，但可以肯定的是，淞沪会战一方面分散了日军进攻的力量，同时也改变了其由北向南入侵的方向。从此，中国军队展开了沿长江流域的东西方向的抗战。南方多山地、丘陵，并且水网密布，借助这样的地形作战，可以弥补中国军队装备上的不足。

1939 年 9 月到 1944 年 8 月期间，中国军队与侵华日军在以长沙为中心的第九战区进行了四次大规模的激烈攻防战，这就是历史上著名的"长沙会战"。血雨腥风的四次"长沙大会战"是十四年全国抗战中，中、日双方出动兵力最多（日军 66 万人次，中国军队 100 余万人次）、规模最大、历时最长的一次大会战。前三次以中国军队的大获全胜而告终，日军共伤亡近 11 万人，中国军队共伤亡约 13 万人，这在当时是很不容易的。第四次会战中，长沙虽然沦陷，但我军在长沙、衡阳、常德等地给倭寇以巨大杀伤，倭寇死伤均大于我军。长沙会战的胜利，一方面是中国军民的顽强抵抗，这是"人和"；同时，借助有利的地形，弥补我军武器装备落后的不足，这是"地利"。指挥这场战役的第九战区指挥官薛岳将军创造的"天炉战法"，正是利用了有利的地形，以伏击、诱击、侧击、尾击等方式，分段消耗敌军的兵力与士气，最后，把敌军"拖"到决战地区，给日军以沉重的打击。"天炉战法"造就了"战神"薛岳，也彻底粉碎了日寇"三个月灭亡中国"的妄想。

日军也曾企图打通三峡西进，直接攻入重庆。进攻重庆必须打通长江，而打通长江必须占领石牌。1943 年 5 月，日军攻陷宜昌，随后渡过清河逼近石牌，被西方军事家誉为"东方斯大林格勒保卫战"的石牌保卫战打响。石牌是位于长江南岸平善坝和黄陵庙之间的一个小村落，周围重峦叠嶂、断崖绝壁、千沟万壑、古木参天，江面宽仅百余米，不失为一道天然屏障。当时担任守卫石牌要塞任务的是第十一师师长胡琏将军，他擅长于山地作战。胡将军利用石牌的有利地形，构筑坚固工事，凭险据守。将士们视死如归，浴血奋战，最终以弱胜强，以较小的代价取得胜利。中国军队仅伤亡一万余人，日军伤亡兵力两万多人，损失飞机四十多架，汽车七十多辆，船艇三百多艘。一支忠勇之师，一道峻险屏障，遏制住了日本侵略者肆意践踏的铁蹄。

6. 有生何处不安生

　　土地是人类赖以生存和发展的物质基础，自古至今，不同族群、阶级、国家之间的斗争，看似是种族问题、阶级问题、权力问题，实际上大多数是土地问题。

　　农业时代，人们通过耕作来获取物质所需，狭义上的土地资源通常指耕地资源。自古以来，耕者有其田是人们追求的理想社会状态。孟子在《梁惠王章句上》中说道："无恒产而有恒心者，惟士为能。若民，则无恒产，因无恒心。苟无恒心，放辟邪侈，无不为已。及陷于罪，然后从而刑之，是罔民也。焉有仁在位，罔民而可为也？是故明君制民之产，必使仰足以事父母，俯足以畜妻子，乐岁终身饱，凶年免于死亡，然后驱而之善，故民之从之也轻。"这里所说的恒产，指的就是赖以生存的土地。

　　孟子这段话从法理上对"耕者有其田"做了较为全面的解释。孟子提出"民有恒产"，这样才能让老百姓有个吃饭的依靠，从而衣食无忧，上能养父母，下能育儿女。遇上灾年也不至于饿死，否则就会铤而走险，闹得官逼民反。因此，历代王朝都十分重视土地政策，"抑制豪强""平均地权""打土豪分田地"等等主张，基本上传承了孟子的这一思想。

　　但要真正实现耕者有其田，却是十分困难的事情。井田制是我国夏、商、周三代社会的基本政治经济制度。"井田"一词最早见于《谷梁传·宣公十五年》："古者三百步为里，名曰井田。"《孟子·滕文公上》有详细的记载："方里而井，井九百亩。其中为公田，八家皆私百亩，同养公田。公事毕，然后敢治私事。"意思是说把土地分隔成一个个方块，形状像"井"字，每一块共有九百亩。周边的是私田，分给庶民耕种，收成也归他们。中间为公田，大家共同耕种，收成归领主，前提是必须先种好公田才能去种私田。

商周时期实行分封制，天子把土地分封给诸侯，诸侯又将部分的受封地分赐给卿大夫，卿大夫又赐给其子弟及臣属，这样层层分封下去。受封者也需承担义务，就是要向上交纳贡赋，这个贡赋主要来自九田之一的公田。这种土地制度看上去很完美，庶民有自己田地，各领主通过公田，不仅不劳而获，而且还可以上缴贡赋，世界大同，其乐融融。

这种看似美好的土地制度恐怕难以真正实行。从地理环境看，尽管中原地区以平原为主，但各地的地形地貌、水文植被、人口分布等状况不同，要做到"三百步为里"，"方里而井，井九百亩"，确非易事。此外，还要做到"一夫百亩"，那更是难上加难。由于井田制的描述目前仅仅来自于《孟子》《周礼》等文字资料，缺乏考古上的直接证据，因此像孟子描写的那种井田制度，只能看作是夏、商、周时代社会农业生产制度和方式的一种总体思路和构想，是一种乌托邦式的理想制度。

井田制规定一切土地归国家（天子）所有，"溥天之下，莫非王土"。分封后的土地只能世袭，不能转让与买卖。随着生产力水平的提高，尤其是铁器的使用和牛耕的推广，它们为人们开辟广阔的山林，兴修水利工程带来了方便。这样，有的贵族为了获得更多的耕地，榨取更多的剩余劳动，就强迫庶民开垦井田以外的空地。这种额外开垦出来的田地叫私田，当然，这种私田不可能"方里而井"。私田开垦是游离于王室监管之外的，不用贡赋纳税，所以愈演愈烈，各诸侯贵族后来拥有大量的私有土地，财富实力也不断增强。发展到后来，土地的买卖、兼并也就出现了。随着土地的增多和兼并，人口也在兼并，因为开垦和耕种大量私田，需要大批劳动力。诸侯王公采取各种方式笼络民心，比如降低税赋，给予庶民少量的私产等，使得许多庶民离开王畿转赴各诸侯封地。周王室就是这样一步步被架空的。

因而，井田制无论从地理环境还是社会发展的角度来看，都是一种理想化的制度。如秦国的商鞅变法，其主要内容就包括"废井田""开阡陌""民得买卖"，承认土地私有。到春秋末战国初，井田制彻底瓦解。

　　秦以后的历代王朝，尽管中央集权有所加强，但土地兼并仍是难以根治的顽疾。为确保自耕农利益，限制大地主扩张，以缓和社会矛盾，维系君王统治，历代杜绝土地兼并的法令并不少。如北魏至唐朝前期实行的均田制、宋朝的王安石变法、明朝张居正草拟的一条鞭法、清朝康熙年间的摊丁入亩制度、民国孙中山提出的"平均地权"等等。但最终土地还是愈来愈集中到少数大地主、大官僚手中，越来越多的农民丧失土地。历史上，土地问题似乎成了一个怪圈：土地公有及平均地权，往往难以调动农民生产的积极性；承认土地私有化，必然导致土地的买卖和兼并，加大贫富差距和阶级分化。宋代大诗人苏轼在《山村五绝》中写道："烟雨蒙蒙鸡犬声，有生何处不安生？"自然万物可能如此，但在人类社会，当越来越多的人失去赖以生存的土地后，社会矛盾必然激化，最终可能引发社会动荡。我国历史上无数次的农民起义，大多数就是在这种情况下发生的。

　　土地兼并是否一定是件坏事？答案是否定的。在古代中国，尽管为了缓和社会矛盾，统治者采取了一些扼制大地主、大官僚扩张的措施，但大多数情况下土地还是可以自由买卖的。不仅中国如此，国外历史上也出现过类似情况，圈地运动就是一个典型的例子。

　　从12到19世纪，欧洲出现了所谓的圈地运动，就是使用不同方法圈占、合并耕地。这种情况在英国、德国、法国、荷兰、丹麦等国家都曾先后出现过，而以英国最为典型。在中世纪，英国为了保证土地分配的公平性，往往会根据肥瘦、远近、干湿等情况，将土地搭配好分给各农户。这样分配到各户的土地往往是东一块西一块，不仅分散，而且每个地块都较小，这种地被称为"条田"。除了种植业外，英国还发展畜牧业。每年庄稼收割后，按照惯例，人们各自把设置在条田上的篱笆、栅栏等拆除，将地敞开作为公共牧场，这种做法就是所谓的"敞田制"。条田比较分散，给耕种和管理带来诸多不便，后来就有人相互间将各自的条田交换，从而将小块零散的土地集中起来，这是最早的"圈地"。这种"圈地"完全是在自发自愿的前提下进行的，这是圈地的第一种形式。

第二种是对公荒地的圈占。那时候的英国，除领主所经营的土地和农民的份地外，还有一些公用地和森林沼泽等荒地，这些公地和荒地在法律上当然也是领主的，但实际上是公用或无主的。当土地紧缺时，大家就打上了这些公地和荒地的主意，不断对其进行圈占。这一点与我国古代开垦私田很相似。

第三种是议会圈地。君主立宪后，英国的王权和领主权衰落，议会成了最高权力机构。这时议会制订了圈地的法律，鼓励土地合并。这是第一次由政府倡导的圈地，但 20 世纪的研究普遍认为，议会圈地的规模和影响并不大。

第四种是打破租约的圈地。英国在市场经济兴起之前，有不少农民租种领主的土地，这种土地使用方式是建立在一定契约的基础上的，最终形成了佃户长期固定地使用土地的事实。但是随着市场经济的兴起，这种旧的租约受到了"价高者得"的冲击——有人（比如要养羊的）愿意出更高的地租，地主当然也更愿意把土地租给他们。这种做法当然会遭到佃户的反对，于是就出现了暴力驱赶农民的情形。所谓"羊吃人"的血腥暴力，就是这种打破租约的圈地。我们通常说的英国圈地运动指的就是这种情况。

英国的圈地运动与当时的经济和社会背景密不可分。15 世纪末以后，随着新航路的开辟，世界商路从地中海沿岸转移到大西洋沿岸，英国正好处在大西洋航运的中心线上，对外贸易发展迅速，羊毛出口量大增，毛纺织业兴旺发达，羊毛价格不断上涨，养殖业成为获利丰厚的行业。于是在工商业发达的英国东南部农村，地主首先开始圈占土地。最初贵族、地主还只是圈占公有土地，后来发展到圈占小佃农的租地和公簿持有农的份地。许多小农的土地被圈占，不得不远走他乡四处流浪。

特别是在工业革命后，英国城市人口剧增，对农产品的需求越来越大。为了生产更多的肉类和粮食，以获得更多的利润，贵族地主加快了建立大农场的步伐，各地掀起了圈地运动的热潮。18 世纪，议会通过《公有地围圈法》，这无疑为圈地运动推波助澜，以致经常出现暴力圈地的现象。农民因失去土地这一生存保障，被迫成为劳动力市场上的无产者，靠出卖自身劳动力得以生存。因此，托马斯·莫尔在《乌托邦》中辛辣地指责这是"羊吃人"的现象。

圈地运动虽然伴随着血腥和暴力，但在客观上为后来的工业革命提供了劳动力、资本和市场，对英国的近代化进程产生重大的影响。"条田制"的弊端主要是土地分散，地块小，不适合规模化经营。圈地运动改变了英国传统的农业经营方式，由分散经营变成了集中经营。由于土地的集中，实行了规模化生产，土地所有者在农业投入上的意愿更高，如改良品种，追加好的肥料，使用更好的工具，加强水利建设，采用先进的耕作方式，等等。如此一来，不仅提高了农产品的产量和质量，同时也提高了农业生产的规模和效率。

圈地运动最直接的后果就是农民与土地分离，使得农民越来越少，自由劳动力越来越多，产生了大批的自由劳动者，这为工业发展提供了大量劳动力。此外，圈地运动使得家庭手工业遭到破坏，这在客观上也为工业扩大了国内市场。同时，大量失去土地的农民移居城市，这既促进了工业的发展，也加快了城镇化的进程，使英国的城镇数量大大增加。据统计，圈地运动开始后不久，人口一万以上的城镇居民占英国人口的比例由最初的3.1%上升到8.8%。这说明大量的人口由农业生产转向工业生产，由农民转变为市民。从这个结果看，苏轼所言"有生何处不安生"不是没有道理的。

7. 稼穑艰难总不知

　　按照现在的划分方式，土地利用类型一般分为耕地、林地、草地、建设用地等。古代和现代不同，建设用地不多，土地基本上由两部分组成，就是古人常说的野田和荒林。野田就是我们现在说的田野，也就是耕地。荒林指的是未开发的土地。在农业文明时代，人类主要从土地中获得衣、食、住、行等必需的物质，耕地的数量、质量、分布等因素往往决定着一个地区环境的人口容量和人们的生活质量。

　　农业脱胎于原始采集狩猎经济的母体之中，那还是没有文字记载的远古时代。据传，我国农业的起源与神农炎帝是分不开的，"神农尝百草"的故事在我国几乎是家喻户晓。据说在神农氏之前，人们通过采摘和渔猎，从自然界中获取天然的动、植物为食。当然，这个风险也大，比如有时反成为猎物的口中食，或误食有毒植物而身亡的事情常有发生。植物的生长有一定的周期性，就某种食物而言不是每个季节都有，捕猎动物难度较大，也很危险，因此原始人类食物的来源很不稳定。

　　后来随着人口的不断增多，食物不足，迫切需要开辟新的稳定的食物来源。神农为此遍尝百草，备历艰辛，终于选择出可供人们食用的谷物。后来又察天时观地利，创制斧斤耒耜等劳动工具，教会人们种植谷物。在"尝百草"的过程中，神农多次中毒，又找到了解毒的办法，于是原始的医药也就产生了。因此我们说神农很伟大，他是在拿自己的生命为大众开辟食源、保障健康，完全称得上是一位毫不利己、专门利人的"共产主义战士"。神农氏除了"尝百草"，还教会人们"播五谷""种粟""做陶""释米加烧石上而食之"。他不仅挑选出用于人类需要的栽培植物，又制造了用于种植的生产工具，还找到了谷物熟食的方法。神农氏的传说，就是原始农业从产生到发展的整个过程的一个完美反映。

原始农业是农业发展的最初阶段，是一种近似自然状态的农业。生产工具比较简陋，多是石器、棍棒等，比如翻土工具有石铲、石锛、石耜和骨耜等，耕种和除草工具有石锄、蚌锄，收割工具有石镰、蚌镰、骨镰等等，基本上都是就地取材。耕作方法也很粗放，基本上是刀耕火种。但它在人类历史上具有划时代的意义，改变了人与自然的关系，使人类由单一依靠"天然产物"作为食物的"攫取经济"，跨越到能进行食物生产的"生产经济"，为人类社会转入文明时代奠定了物质基础。

我国古代各朝代都很重视农业生产，把发展农业看作是治国的根本。正如欧阳修在《原弊》中所述："农者，天下之本也，而王政所由起也。"同时教导人们要懂得"稼穑"之艰难，鼓励耕作，反对不劳而获。所谓"稼穑"，指的就是种植与收割，代指农业生产。如《诗经·魏风·伐檀》："不稼不穑，胡取禾三百廛兮？"又如《尚书·无逸》开篇就说："呜呼！君子所，其无逸。先知稼穑之艰难，乃逸，则知小人之依。相小人，厥父母勤劳稼穑，厥子乃不知稼穑之艰难，乃逸乃谚。既诞，否则侮厥父母……"这是周公对刚坐上王位的周成王说的一番话，意思是说："人不管做什么事情，都不要过得太安逸了。要先切身体验一下干农活的艰辛，再和舒适生活比较一下，这样才能了解民间疾苦。你看有些人，父母辛苦劳作，当儿子的却不知其中的艰辛，贪图享乐，游手好闲，甚至干一些荒诞的事情，还看不起父母……"再如唐朝诗人贯休《少年行》："锦衣鲜华手擎鹘，闲行气貌多轻忽。稼穑艰难总不知，五帝三皇是何物……"讽刺的正是这种玩物丧志、好逸恶劳、不学无术之人。

这种"以农为本"的思想甚至渗透到了少儿的启蒙教育中，如《千字文》第四部分："治本于农，务兹稼穑。俶载南亩，我艺黍稷。税熟贡新，劝赏黜陟……"意思是说治国的根本在于发展农业，所以一定要致力于农业生产的稳定与发展，耕种的季节到了，要平整南面向阳的土地，人人动手种植五谷黍稷。到了收获的季节，农户要记得交纳税粮，官府要按农户的贡献大小给予奖励或处罚……这里很朴素地反映了农业生产在国民经济中的地位和作用。

古代农业的投入，最重要的是土地和劳动力。有了更多的土地才会有更多的粮食，有了更多的粮食才能养活更多的人，有了更多的人口才会有更多的劳动力，也就能开垦更多的耕地，种出更多的庄稼。土地、粮食、人口三者相辅相成。

原始社会人口的自然增长模式呈现"高、高、低"的特点，即高出生率，高死亡率，低增长率。农业的发展既使得食物的来源更加稳定，储存量更加丰裕，也使得人类的生存环境更加安全，人口数量也会不断增加。人口数量的多寡在古代十分重要，在我国历史上，曾经有很长时间以人口数量的多少来衡量一个国家国力的大小，以人口的增长看作是国力增长的重要表现。正如《大学衍义补·蕃民之生》中所说："庶民多则国势盛，庶民寡则国势衰。"这是因为经济增长和劳动生产率的提高主要靠协作和分工来实现，这就必须以一定数量和密度的劳动人口作为前提保障。同时，劳动人口又是国家的兵力、徭役和税收的源泉。因此，我国古代许多思想家都提倡要富国强兵必先增加人口的做法，如《国语·齐语》记载，管仲在齐国就曾极力推行鼓励人口增长的政策，要求"丈夫二十而室，妇人十五而嫁"。

又如《三国志·先主传》记载："琼左右及荆州人多归先主。比到当阳，众十余万，辎重数千辆，日行十余里，别遣关羽乘船数百艘，使会江陵。或谓先主曰：'宜速行保江陵，今虽拥大众，被甲者少，若曹公兵至，何以拒之?'先主曰:'夫济大事必以人为本,今人归吾,吾何忍弃去!'"刘备撤退时为什么把新野和樊城的老百姓带上?按刘备的说法是因为"奈百姓相随许久,安忍弃之?"如此看来刘备确实很像是位仁德之君,《三国演义》里也是把他描写成仁义的化身。

但仔细一想也不太对,大战在即,一个真正爱民的将领,应该考虑的是如何避免伤及无辜,如何减少战火对百姓带来的灾难。如果让百姓随军,等于将百姓往火坑里带,最终将导致他们大量死于战乱之中。当年中国共产党的军队与百姓之间的关系,可以说是鱼水情深,但无论是离开井冈山还是延安,也都没有说出"奈百姓相随许久,安忍弃之"这样的话。后来长坂坡一战,刘备大败,不但军队损失惨重,民众也流离失所,他自己也只带着手下数十人逃跑了。

因此,刘备这样做,有人说他是假仁义,目的是为了收买人心。刘备是真仁义也好假仁义也罢,他冒险携民渡江,转战江陵,应该考虑过其后果。之所以仍冒险这样做,至少说明"民"是有用处的。比如说可以用来收买人心,一句"奈百姓相随许久,安忍弃之?"感动了多少人啊!三国时期,由于长期混战,民众难以休养生息,人口锐减。据史料记载,东汉时期在黄巾起义之前,人口达5600万左右。到了三国末期的人口只有800万左右,短短几十年的时间里,人口竟然减少了4000多万!曹操在建安八年(203)曾颁布过一个《修学令》:"县满五百户置校官,选其乡之俊造而教学之。"说明当时有不满五百户的县,还不如现在一个大的村子。农业文明时期,"地广民众"是一个国家实力的体现。刘备虽说三分天下据其一,但也只拥有一州之地,地狭民寡。刘备带着民众撤离,恐怕另有目的,那就是为了蓄存实力。民乃国之根本,有民就有劳动力,有兵源。所以刘备决定赌上一把,赌曹操追不上他,这样就可以一举两得,既获得爱民的好名声,又增加了人口。没想到最后还是在长坂坡被追上了,结果落得弃民而逃的下场。

　　所以从某种意义上说，古代王朝只要抓住了土地所有权和劳动力的支配权，就掌握了农业生产的主导权，也就统治了整个国家。我国古代很多农民起义，大多与农业生产不稳定有关，如遇上大旱大涝，朝廷处理不当，这些事情往往会激起民变，"无农不稳"就是这个道理。这个对我们现在仍有借鉴意义。

8. 随宜饮食聊充腹

农业包括农、林、牧、渔等部门，这里的"农"指的是种植业。农业发展是从种植业和畜牧业开始的，中国先民的主体早在距今七千年前后，就逐渐脱离以狩猎和采集经济为主的生活方式，进入以种植和养殖为主的农业社会。农业受自然地理环境的影响较大，我国幅员辽阔，地形、气候、土壤、水文等区域差异显著，各地农业生产特点有很大的不同。古代汉民族主要活动地域在黄河、长江的中下游地区，那里平原广阔，土壤肥沃，气候湿润，水系发达，这些都为种植业的发展提供了得天独厚的条件。西北部地区深居内陆，气候干燥，但草场资源丰富，适宜发展畜牧业。

饮食与当地的自然环境和农业生产特点有关，地域的差异对饮食文化产生了深刻影响。例如，我国东部地区长期以来以植物性食物为主，畜牧产品为辅，而西部地区畜牧产品在饮食结构中占有较大的比重。同样是东部，南方耕地以水田为主，北方以旱地为主，在饮食上形成了"南米北面"的格局。南方地区，尤其是东南沿海地区水网密布，海域辽阔，水产品在饮食结构中所占的比重较大。

饮食结构还受到社会经济条件的影响，比如经济水平、交通条件、对外交流、风俗习惯等。我国饮食文化的多元化特点，正是自然与社会各方面共同作用的结果。自古至今，一个地区的自然环境可能变化不大，但人文环境一直在改变。我国古代人们吃些什么，和现在人吃的一样吗？答案显然是否定的。

远古时期，人们吃的无非是爬虫走兽、果菜螺蚌，食物主要来自大自然，逮到啥吃啥。自然界不是什么东西都能吃，比如植物，根、茎、叶、花、果实什么能吃，什么不能吃？哪些好吃，哪些不好吃？哪些能生吃，哪些不能生吃？这都要有人去尝，然后再告诉周围的人。神农尝百草，所以说他这人很伟大。

远在春秋时期，古人就已习惯把日常的食物分为饮、食两大部分。到了正式的宴请场合，则把饮食分为四个部分，即食、膳、馐（羞）、饮。所谓"食"是指用五谷做的饭。"膳"是指用六畜制成的肉食佳肴。"馐"又称"百馐"，指的是以粮食为主料制成的多种精美素食。如李白在《行路难》中就写道："金樽清酒斗十千，玉盘珍馐直万钱。""饮"则是古代各种饮料的总称。

先说"食"。食指的是主食，主要有粱、粟、稷、稻、麦、菽、麻、苽等。如《诗经·小雅》中"昔我往矣，黍稷方华"。其中，"黍"现在常写作"粟"，就是现在的小米；稷则是黍的变种，有糯性的称黍，粳性的称稷。我们现在通常把"社稷"作为国家代名词，"社"象征土地神，古人把"稷"称作"百谷之长"，代表着谷神。可以看出黍稷在古代饮食中有着多么重要的地位。粱就是今天的高粱，古代又称木稷，《广雅疏证》中，王引之说高粱"谓之木稷，言其高大如木矣"。

麦的种类很多，有小麦、大麦、燕麦等等，古代称之为"来牟"或"来辨"。如今面食是很普遍的一种食物，但在古代，麦却是很稀罕的，尤其是小麦。小麦大规模地推广种植始于汉代，最后逐渐取代小米成为北方的主要粮食，其延续的时间很长。以前我们常听到一句话，就是"小米加步枪，打败了谁谁谁"。这说明在 20 世纪三四十年代，小米仍是我国北方大部分地区重要的粮食作物。

稻是我国南方地区的主要粮食作物。中国是稻米的故乡，可是古代稻米一直是很珍贵的食物，价格很昂贵。一方面是因为我国北方虽然在历史上长期作为经济、政治中心，但受气候、水资源等因素的制约，不大适宜种植水稻。另一方面是水稻的产量低。古代江南种水稻，用的是火耕水耨的方法。

播种前，放火烧掉田里的野草与蓬蒿，叫作"火耕"；播种后，等禾苗长到一定的高度，靠灌水来淹没并闷死田里的杂草，这叫"水耨"。这种方法虽然比原始农业耕作方式要先进，但水稻的产量还是不高，因为杂草往往比水稻长得更快更好。一直到唐代，人们才发明并广泛采用了育秧移植的水稻栽培技术，就是先育秧，同时翻耕和平整土地，除去田里的杂草，待秧苗长到一定时候再将它们移栽到水田中。这种水稻种植方法现在依然在使用。别小看这育秧生产技术，它能使水稻的产量大大提高。到了宋朝，由于引进占城稻，水稻的产量又大幅度地提高。江南地区因而成为重要的粮食产地。

唐代安史之乱后，由于人口大量南迁，南方人口数量开始超过北方，同时经济中心也开始南移。大多数人认为，经济中心的南移是由"衣冠南渡"造成的，北方先进的生产技术开始传入南方。不可否认，人口的变化会引起经济的变化，但导致经济中心南移，恐怕与当时水稻栽培技术和产量是分不开的，否则南方如何能养活这么多的人？经济中心的转移不是单靠人口迁移就能实现，而是要靠生产力水平。实际情况是，唐宋以后，水稻在粮食供应中的地位日益提高，据明代宋应星的估计，当时在粮食供应中，水稻占十分之七，居绝对优势。因此，有学者提出，中国古代应该有五大发明，这第五大发明就是水稻育秧移植栽培技术，这是有一定道理的。

在古代很长一段时间，人们吃小麦是不去麸的，因为那时还没有掌握黍、麦加工成纯面粉的技术。这样做出来的麦饭，口味大不如米饭。稻米虽然味道好，但由于昂贵，所以大多只是贵族阶层的珍馐，普通平民难以接触。如《论语》中有一段对话，宰我问："三年之丧，期已久矣。君子三年不为礼，礼必坏；三年不为乐，乐必崩。旧谷既没，新谷既升，钻燧改火，期可已矣。"子曰："食夫稻，衣夫锦，于女安乎？"宰我对孔子说，守孝三年太久了，三年下来不学习礼乐，一定会礼崩乐坏，一年就够了。孔子反问他，吃着白米饭，穿着锦衣服，你能心安？从这句话中可以看出，当时所谓锦衣玉食中的"玉食"，也只不过是一碗白米饭而已。

菽是各种豆类的总称，主要有大豆和小豆。如《管子·戒》中记载，齐国"北伐山戎，出冬葱与戎菽，布之天下"。戎菽即大豆，也有人说是胡豆、豌豆，反正都属豆类。豆子当饭吃？没错，直到春秋战国时期，我们华夏族人的主要粮食还是豆子——用豆子做饭，用豆叶做菜和汤，食品结构单调，味道肯定也不怎么样。

除"五谷"之外，古代还有很多用来充代主食的东西，统称为杂粮。有意思的是，古代的"五谷"有两种说法，一种是稻、黍、稷、麦、菽，另一种是麻、黍、稷、麦、菽。前者有稻无麻，后者有麻无稻。之所以出现两个版本，可能还是与稻的产量有关。古代经济文化中心在黄河流域，稻的主要产地在南方，而北方种稻有限，所以"五谷"中最初没有稻，这是有一定道理的。当水稻的产量越来越大时，麻就自然退出"五谷"之列成了杂粮了。麻的纤维质量好，从古到今都是一种重要的纺织原料，但当作粮食恐怕知道的人不多。麻是一种雄雌异株的植物，雄株叫枲，不会开花结果。雌株叫苴，结麻籽，可用来煮粥。如《诗经·豳风·七月》："七月食瓜，八月断壶，九月叔苴……"古代，苴的果实曾经长期被人们当作主粮。

古代当作杂粮的，还有苽米、芋芛等。苽又作菰，就是现在说的茭白，是一种水生植物。苽米就是茭白的果实，外表是黑色的，碾出来的米很白，叫雕胡米。苽米滑腻芳香，是一种高级食品，在唐代名气很大。杜甫诗之"波飘菰米沉云黑"，波浪中的菰米丛犹如黑云聚拢，描写的就是苽这种植物。芋芛其实就是芋头，古时盛产于两湖四川一带，一度成为川西的主食，现在基本上成了一道菜。

说完"饭"，再来说说"菜"。现在我们把下饭下酒的都叫菜，古代不是，古代的菜指的是蔬菜，"菜"字上面是一个"艹"头嘛。粮食有"五谷"，菜也有"五菜"之说，指的是韭、葱、葵、薤、蒜五种古人常吃的蔬菜。韭、葱、蒜大家都熟悉，不过现在大多成了佐料。薤，就是藠头，又称荞头，现在餐桌上有时仍可以见到，但大多数都加工成罐头，比如开远甜藠头是云南著名特产。"青青园中葵，朝露待日晞"，很多人以为诗里面的葵是向日葵，其实不是，那时候我国还没有向日葵。葵不是向日葵，也不是秋葵，而是指葵菜。葵菜是古代一种最常见的蔬菜，现在民间多称作冬苋菜或滑菜，多是野生的，很少种植。如《诗经·豳风·七月》："七月亨葵及菽。"意思就是七月里烹煮葵菜和大豆。

古代称肉菜为"膳"。"膳"字是月字旁，指的就是肉类动物，主要是牛、羊、豕（猪）、犬、鸡等"六畜"。我们现在把肉菜叫作荤菜，古代的"荤"不是肉食，而是专指葱、蒜等带有辛臭味的蔬菜。你看"荤"字也有一个"艹"头，本身也属蔬菜之列。我们说和尚不吃荤，以为是和尚不吃肉。早先和尚是吃肉的，只是不吃葱、蒜等味重的东西罢了。

"饮"有两类，即酒和浆。在元朝以前，人们喝的酒大多都是发酵酒，酒精度不高，最多不会超过20度，有点像现在农村自酿的米酒。刚酿成的米酒比较混浊，里面还有酒糟，"一壶浊酒喜相逢"，《临江仙》里面就是这样唱的。初酿的酒喝之前要先过滤，所以有些地方方言仍将"斟酒"说成"筛酒"。如《周礼·天官·酒正》中，将酒按清浊程度分为"五齐"，即泛齐、醴齐、盎齐、缇齐和沉齐。泛齐指酒糟还浮在酒中；醴齐是滓、液混合；盎齐是白色之酒；缇齐是丹黄色之酒；沉齐是酒糟、渣全部下沉，酒已经很清澈了。按酿造时间的长短，又分为"事酒""昔酒""清酒"三种，统称"三酒"。事酒是因事而酿，时间很短的酒；昔酒是经过短时间储藏的酒，味道稍醇厚一些；清酒则是冬酿夏熟，为酒中之冠。

蒸馏酒就是我们现在俗话说的烧酒、白酒，是在元代以后才逐渐普及开来的。其实烧酒早在唐朝甚至更早以前就已经出现，如白居易在《荔枝楼对酒》一诗中就写道："荔枝新熟鸡冠色，烧酒初开琥珀香。"这样看来，《水浒传》里描写的"三碗不过岗"也不一定是夸张，武松当年喝的说不定就是烧酒。之所以在元代以后才逐渐普及开来，主要原因恐怕跟气候有关。最早北方人喝烧酒的多，北方少数民族生活地区气候寒冷，有喝高度酒御寒的生活习性。蒙古族入主中原后，白酒才在民众中渐渐流传开来。

"浆"类似于现在说的饮料，当然味道没现在的好。比如酢浆，就是用熟淀粉发酵而成，产生了一些乳酸，有酸味也有香气，有点像现在的醋。馇就是调味酱，"有滋味者谓之羞"，种类比较多，有五齑、七醢、七菹、三臡之说。

从上述看来，古人饮食结构复杂，食物种类繁多，但实际生活中能经常吃到的还是很少。平时的饮食结构还是"粮多肉少"：主食负责充饥，奢侈的副食——北方的禽畜肉、南方的水产乃至品种有限的蔬菜，则作为佐餐用来下下饭、解解馋而已。它们绝大部分只出现在皇室贵族的餐桌上，大部分老百姓一辈子可能吃不上几次肉。就算是地位高的人，也不是天天能吃到肉。据《礼记·王制》记载，只有在祭祀时，天子才能宰牛，诸侯才能杀羊，平时"诸侯无故不杀牛，大夫无故不杀羊，士无故不杀犬豕，庶人无故不食珍"。

电视剧《大军师司马懿》中有个曹操吃饭的镜头，曹操吃的是饼。这个饼不是现在的烙饼、烧饼，而是汤饼，就是面片煮汤。至于下饭菜，就是汤里面的几片菜叶，说不定就是豆叶。曹操吃饭时不小心将一小块饼掉到案几上，他还用手捡起来放进嘴里。这个镜头比较真实，不像有些电视剧里面，凡是吃饭就是大鱼大肉，你以为是摆宴席呢。曹操平时就吃这些，想想当时普通百姓能吃什么？中国古代等级分明，贵族跟庶人吃的不同，民族和宗教不同的人们吃的也不同。因而造就了宫廷贵族饮食、市井百姓饮食和民族宗教饮食三个不同的饮食类型。孟子说"七十者衣帛食肉"，年过七十的人才有资格穿帛吃肉。

先秦时期，甚至到魏晋时期，人们的饮食仍乏善可陈。那时候的蔬菜大都口感很差，留传到现在的也就是萝卜、韭菜、葱、蒜等寥寥几种，其余的已经基本退出蔬菜行列成为野草了。现在出现在我们餐桌上的大部分蔬菜是历史上从国外引进来的。

我国历史上有两次大规模的农作物引进。第一次就是南北朝、两汉时期，特别是在张骞出使西域后。西汉时期，张骞出使西域，开辟了"丝绸之路"，从国外陆续引进葡萄、苜蓿、胡萝卜、黄瓜、大蒜、胡桃、红蓝花、胡荽、安石榴、胡麻等蔬菜水果。比如葡萄，我国古代称为蒲桃，它的原产地可能是高加索山脉，西亚、中亚一带，北纬 40 度附近一带是世界上主要的葡萄产区。我国自古也有野生葡萄，但和现在吃的葡萄差别很大，大量人工培育葡萄是张骞通西域以后的事。还有一个苜蓿，也是张骞通西域后带回的重要物种，它既可食用，同时还是一种重要的牧草。

因此，与前人相比，汉代人算是十分幸福的了，他们餐桌上的食物变得更加丰富了。相传淮南王刘安炼丹时，以石膏点豆汁，一不小心发明了豆腐。我国自古就是豆类的生产大国，"豆饭"曾经是古人的主食之一。豆腐的发明，为人们找到一种更美味、更营养的食用豆子的方法。豆腐的制作方法后来还传入日本，走向世界。小小的豆腐，是中华民族对人类文明的贡献之一。

第二次大规模的农作物引进发生在明、清时期。在这一时期，美洲作物的引种与传播成为我国农作物引进的一个显著特征。1492 年，哥伦布发现美洲大陆，之后，欧洲人成功殖民于美洲。16 世纪后期，欧洲人进而在东南亚建立殖民地，一些美洲农作物也陆续传入东南亚各地，并进一步传到中国。

明、清时期传入中国的美洲作物有玉米、番薯、豆薯、马铃薯、木薯、南瓜、花生、向日葵、辣椒、番茄、菜豆、利马豆、西洋苹果、菠萝、番荔枝、番石榴、油梨、腰果、可可、西洋参、番木瓜、陆地棉、烟草等近 30 种。这个时期引进的农作物，名称中多带有一个"番"字或"洋"字，而两汉时期的多带"胡"字，大体上指示了这些作物的原产地和传入我国的年代。

值得一提的是，在明、清引进的作物中，玉米、番薯对缓解粮荒，促进农业和人口的发展起到十分重要的作用。

玉米，古时又称番麦，原产于南美洲。当哥伦布踏上美洲大陆时，就"发现了一种名叫麦兹的奇异谷物。它甘美可口，焙干，可以做粉"。哥伦布的这篇日记，曾被认为是世界上关于玉米的最早文字记载。学术界也曾认为自哥伦布发现新大陆后，玉米才在世界上传播开来。但我国明代的一部药物学著作——《滇南本草》中，就有关于玉米的记载："玉麦须，味甜，性微温，入阳明胃经，通肠下气，治妇人乳结红肿，乳汁不通……"该书的作者兰茂是明代云南阳沐（今嵩明附近）人，生于洪武三十年（1397），卒于成化十二年（1476）。据此推断，中国引种玉米的时间应该在哥伦布发现新大陆之前。至于是如何引入的，至今仍是个谜。

玉米在传入之初，被人们视为珍稀之物，因而尚未列入谷物。玉米最早传入我国的广西，直至18世纪中19世纪初，才开始在中国大规模推广。清史学家根据众多的方志资料统计得出，在乾隆至道光年间（1736—1850），全国已有二十多个省区种植玉米了。玉米的单位面积产量高，适合山地和旱地种植，并且可以"乘青半熟，先采而食"。这些优点使得玉米在当时成为备荒的首选粮食作物之一。每当大批农民失去土地后，他们只好将目光投向山林。山区土地贫瘠，不大适合种植水稻或小麦等粮食作物，因此玉米成为山地的首选作物。

玉米的引进，解决了当时的一些社会问题，满足了日益增长的人口对粮食的需求，扩大了土地播种面积，同时也促进了农村畜牧业的发展。但由于当时的技术条件，玉米的引进栽培在解决了一定的社会问题的同时，也对生态环境产生了不同程度的破坏。在主要谷类粮食生产中，人类因种植玉米而产生的水土流失是最严重的。

广西、贵州一带是我国最早种植玉米的地区，玉米的广泛适应性和良好的食用价值，缓解了人口急骤增长对粮食的需求，同时也带来了山地垦殖高峰。如道光《大定府志》卷十二中贺长龄称："黔省固多客民，兴义府尤其渊薮，自嘉庆年间平定苗匪之后，地旷人稀，每有黔省下游及四川、湖广客民携眷而来租垦荒山……山土瘠薄，垦种三二年后雨水冲刷，倍形硗确（土地坚硬瘠薄），乃复迁徙他往。"这种耕种方式使得贵州石漠化问题在清代已显现出来。如光绪《续修正安州志》卷五："户口日增，徧处伐树烧山，开垦成熟，然山田硗确，久雨即崩，荒芜如故，甚至田被沙堆，土随水洗，悉成石骨。"这同样表明清代以来贵州山地垦殖引起的水土流失和石漠化现象已十分严重。

番薯由西班牙人传到菲律宾，菲律宾的土著用它来充饥。番薯传入我国有一段传奇的经历，据说明万历二十一年（1593），福建长乐华侨陈振龙在吕宋（菲律宾）经商，发现甘薯易种、好吃，就想将它带回国内种植。但当时统治吕宋的西班牙人禁止番薯外传，据《金薯传习录》记载，西班牙人"珍其种，不与中国人"。陈振龙贿赂当地土著，"得其藤数尺"，设法将薯藤绞入汲水绳，混过关卡后，经七昼夜航行带回福州。另有说法，明万历八年（1580），东莞人陈益随友人往安南（今越南），是他最早将薯种偷带回国的。

　　至于是谁最早将番薯引入中国已经并不重要了，重要的是，他们为我国农业的发展做出过重要的贡献，在当时，甚至救活过千千万万受灾的民众。《采录闽侯合志》载："是年（万历二十一年），闽中大旱，五谷少收，（陈）振龙促其子陈经纶上书福建巡抚金学曾，申报吕宋朱薯可以救荒。金允试种，俟收成后呈验。当年，试种成功，金闻讯大喜，于次年传令遍植，解决闽人缺粮问题。闽人感激金学曾推广之德，将朱薯改称金薯，因其由外国引进，又称番薯。"足见番薯的功劳大也。

　　最后说说辣椒。我国吃辣椒的地方很多，四川、重庆、湖南、贵州和江西等地的人更是喜欢吃辣椒，可以说无辣不欢，尤以四川为甚。辣椒在明朝传入我国，最早传入的地区是江浙一带，后来沿长江往上传。奇怪的是，最早接触辣椒的江浙人现在却不怎么吃辣椒了。四川人早期也不吃辣，或者说也没有辣椒吃，他们与江浙人一样喜欢甜食。四川人吃辣椒的历史算下来也就只有四百来年。

　　我国各地饮食的口味差异很大，例如除了四川、湖南喜欢吃辣外，还有"北方喜咸，南方喜甜"的说法。对于不同地方饮食风味的形成，不少人试图从地理环境尤其是气候的角度去寻找答案。比如多数人认为，四川人之所以喜欢吃辣椒，是因为当地气候比较潮湿，空气湿度大；北方人饮食偏咸是因为空气干燥，出汗多；等等，这些说法是经不起推敲的。南方地区普遍湿润，为何只有四川、湖南等地偏爱辣椒？南方虽然空气湿度大，但气温高，更易出汗，按理也应喜咸才对。地理环境对饮食的影响，最主要的是体现在食物的来源上——不同地方食物的种类和数量差异。至于口味的形成，除了与自然地理环境因素有关外，文化习俗、历史沿革等也起着很重要的作用。

　　尽管一个地方的口味与当地的地理环境有一些相关性，但更多的是文化扩散的结果。比如早先南、北方人的口味特点，是北方人喜甜，南方人喜咸，与现在正好相反。后来由于人口的南迁，才导致了南方人渐渐喜甜，这也不是包括所有的南方人，只是江浙一带地区。饮食中还有口味浓淡之分，比如常听人说北方人口味重，南方人口味清淡，吃辣的当然也归到口味重的一类。这些说法也是有失公允的，太油、太咸、太辣是口味重，太甜、太腥、太鲜难道就不是？

　　倒是我们的祖先们历来就喜欢重口味的，他们很早就会用各种辛香料，例如茱萸、花椒、大蒜、姜等等来调节饮食，加重口味。如《诗经·陈风·东门之枌》："谷旦于逝，越以酸迈。视尔如荍，贻我握椒。"这说明在先秦时代，人们就已经用花椒来佐餐。如此看来，口味偏重是中华民族一种古老而悠久的传统。川人自古"好辛香"，但自古以来，"好辛香"的并不仅仅是川人，恐怕是所有的中国人。

9. 女娲本是伏羲妇

土地资源对人类来说是至关重要的，它是人类栖息、繁衍、生活、生产的场所。在原始社会，在土地还未得到充分开发之前，人们生活在丛林莽原之中，与大自然真正融合在一起。

在原始的自然条件下，生产力水平极端低下，人类为了生存，使用简陋的石器、棍棒等生产工具，不辞辛劳地在山林中穿梭，采摘果实，追捕猎物，或者从事简单的农事活动。

大自然为人类的生存提供了食物，按推测，原始氏族部落的人群吃的应该多是天然生长的动植物，在丛林里逮到啥就吃啥，只要能吃就行。拿现在的话说，他们吃的都是野生、无污染的绿色食品。我们现在有人笑广东人什么都敢吃，天上飞的除了飞机，水里游的除了舰船。如果稍了解历史，你就会明白为何岭南地区会有如此独特的饮食风格。当年秦始皇的五十万大军进岭南时，那里基本上还是原始森林，就是到了清朝前期，这里的森林覆盖率仍达到百分之九十多。你不吃各种蛇虫野兽吃什么呢，除非你想饿死自己。再说你不吃它，它可能也会吃你。这并不是说广东人很原始，其实他们也是由中原移居过来的，他们的饮食习惯只是祖辈代代相传下来，是与当时的地理环境分不开的。

另外广东人还会煲汤、煮凉茶，汤里面经常会放各种中草药，如去湿的、降火的、开胃的等等。这种一日三餐离不开茶、汤的饮食习惯也与当地的环境有关。岭南当年可是典型的烟瘴之地，现在也仍是湿热地区，当年他们的祖辈来到这里，难免因水土不服患上各类疾病。为了对抗疾病，抵御恶劣的生存环境，只有就地取材，将我们现在所说的中草药加入到平时的饮食中。在当时，这可以说是人类适应环境的一大创举，是人类发挥主观能动性的一个典例。当然，我们也可以推断，随着时间的推移，广东人的饮食习惯也会慢慢地发生改变，因为环境在变化。有些东西越来越少，想吃也很难吃到，比如煲汤用的中草药，原来在周围的田间地头随手就可采摘到，现在多数是要跑药店或市场上去买了。

据传统的社会发展史学说，原始社会经历过母系社会和父系社会两个阶段。母系社会又叫母系氏族制社会，是建立在母系血缘关系上的社会组织，并按母系计算世系血统和继承财产的一种氏族制度。父系社会则相反，是建立在父系血缘关系之上的。母系氏族社会中，女人的地位高，原因是女人拥有经济的主导权，父系氏族社会则相反。对于这个学说，本人向来是持怀疑态度的。因为一个学说的建立需要有证据的支撑，从目前来看，难以找到有力的证据。因为它没有相应的历史记载，在我国有文字记载的历史中，从甲骨文算起，根本找不到关于母系社会记载的直接证据。更重要的是，迄今为止，也没有考古上的发现，所以这个观点，尽管写入我们的教科书，但它充其量还只是一个哲学假说。这个哲学假说是建立在马克思主义"生产力决定生产关系，经济基础决定上层建筑"理论上的，认为原始社会早期，妇女主要从事采摘活动，比男子的狩猎活动收入多且更稳定，因此妇女在生产和经济生活中处于主导地位，在社会上受到尊敬，并取得支配地位。

稍有常识就不难发现，"妇女主要从事采摘活动，比男子的狩猎活动收入多且更稳定"这种理论假说是很荒谬的。

首先，这种生产上的分工是否存在？不一定。男人光打猎不采果实，看见果实不采，没打到猎物也不知道顺便采点果子回去？恐怕说不过去。女人只采果实不参与打猎，在采果子的时候看到只兔子也不逮？显然也说不通，最有可能是看到什么逮什么，只要能充饥。在当时生产力水平、生产工具极其落后的情况下，生产活动往往是集体开展、合作完成的，尤其是打猎这样的活动。真实的情况可能是，不管男女，他们既采摘又狩猎。

其次，妇女采摘活动的收入是否更多更稳定？有点地理常识的人都知道，植物的生长是有一定的周期性和季节性的，某种果实只可能在某个季节才有。想象一下，北方一到了冬天，冰天雪地的，到哪去找果子啊。相比之下，渔猎相对更稳定，冬天除少数动物冬眠外，大多数还是会出来活动的。更何况肉类无论在营养价值，还是口味、能量提供等方面，都远高于野果。再说，由于自然条件的恶劣和劳动工具的简陋，无论是采集还是狩猎，对于人的体力条件要求都很高，这一点男人具备了先天优势，他们的收获应该会比女人更多。女人需要生育，原始社会育龄妇女多半时间恐怕都是在怀孕和哺育孩子中度过，这大大影响了她们获取食物的能力。因而无论从哪个角度来说，早先女人经济收入比男人高的说法是根本站不住脚的。

假如有所谓的母系、父系之分，那也只是血缘关系的识别系统，与经济基础、上层建筑毫不相干。母系社会是按照母亲的世系进行传承的，所以汉文古籍中说当时的人们是"只知其母""不知其父"。传说轩辕黄帝的母亲叫附宝，有一天晚上，她在郊外田间散步，抬头仰望星空，突然天空发出一道万丈光芒，如闪电，似银蛇，围绕北斗七星旋转不停。最后这道光芒从天而降，落在附宝身上，于是附宝有了身孕。怀胎二十个月后，生下一个孩子，就是后来的黄帝。还有《诗经·商颂》说："天生玄鸟，降而生商。"传说商有一位先母，名叫简狄，简狄在水边洗浴时，遇见玄鸟下蛋，简狄吞下了玄鸟下的蛋，便生下了商的祖先契……这些上古传说反映出一个共同的问题，就是黄帝也好，契也好，他们都不知道父亲是谁。因为在当时婚姻制度还未建立的情况下，要知道一个人的父亲是谁几乎是不可能的。怎么办，只有用神话来代替了。孩子出生后只能一直跟着母亲，这样就建立了以女性为参照系的血缘关系的识别系统。

女娲几乎是家喻户晓的神话形象，她是中国民间广泛、长久崇拜的创世神和始母神，被称为华夏民族人文先始。女娲的故事确实能反映原始母系社会中的女性崇拜，但这种崇拜大多是一种生殖崇拜，而不是经济崇拜、权力崇拜。女娲造人实际上就是生殖崇拜的体现。至于女娲补天的故事，反映了当时女娲带领人们与洪水抗争的生活情境，这和木兰从军、梁红玉抗金的故事差不多，并不能说明女人在经济、社会等方面就一定占有主导地位。人们尊女娲为始母神、创世神，恰恰说明她为人类的繁衍做出了巨大贡献，而不是她有很高的经济地位。再看上古时期的"三皇五帝"，有几个是女的？"五帝"肯定是没有。"三皇"中，女娲的地位时有变化，有时在三皇之列，有时在三皇之外。女娲"入选""三皇"的理由就是因为她化生万物，说白了还是生殖崇拜。

女娲时代还有个伏羲，传说中伏羲和女娲两人既是兄妹，又是夫妻。这个现在看来很荒诞，但在原始社会是正常不过的。原始社会的婚姻制度，最早是群婚制，氏族（部族）内的一群男子与一群女子互为夫妻，自相婚配，繁衍后代，所以才会出现"只知其母""不知其父"的现象。女娲和伏羲也是一样，据说他们的母亲是一位"华胥氏之国"的"华胥氏"姑娘，这位姑娘有一天到一个风景独特的叫"雷泽"的地方玩耍，看到一个大脚印，好奇地踩了一下，于是就怀孕了，十二年后，生下一个儿子，取名伏羲。《帝王世纪》上就是这样写的："燧人之世，有巨人迹，出雷泽，华胥以足履之，有娠，生伏羲于成纪，蛇身人面。"据说女娲也是"华胥氏"后来走婚所生的，走婚实际上也是群婚制的一种。因而在"三皇"的名单中，有时没有女娲，因为他和伏羲是一家人，伏羲上榜她就只好出局了。

由母系社会转变为父系社会最大的好处，就是使得人们"既知其母，也知其父"。这种转变也不是因为男人的经济地位上升，而是社会发展的需要。具体点说是人类为了自身更好地繁衍。群婚制通常是在同一原始群体内发生，男女双方的血缘关系往往是很亲近的，有的甚至就是亲兄弟姐妹。想想看他们的下一代会如何？后来人们认识到这个问题的严重性，实行了所谓的内婚制，就是必须在氏族外选择配偶，同时又规定必须在部落内，即禁止与外部落人通婚。与群婚制相比，内婚制有了一定的进步，它避免了同一母亲所生的孩子间的相互通婚。但它仍不能排除夫妻俩是同一个父亲所生的可能性，且部落内的血缘关系仍然十分密切，因此内婚仍属于一种"血缘婚"。克服"血缘婚"的弊端，一方面要打破地域空间的限制，实行外婚制，不同的部落间相互融合；另一方面就是要打破母系氏族的血缘识别体系，让人们更容易了解相互间的血缘关系。正是先祖们一步步地改进，才使人类社会充满了生机，充满了智慧。

10. 六合同心归华夏

　　众所周知，世界上有四大文明古国，分别是古巴比伦、古埃及、古印度和中国。严格说来，四大文明古国的叫法不太严谨，因为文明通常并不是以国家为界限，而是以地域来划分。此外，在文明诞生之初，有的还没有国家这一概念，更多的是部族。所谓的文明古国，是借用了当初或现在某一国家所在的地域而得名的。因此，称呼为四大古文明可能更确切些。

　　从地理位置上看，四大古文明的发源地有明显的相似之处。从纬度位置看，它们都位于北半球，大致在北纬30度附近。华夏文明的发源地纬度算是偏高，二里头文化遗址大约是北纬34度，河姆渡文化在长江流域，也正好在北纬30度这一位置上。这是一种巧合吗？恐怕不是。从热量分布来看，在远古时代，中、低纬度地区最适合人类的生存和繁衍，文明诞生的概率就高；而高纬度地区，由于热量少，生物量也少，并且不适合大规模的农业生产，诞生古文明的概率极小。

　　人类从采摘狩猎进入到农业时代，这是一个被动的适应过程。人口的增长与获取食物量的有限性之间的矛盾，当然也可能是环境的变化导致食物来源减少，如干旱导致森林退化等，所有这些是导致他们从事养殖和种植的主要原因。为了应对生存的挑战，最终他们被迫走出丛林，全面进行农业生产活动。人类发展到现在，哪些地区还生活着较原始的族群呢？低纬度的茂密森林里。在赤道附近的低纬度地区，由于热量丰富，加上大多数地区降水也丰富（比如在热带雨林区），生物的生产量大。生活在这里的远古人类能从热带丛林中轻松获取足够的食物，正因如此，他们安于现状，不会轻易改变生活方式，因而故步自封。广大的丛林给他们提供了丰富的食物，也阻挡了他们进化的步伐。你看现在巴西热带雨林里的土著人，尽管经过漫长历史的洗礼，仍然过着刀耕火种、采集渔猎的生活。

四大古文明发源地还有一个共同的特点，就是靠近河流。人类的生存离不开水，河流为农业生产提供灌溉水源，所以古文明的发源地多与河流有关。古埃及文明发源于尼罗河，古巴比伦文明发源于幼发拉底河和底格里斯河，古印度文明发源于印度河，而我们中华文明的起源离不开黄河和长江，所以我们将四大古文明统称为"大河文明"。地球上大江大河很多，但并不是每一条大江大河都能孕育出古文明，比如说世界第一大河亚马孙河。如此看来，河流是文明发源的必要条件，而不是充分条件。究其原因，恐怕还是与食物有关。人类从丛林中走出来，他们在迁徙过程中择地而居，水源、土地、气候，还有合适的作物等，都是今后生存和发展必须考虑的。

除华夏文明外，其他三大古文明发源地都是在干旱地区，且大多分布着大面积的沙漠。古埃及在尼罗河下游，这里是撒哈拉沙漠。古巴比伦在西亚，大致是现在伊拉克的巴格达地区，也是沙漠。古印度文明最早的发源地不是在现在的印度，而是印度半岛西北部的印度河流域，属现在的巴基斯坦，也是多沙漠的地区。古文明多出现在沙漠地带，现在看来有点不可思议，但这些地区都有着农业生产得天独厚的条件，如丰富的热量，充足的光照、水源，以及肥沃的冲积平原。早期人类因为农业生产工具简陋，生产技术落后，开垦土地的能力十分有限。沙漠地区气候干旱，植被覆盖率极低，土地容易开垦。尽管降水稀少，但人们可以借助河流灌溉，因而沙漠地区河流两岸肥沃的冲积平原成为早期农业生产的首选场所。

我国的先民们开展农业生产需要克服的困难与其他三大古文明比要多得多。无论是黄河流域还是长江流域，早期这些地区都是被茂密的森林所覆盖。要将这些森林开垦为耕地，难度很大，在当时的生产技术条件下，所付出的艰辛劳动是无法估量的。我想，中华民族之所以是个勤劳的民族，多少遗传了先祖们的一些基因吧。因为地理环境不同，华夏文明的开创需要我们的祖先付出更多的汗水和智慧。你看，雅利安人来到印度半岛时，最初也只是占据了西北部印度河流域的沙漠地带，后来随着生产工具的改进，尤其是在铁制工具的出现后，才逐渐开垦恒河流域。

除了气候、水源、土壤等条件外，开展农业生产还必须要有合适的农作物才行。不是所有的地方都有原始农作物存在，原始人类只有找到了能大规模耕种的作物，且能满足生活所需才能定居下来。因此，有学者认为"大河文明"这种称呼不是很确切，"大河"之说只是借助河流这一地理事物的一种冠名，不能从本质上说明文明的演化，古文明应该叫作小麦文明、粟（小米）文明、玉米文明和水稻文明等等。如人文地理学家王恩涌先生就执这种看法。这种观点是很有道理的，将文明与农作物联系在一起，更能反映出文明的孕育机理。沙漠中为何可孕育出古文明，这是因为那里除了有适合农业生产的热量、光照、水源和适合当时开垦的土地外，更生长着原生的小麦这种植物。因此王恩涌先生认为，古埃及文明、古巴比伦文明和古印度文明是小麦文明；起源于黄河流域的中华文明是粟文明，南方的文明如良渚文明是水稻文明；在美洲发现的玛雅文明则可以称作玉米文明。

与大河文明相对应的，还有海洋文明一说，如古希腊文明就被称作是一种海洋文明。同样，不是所有的沿海地区都能孕育出古文明。我国是一个沿海国家，近海面积大，海岸线长，却是大陆文明古国。古希腊文明是海洋文明，这与它的地理环境是分不开的。地中海沿岸的气候类型是典型的地中海气候，这种气候的最大的特点是雨热不同期，夏季炎热干旱，冬季温和湿润，加上多山地、岛屿，耕地很少，因此不太适合农业生产，尤其是大规模种植粮食作物。地中海气候区盛产油橄榄、葡萄等经济作物，而这些作物不能当饭吃，满足不了人们生存所需，只好用来作为商品进行交换，从而换取粮食、蔬菜等生活必需品。因而海洋文明本质上是一种商业文明——利用沿海的优势进行商品交易，以换取生活所需的粮食及其他物品。反观我国，地域辽阔，虽然西部山地多，但中、东部平原面积大。东部是季风气候，雨热同期，水热充足。所有这些条件，都有利于发展农业生产，人们容易过上自给自足的生活，因此人类的生活、生产活动也就主要发生在大陆上。

　　古希腊"小国寡民"的城邦制国家管理方式也与它的地理环境特征有关。由于国土面积小，多山地少平原，城镇规模小，人口少。城邦之间受山地阻隔，联系不便，也就有了相对松散的城邦制管理形式。我们中国，国土面积大，人口多且相互联系密切，形成了几千年来大一统的中央集权管理模式，"统一"是中华民族历史的主旋律。"天下兴亡，匹夫有责"，我们古人向来有"天下"观，至于"国家"，最初也只是指诸侯的领地，而不是现代意义上的国家。"国家兴亡，匹夫有责"，这只是后人演绎出来的另一种说法。

　　四大古文明中，只有中华文明延续至今，从未中断。有的国家虽然保留了一些古文明的特质或遗产，但文化的主脉显然是消失了。古埃及在经历了数千年的王朝时期后，至公元前4世纪被波斯人征服。此后又经历了马其顿、古罗马的统治，古希腊文明和基督教文明先后与古埃及文明交融，特别是基督教在埃及的传播，进一步导致了古埃及文明的衰落。至公元6世纪，阿拉伯人开始统治埃及，埃及逐渐阿拉伯化。至12世纪，已普遍使用阿拉伯语，并逐渐伊斯兰化，古埃及的语言、文字、宗教信仰、风俗习惯等都被彻底遗弃，古埃及文明就此消失。现代埃及成立的即是阿拉伯共和国。

　　古巴比伦王国时期，是美索不达米亚文明最辉煌的时期之一。从苏美尔人开始，多个民族先后进入两河流域，共同建立起了美索不达米亚文明。从公元前4世纪到公元前2世纪，波斯人和亚历山大先后征服了该地区，美索不达米亚文明开始衰落。随着时间的流逝，巴比伦不再作为政治、经济、文化中心而存在，城市逐渐荒芜。至伊斯兰王国在中东兴起，美索不达米亚文明被人们彻底遗忘。

　　最早产生的古印度文明是指公元前3000年的印度河流域文明，该文明兴盛了800年后突然衰落并消亡，原因至今不明，主流的说法是环境的恶化。后来的雅利安人入侵并且统治当地土著，并创造了全新的印度文明。公元5世纪开始，印度先后被波斯人和亚历山大侵入。到公元8世纪，阿拉伯人开始入侵印度，并带来了伊斯兰文明。后来突厥人、蒙古人先后统治印度，导致印度进一步地伊斯兰化。近代，印度半岛又受到英国近百年的殖民统治，最终一分为三，其中巴基斯坦和较后独立的孟加拉国为穆斯林国度，印度则是以印度教为主体的国家。

三大文明消失的一个共同的原因，就是外来民族的入侵和外来文化的占领。我们常听说一句话：先进生产力和生产关系最终要战胜落后的生产力和生产关系。这话是有点问题的，如果用来说明整个人类历史演变趋势，可能还说得过去，但就某一事件或某一阶段而言，则未必说得通。事实上，历史上很多文明是被野蛮所灭亡的。"邪不压正"指的是大趋势，现实是好人有时未必斗得过坏人。

从地理的视角看，三大古文明之所以最终消失，与其地理位置、环境等是分不开的。古埃及、古巴比伦都是在沙漠地区建立的文明古国，严重依赖于灌溉水源，生存空间有限，当受到外力冲击时，没有多少抗争回旋的余地。无论是北非还是美索不达米亚平原，地形均平坦开阔，缺少屏障，易受到外族的入侵。印度半岛尽管三面环海，北部是高大的喜马拉雅山脉，但西北方向与西亚接壤，且地形相对平坦开阔，多次入侵力量正是由这里进入。

所幸的是，我们的祖先一直在开疆拓土，从炎黄部族的融合，到秦始皇统一六国，华夏民族的生存空间不断扩大。嬴政之所以被称为"千古一帝"，主要功劳就是第一次使华夏民族实现了真正的大融合。他统一了岭南地区，大大拓展了华夏族的生存空间。他统一了文字，使后代有着更多的文化认同。我国东临太平洋，背靠亚欧大陆，古时主要的外来入侵力量主要来自陆地，西部有高大的青藏高原，难以逾越，你看当年唐玄奘去天竺取经也得绕着它走。自秦以来，胡人南侵是我们的主要威胁，古代边防的重点都是放在北方。

尽管历史上也曾有过少数民族建立的政权，如元朝、清朝，但最终都被华夏民族同化。究其原因，一是华夏民族的顽强抵抗，二是华夏文明的强大。

华夏文明的强大，除了它在当时的先进性外，还表现在它的体量大——人口多，面积广。古埃及、古巴比伦文明在当时不能说它们不先进，但体量相对小，经不起外来文化的冲击。所以外族虽然在某些时候成为中国的统治者，但它还得沿用华夏的传统文化，否则无法对国家施行有效的管理。比如它还得使用汉字，说汉语，念四书五经等等，最终它也成了华夏民族的一员。所以，在古人看来，"亡国"和"亡天下"是两回事，"亡国"是政权的更迭，"亡天下"则是文化的消亡。只要文化在，"天下"始终是我们的。这不是阿Q精神，而是经过历史验证的。

此外，中华文明的强大，还有它的包容性。只有包容，才能更好地发展壮大；只有包容，才能有顽强的生命力，从而焕发着勃勃生机。《中庸》提倡"择善固执"，认定目标不放弃，认为对的则不放弃。在文化的传承上，表现为只要是好的就照单全收，老祖宗传下来的好东西，就要很好地保留下来。对外来文化也是一样，取其精华，去其糟粕。

不仅"择善固执"，还提倡"和而不同"，即和睦相处，但不苟同。"不苟同"，就是不随便附和，好的我认同，不好的则不认同。子曰："君子和而不同，小人同而不和。"（《论语·子路》）和谐是中国传统文化的核心理念，和谐不是和稀泥，不是毫无原则，而是指一种"配合得适当而匀称"的关系。和谐的"和"字，最早的字形是"龠"，是古代的一种竹管吹乐器，即今所谓的排箫。后来演变为"龢"，其中"龠"表形，"禾"表声。"龢"指多人一同吹奏乐器，节奏一致，旋律和谐。这就是"和"的智慧。

保守和包容完美融合，不偏不倚，中庸之道。"择善固执""和而不同"，这是中华文明应对挑战之"术"，是中华文明内在之"美"，也是中华文明绵延数千年从未中断的强大内因。愿我华夏民族世代和谐，中华文明薪火相传，生生不息！

225

后　记

　　学生时代学习地理，常常感到困惑，不明白为什么要看那么多各类型的地图，记那么多的地名、地理事物，要弄懂这么多复杂而抽象的有关地球、大气、水诸如此类的原理和规律……历史课则总是在时间、人名、事件及影响的痛苦背诵中度过，同样不清楚为什么要背那些看似没有多大用处的知识。直到后来自己成为一名教师，才渐渐体悟到以前看似囫囵吞枣留在记忆中的那些一知半解的知识，到后来有了大的用处。我想，如今我的学生们大多和我以前一样，有着同样的学习经历和感受。

　　泰勒曾说："具有丰富知识和经验的人，比只有一种知识和经验的人更容易产生新的联想和独到的见解。"作为一名教师，深知知识的积累有多么的重要——当我们解决一个学科问题时，用到的往往不只是一门学科的知识。课堂上我们发现，有的孩子能提出或发现更多的问题，有的对问题的理解更有深度，有的解决问题的速度比别人要快得多，有的回答问题更有条理性和逻辑性……这里面原因很多，但仔细观察你会发现，这些表现优秀的孩子，他们往往拥有比别人更多的知识。知识越丰富发现问题就越快，发现的问题也越多。发现问题越多越快，他的思想也就越活跃，思维越敏捷。博学的人在思考问题时常常能做到举一反三、触类旁通，我想大概就是这个原因。

鲁迅曾说："一本《红楼梦》……经学家看见《易》，道学家看见淫，才子看见缠绵，革命家看见排满，流言家看见宫闱秘事。"同一件事物，观察的角度不同，看到的现象不同；思考的角度不同，得到的结论不同；分析的角度不同，解决的方法不同。打破思维定式，学会转换角度看待事物，这样才能更全面、更深入地理解和解决问题。这正是"横看成岭侧成峰，远近高低各不同"。

就拿历史和地理两个学科来说，人们常说"史地不分家"，两者联系紧密。打个不太恰当的比喻，如果把历史看作是一幕戏的话，地理就是表演这幕戏的舞台。没有了舞台，戏没法演出；没有了戏，光欣赏这舞台又有什么意义呢？现实中，我们却是将戏和舞台拆开的。例如，传统的历史教学大多囿于历史学科本位，极少从其他学科角度引导学生思考。笔者曾在地理课上问过学生一些简单的历史问题，如"我们在历史课上学过《新航路的开辟》，有人告诉我旧航路大致是怎样走的吗?""古希腊诞生海洋文明，我国也是沿海国家，为什么我们的古文明却是大陆文明?"等等，结果应者寥寥。

知识间的彼此割裂，不仅使知识本身变得支离破碎，严重脱离生活实际，同时也限制了学生的视野，束缚了学生的思想。鉴于此，笔者与几位同仁近年来致力于跨学科课程资源整合的教学实验，并承担了广东省"十二五"教育规划课题"基于历史事件的高中区域地理教学研究——在历史中探寻地理空间价值"（课题批准号：2014YQJK091），力图以史地结合为突破口，探寻课程资源整合的有效途径，提高学生的学习兴趣、效率和综合素养。本书是该课题的重要成果之一，撰写本书的主要目的，是为学生提供一本相对通俗的历史地理学方面的读本。

　　所谓地理、历史，本质上不过是描述和探究世界的不同角度和方法，两者本身是"一家"，更谈不上"泾渭分明"。明朝学者顾炎武秉承了古代史学家"左图右史"的严谨治学精神，其《天下郡国利病书》更是彰显了历史中的地理空间价值。该书服务于现实政治，以历史地理学为独特视角，以郡国利病贯为主线，对全国各地的地理位置、气候水文、资源物产、风土人情、历史掌故、制度沿革等资料进行了系统收录和编纂。而我国沿革地理（历史地理学的前身）的起源和发展，可以上溯至先秦时期，如早期著作《禹贡》《山海经》《穆天子传》等。

　　将地理学赋予"时间"意义并加以研究，近现代也不乏大师级的人物。就我国而言，有中国历史地理学科主要奠基人和开拓者谭其骧，著名气象学家、地理学家、物候学家竺可桢，现代历史地理学和民俗学的开拓者、奠基人顾颉刚，著名历史地理学家史念海，等等。本人学识浅薄，难以真正领悟大师们的鸿篇巨制，但仍竭力从中吸取营养。写作此书，难免有狗尾续貂之嫌，书中偏颇之处，敬请广大同行及读者批评指正。

　　拙作的付梓，得到众多同行和身边好友的支持和帮助，广东省教育研究院施美彬教研员给予多方面的指导并亲自作序，在此一并感谢！

李晓军

2018 年 11 月于深圳